本书由湖南省教育厅科学研究项目（20C0⋯⋯学研究重点项目（2021YS106）资助出版。

晚清民国时期的中日文化交流研究

匡 艳 著

吉林大学出版社
·长春·

图书在版编目（CIP）数据

晚清民国时期的中日文化交流研究 / 匡艳著. — 长春：吉林大学出版社，2021.9
ISBN 978-7-5692-8752-3

Ⅰ. ①晚… Ⅱ. ①匡… Ⅲ. ①中日关系－文化交流－研究－近代 Ⅳ. ① G125 ② G131.35

中国版本图书馆 CIP 数据核字 (2021) 第 180502 号

书　　名：晚清民国时期的中日文化交流研究
WANQING MINGUO SHIQI DE ZHONGRI WENHUA JIAOLIU YANJIU

作　　者：匡　艳　著
策划编辑：邵宇彤
责任编辑：邵宇彤
责任校对：赵　莹
装帧设计：优盛文化
出版发行：吉林大学出版社
社　　址：长春市人民大街 4059 号
邮政编码：130021
发行电话：0431-89580028/29/21
网　　址：http://www.jlup.com.cn
电子邮箱：jdcbs@jlu.edu.cn
印　　刷：定州启航印刷有限公司
成品尺寸：170mm×240mm　　16 开
印　　张：15.5
字　　数：253 千字
版　　次：2021 年 9 月第 1 版
印　　次：2021 年 9 月第 1 次
书　　号：ISBN 978-7-5692-8752-3
定　　价：79.00 元

版权所有　　翻印必究

前言

　　中华民族具有五千多年的文明史，创造了悠久的历史和灿烂的文化，在世界民族之林中犹如一棵参天巨柏，令世界瞩目。古代中国凭借强盛的国力和灿烂的文化一度在对外文化交流中处于文化输出国的主体地位。晚清民国时期，随着国力衰落以及西方科技文化的发展，中国的近代文化落后于西方，中国的对外文化交流也随之发生了重大转折。

　　中国和日本两个国家是一衣带水的近邻，双方的友好文化交流源远流长。自古以来，中日两国即保持着密切往来和文化交流，在古代中日两国文化交流中，中国长期居于文化输出国地位。而晚清时期，由于世界政治、经济形势的变化，中日两国文化交流打破了传统的交流关系，呈现出新的特点。

　　明清时期，由于闭关锁国，妄自尊大，盲目地以"天朝上国"自居，无视西方科技的发展，当时的中国从一个文化强国逐渐成为落后于西方的国家。1840年鸦片战争后，在西方坚船利炮的攻击下，中国沦为半殖民地半封建国家。尽管鸦片战争后，以林则徐、龚自珍和魏源为首的有识之士面对"数千年未有之变局"，开眼看世界，并提出了"师夷长技以制夷"的口号，然而，由于晚清统治阶级一味盲目自大、腐败无能，中国并没有及时奋起。第二次鸦片战争后，晚清政府的改革派和实干家发起了"洋务运动"，通过

I

开办工厂和学堂学习和引进西方先进的科技文化。然而，甲午中日战争一役，北洋舰队全军覆没，标志着洋务运动的失败。

反观日本，自19世纪60年代以来，日本受到西方文化的强烈冲击，进行了一系列改革，走上了资本主义发展的道路，迅速从半殖民地半封建国家跃升至世界强国。1894年，中日甲午战争爆发后，中国接连失败，被迫与日本签订了《马关条约》。中日《马关条约》的签订引发了西方列强瓜分中国的狂潮，中国的国际地位一落千丈。而甲午战争中，中国的失败使得晚清朝野上下不得不面对日本崛起的事实。清光绪帝决定效仿日本明治维新以图自强，支持维新运动，即戊戌变法。在北京京师同文馆中设立东文馆，培养日语翻译人才，同时派考察团到日本考察，并于1896年开始向日本派遣留学生。而日本从本国利益出发采取了吸引中国留学生的政策。在中日两国政府的推动下，晚清民国时期出现了中国留学生长期、大规模赴日留学的热潮。

中国留日学生群体在日本学习的科目十分广泛，涉及军事、科技、文学、艺术等各个方面。留日学生群体回国后，投身于中国各行各业的建设中，将日本近代先进文化和西方先进文化传播至中国，在推动中国近代文化的发展，以及促进中日两国民间文化交流方面起到了至关重要的作用。除了近代留日学生群体之外，一些中国学者和日本友人也借助个人的影响力或民间学术团体等组织，推动中日民间文化交流。

纵观中国近代，中日两国民间文化交流中，双方文化互有影响，西方近现代文化假道日本输入中国极具特色。本书分八章对近代中日民间文化交流进行详细阐释。第一章通过对秦汉、隋唐、宋元、明清时期的中日文化交流的详细阐释对古代中日文化交流的特点进行了概述。第二章通过对晚清民国时期对外文化交流的政治、文化、经济背景的详细分析，较为系统地阐释了近代中国对外文化交流的背景。第三章通过分阶段阐释，对晚清民国时期中日文化交流历程进行了详细介绍。第四章通过分阶段阐释，对晚清民国时期中日民间教育交流进行了详细分析。第五章从中日文学的译介与交流、中国文学对日本文学的影响以及日本文学对中国文学的影响等方面，对晚清民国时期中日民间文学交流进行了详细阐释。第六章通过对中日书法交流、绘画交流、戏剧交流以及音乐交流等的详细分析,对晚清民国时期中日民间艺术交流进行了详细阐释。第七章通过对中日近代科学技术教育的发展及影响、物理学交流及特征、农业科技交流及特征、其他科技交流等方面的分析,对晚清民国时期中日民间科技交流进行了详细阐释。第八章通过对中国古代中日体育交流史、晚清和民国时期中日民间体育交流等方面的分析,对近代中日民间体育交流进行了详细阐释。

本书通俗易懂,内容翔实,适合对近代中日文化交流感兴趣的读者阅读。在本书的编写过程中,我们参考了大量史料和著作、报刊、网络文献等相关资料,由于篇幅所限,未能逐一注明,在此一并表示诚挚的谢意。在编写本书时,笔者虽竭尽努力,但由于水平所限,疏漏之处在所难免,恳请专家、同行及广大读者批评指正。

匡 艳

2021 年 1 月 4 日

目录

第一章　古代中日文化交流　/ 1

　　第一节　先秦至南北朝中日文化交流　/ 3
　　第二节　隋唐时期的中日文化交流　/ 10
　　第三节　宋元时期的中日文化交流　/ 23
　　第四节　明朝时期的中日文化交流　/ 36
　　第五节　清朝前期的中日文化交流　/ 47

第二章　晚清民国对外文化交流的背景　/ 55

　　第一节　晚清民国对外文化交流的政治背景　/ 57
　　第二节　晚清民国对外文化交流的文化背景　/ 65
　　第三节　晚清民国对外文化交流的经济背景　/ 76

第三章　晚清民国中日文化交流历程　/ 81

　　第一节　鸦片战争前后的中日文化交流　/ 83
　　第二节　甲午战争前后中日文化交流　/ 91
　　第三节　辛亥革命前后中日文化交流　/ 100

第四章　晚清民国时期中日民间教育交流 / 105

第一节　甲午战争后的中日民间教育交流 / 107
第二节　辛亥革命后的中日民间教育交流 / 116
第三节　抗战前后的中日民间教育交流 / 124

第五章　晚清民国时期中日民间文学交流 / 129

第一节　晚清民国时期中日文学的译介与交流 / 131
第二节　晚清民国时期中国文学对日本文学的影响 / 140
第三节　晚清民国时期日本文学对中国文学的影响 / 143

第六章　晚清民国时期中日民间艺术交流 / 153

第一节　晚清民国时期的中日书法交流 / 155
第二节　晚清民国时期的中日绘画交流 / 163
第三节　晚清民国时期的中日戏剧交流 / 169
第四节　晚清民国时期的中日音乐交流 / 175

第七章　晚清民国时期中日民间科技交流 / 183

第一节　中日近代科学技术教育的发展及影响 / 185
第二节　近代中日物理学交流及特征 / 189
第三节　近代中日农业科技的交流及特征 / 195
第四节　近代中日其他科技交流研究 / 201

第八章　晚清民国时期中日民间体育交流 / 205

第一节　古代中日体育交流史 / 207
第二节　晚清时期中日民间体育交流 / 213
第三节　民国时期中日民间体育交流 / 217

参考文献 / 223

第一章

古代中日文化交流

第一节　先秦至南北朝中日文化交流

中日两国是一衣带水的近邻，两国共同位于西太平洋，隔海相望，距离最近之处仅数十海里。中国位于亚洲大陆，而日本则为西太平洋之上的岛屿国家。自古以来，两国人民利用日本海流和朝鲜半岛、对马海峡中星罗棋布的小岛屿而进行人员往来和文化交流。中日两国的文化交流最早可追溯到原始社会时期。

一、原始社会至先秦时期的中日文化交流

远古时期，日本和亚洲大陆连为一体。在漫长的发展中，日本和亚洲大陆的陆地连接中断，然而中日两国之间的文化却未曾中断。

（一）原始社会时代的中日文化交流

从地质学和考古学研究来看，在远古时代，日本列岛与亚洲大陆联结在一起。大约距今 300 万年至 1 万年前，新生代第四纪更新世——冰川时代来临，此时，日本与亚洲大陆之间通过陆桥连接。在日本的考古发掘中，出土了大量新生代时期的动物和原始人类化石，我国学者赵建民、刘予苇经研究推测，这一时期，动物通过陆桥到达日本，而原始人类则追逐着动物也通过陆桥进入日本，并且将亚洲大陆上的石器技法等带到当时的日本地区。[1] 距今 1 万多年前，冰川时代结束，伴随着气温回升、海水上升以及地壳运动，日本列岛与亚洲大陆之间的陆地联结中断，脱离了亚洲大陆。这一时期日本列岛上的居民进入新石器时代，在延续旧石器时代以来的采集、狩猎、捕鱼

---

[1] 赵建民，刘予苇. 日本通史 [M]. 上海：复旦大学出版社，1989：2.

等生活时，还发明了陶器，出现了绳纹式陶器，因此这一时期被称为"绳纹时代"。这一时期是日本文化的初期阶段，受亚洲大陆的影响较小。

公元前300年至公元200年左右，日本社会进入新石器晚期，从这一时期的考古发掘来看，日本已进入铁器时代，生产工具仍然以石器为主，但出现了少量青铜器和铁器。这一时期被称为"弥生文化时代"。考古学家根据弥生文化时代前后出土文物的研究推断出，日本本土考古发掘中并没有发现完整的青铜器时代，而是由新石器时代直接进入铁器时代。据此，考古学家推断，日本的青铜器和铁器均来源于中国青铜器和铁器，经由朝鲜半岛传入日本。中国在夏商周时期已进入青铜器时代，公元前475年—公元前221年的战国时代，铁器在中国已得到较为广泛的应用。战国时期，中国的金属器具经北方传至朝鲜，再由朝鲜半岛南部传入日本。从中可以看出中国青铜器文化和铁器文化对日本的影响。

中国的金属器具和金属文化传入日本后，极大地推动了日本社会的发展。以生产工具为例，铁器文化传入后，铁器工具逐步取代了石器和木器工具，生产工具的改革极大地促进了日本生产力的发展。随着生产力的发展，创造的社会财富越来越多，并出现了剩余财富，为阶级的形成奠定了重要基础。而随着阶级的出现，弥生时代的战争越来越频繁，战争促进了武器改革。在青铜文化和铁器文化的影响下，青铜武器和铁制武器出现并应用到战争中，加快了国家统一的过程。自公元4世纪开始，日本进入古代国家的形成阶段。

从远古时代至日本古代国家形成，在这一漫长的时期中，中日两国文化的交流呈现出两个鲜明特点。

其一，中日两国的文化交流主要表现为中国文化对日本文化的影响。这一点主要体现在中国青铜器文化和铁器文化对日本列岛的影响。从日本绳纹文化时代到日本弥生文化时代，日本列岛接受了经由朝鲜半岛传入的中国文化，这对其社会文明产生了较大影响，加快了日本社会迈向文明社会的脚步。

其二，中日两国文化交流具有自发和自愿特点。这一时期的中日文化交流大多是工具文化交流，这种交流并非出于官方目的，而是人们为了满足人类的基本生产和生活需要而自发进行的。

（二）先秦时期的中日文化交流

早在上古时期，先民就顺着海洋环流的方向在海上航行。日本列岛周围存在左旋环流，先民们利用这一环流形成的自然航道，从朝鲜半岛东南部沿海顺流抵达日本本州的山阴道和北陆道地区。这条原始的自然航道为半漂流性质的单向航道，常常有去无回。先秦时期，随着生产力水平的提高，人们的航海和造船技术得到了较大提升。先民们在经历了重重困难后，开辟了一条从日本九州北部经对马海峡和朝鲜海峡的海北道航线，这条海上新航道的开辟极大地促进了亚洲大陆和日本列岛的文化交流。

该航道开辟后，中国的水稻技术、石磨技术以及青铜器等相继传入日本。例如，日本本州中部沿岸的山阴道、北陆和近畿一带出土了许多铜铎，而本州东南部地区也发现了改良后的新式铜铎。考古学家们认为，这些铜铎即是中国青铜器经由海上航道传入日本本州，继而传至日本各地的。而在对中国青铜文化进行传播之时，日本先民也对青铜器进行了仿制和改造，创造出了日本式铜铎。除了铜铎之外，这一时期，中国大量的铜剑、铜戈、铜镜等也传入了日本。此外，从日本本州出土的中国战国时期的燕国明刀币可以看出，春秋战国时期，中日之间可能存在贸易关系。

春秋战国时期，中国境内群雄割据，常年征战不断，老百姓备受兵祸之苦。中国北方的燕、赵、韩以及齐等国的部分百姓为了躲避战乱，北上进入朝鲜半岛，其中一些人经由朝鲜半岛进入日本列岛，并在那里定居和繁衍。日本史学家将这些人称为"铜铎民族""出云民族""无降民族"。

中国典籍《山海经》记载了先秦时代的国家和地理，反映了先秦时代的国家分布。其中写道："盖国在巨燕南、倭北，倭属燕。"这句话中的"盖国"指朝鲜半岛的盖马山之东；"巨燕"则为"大燕"，该地位于中国北方，即古燕国；而"倭"则为日本的古称。在先秦时期，日本列岛被认为是中国古燕国的一部分。这本典籍中记载的各国地理状况反映了先秦时期，中国先民即与朝鲜半岛和日本列岛频繁往来，并且进行物质和文化交流。除了《山海经》之外，汉代的《论衡》一书中则记载了周成王时期，倭国人向周贡献畅草的故事，这一记载也反映了先秦时期中日两国人民的交往。

纵观这一时期，中日两国的文化交流仍然以民众的自发交流为主，其目的是满足人们基本的生产和生活要求。

二、秦汉至隋朝时期的中日文化交流

公元前221年，秦始皇统一了六国，在中国历史上首次建立了大一统的中央集权统治。秦朝统治期间，采取了统一货币、统一度量衡等一系列措施，并在扩大领土的同时，不断改进生产工具，提高生产力。秦始皇十分重视航海技术，秦朝统一六国后，秦始皇曾多次巡海，并到辽东、山东和东南沿海等地巡游。此时，中国沿海的造船技术获得了较大发展，尤其是黄海、渤海等地可以制造大型的木帆船和楼船。通过一代代沿海先民的探索，中国的航海技术越来越高超，一些航海经验丰富的先民经常驾驶船只来往于沿海各个海岛之间。在这一背景下，日本列岛与中国的文化往来越来越频繁。中日两国的古代文献在介绍这一时期的历史时，均提到了徐福东渡的传说。例如，《史记》中即记载了齐人徐福带领数千童男童女入海寻求长生不老之药的故事，魏晋南北朝时的《三国志》中也记载了徐福东渡的故事。

秦始皇虽然统一了六国，然而秦朝在我国历史上存在的时间较短。公元前207年，秦朝灭亡，国家再次陷入战争，楚汉争霸多年。公元前202年，汉朝建立。公元220年东汉灭亡。早在东汉灭亡之前，由于各种原因，各诸侯之间陷入战乱。公元3世纪至6世纪，中华大地上王朝林立，各王朝之间战乱不断，百姓不堪忍受战乱之苦，大量移民进入朝鲜半岛，并由此进入日本列岛。纵观这一时期的移民潮，大致可划分为两个阶段。

（一）公元3世纪至公元5世纪

公元220年东汉灭亡后，经过三国战乱，魏朝建立。魏朝统治中国仅数十年的时间，魏朝灭亡后，西晋建立。公元3世纪末至4世纪初期，西晋末年，匈奴、羯等少数民族纷纷起兵反晋。在这场战乱中，许多汉人为了躲避战争进入辽东地区。公元4世纪后期，苻坚攻打前燕，前燕的大量百姓纷纷向朝鲜半岛迁移。然而，这一时期的朝鲜半岛也由于战争而常年动乱，许多流落到朝鲜半岛的中国百姓和朝鲜本地人为了躲避战争，跨越大海进入日本列岛求生。这些移民中既包括大量以躲避战乱为目的的普通百姓，也包括大量掌握先进技术和先进文化的人才。这一时期的移民潮主要以汉氏和王氏为代表。

第一章 古代中日文化交流

汉氏一族则于公元5世纪初期进入日本列岛，自称汉灵帝三世孙之后。有学者推断汉氏一族为汉代时期的遗民，为避战乱而东渡。汉氏一族掌握着手工业、农业技术和多种工艺技术，擅长冶铁、锻铁、制造金属和皮革器具等，还善于制造甲胄和弓箭等武器设备、饲养和训育良马。此外，汉氏一族中还有陶部、画部、吹角部、锦部、金作部等手工艺者。由于汉氏一族所掌握的技术种类较多，进入日本列岛后，他们被日本雄略天皇集合起来，并设置了统一的汉部，以管理朝廷的所有技术人员。

王氏一族于公元5世纪进入日本列岛，一些日本史学家认为，公元5世纪前后一些精通汉文典籍的人从朝鲜南部的百济进入日本。这些人来到日本后，即被任命为朝廷的各种官职，主要涉及文书记录、涉外文书、财物出纳、征收税务、编制户口等职。而随着日本古代国家规模的日益完备，这些人越来越受到日本朝廷的重视，被称为"文氏"。

纵观这一时期，中国移民进入日本列岛的路径主要为经由朝鲜半岛进入，这一时期进入日本列岛的中国移民大多为秦末和汉末的移居朝鲜半岛的中国移民后裔。他们所掌握的汉魏时代的文化和技术对推动日本文化的发展起着十分重要的作用。

（二）公元5世纪至公元6世纪

公元420年—589年是中国南北朝时期，这一时期，中国南方和北方处于分裂的状态，南朝历经刘宋、南齐、南梁、南陈四朝，北朝经历北魏、东魏和北齐、西魏和北周战乱割据。由于战乱频仍，政权更迭频繁，民不聊生。而在这一时期，日本则建立了统一的大和政权，形势相对和缓。许多中国百姓因此迁居朝鲜半岛并在当地豪族首长的率领下集体迁移至日本列岛。

这一时期的中国移民以王辰尔一族为主要代表。由此可知，王辰尔一族到达日本列岛的时间早于公元553年，且从其在朝鲜一带的活动可以得知，王辰尔一族在到达日本列岛之前，已迁居至朝鲜百济一带。从这一阶段中国移民进入日本列岛的路线来看，经由朝鲜半岛进入日本列岛仍为主要途径。而经由这一路线到达日本列岛的中国移民以北朝移民为主，他们带来了大量北朝先进文化。除了北朝文化传入日本外，这一时期，南朝文化也通过大和朝廷与南朝的交往而传入日本。据中国史籍记载，自公元413年东晋时期至公元478年的刘宋时期，倭国的赞、珍、济、兴、武等王均派遣使节到东晋和刘宋请求赐予封号。南北朝时期，南朝被世人认为继承了中国汉文化正统，掌握着大量先进文化和技术，此时日本多派使者前来学习先进文化和技术。而面对日本列岛的主动交往，南朝历代王朝均给予回应，派遣了许多掌握着汉织、吴织等技术的人才前往日本列岛。中国《魏志·倭人传》记载："其衣横幅，但结束相连，略无缝，妇人……作衣如单被，穿其中央，贯头衣之。"① 由此可见，当时倭人的纺织和缝制技术十分落后。而倭人与南朝交往后，了解了南朝服饰文化，倭人为了改善本国织作技术落后的局面，邀请南朝的纺织和缝衣工人前往日本列岛，传授技艺。

综上所述，公元5—6世纪，中日两国文化交流的路线大致分为南北两条。北方路线，朝鲜半岛是中日两国文化交流和传播的中转站。北方路线具有民众自发、分批次前往日本列岛的特点，人数多，规模大，这一时期的民众为日本带去了大量的中国北朝文化，在中日文化交流中起着主要作用。而南方路线，则借助倭国使节与南朝的往来进行文化交流。然而，南朝出于政治目的进行文化交往，虽然具有十分重要的开拓意义，但由于人数和规模均远远不及北方移民，因此，在这一阶段的中日文化交流中起次要作用。

三、先秦至南北朝中日文化交流的特点

这一时期中国传播至日本的文化既包括大量的物质文化也包括丰富的精神文化。

（一）中日文化交流中的物质文化

公元3—6世纪，中国传播至日本的先进技术主要包括冶铁技术、武器制造技术、生产工具制作技术、手工艺品制作技术以及种桑丝织技术等。先秦时期，中国青铜器和铁器冶炼、锻造技术就已传至日本，而公元3—6世纪，我国冶铁技术进一步成熟，更加先进的冶铁、锻铁技术经由朝鲜半岛传至日本列岛，极大地提升了当地的冶铁、锻铁水平。公元5世纪后，日本国内的铁制工具日益多样化。而随着铁制工具的改进、大量铁制农具的普及，日本的农业生产技术、土木建筑工程技术以及凿修池堤的技术获得了较大发

---

① （晋）陈寿．三国志[M]．武汉：崇文书局，2009：386．

展。从武器制造技术方面来看,冶铁技术水平的提高以及常年的战乱,促进了武器制造技术的提升。此外,在手工艺品制作方面,受中国先进的陶器烧制技术的影响,日本的陶器制作技术快速发展,烧制出质地坚硬的须惠陶器。而随着秦氏一族等进入日本列岛,再加上南朝先进丝织技术的影响,日本本土的缝制丝织技术水平获得了较大提升。

(二)中日文化交流中的精神文化

除了物质文化的影响外,这一阶段的中日文化交流,还将中国的汉字文化、文学文化以及宗教、机构组织等传至日本。

在中国汉字文化传入日本列岛之前,日本列岛一直处于有言无文的状况。而随着大量汉人移居日本列岛,汉字文化也逐渐传播至日本。考古研究发现,熊本县江田船山古坟大刀、琦玉县稻荷山古坟铁剑等出土器物上均存在汉字铭文,这说明公元5世纪,汉字已在日本列岛流传。除此之外,公元5世纪时,倭王武向上呈刘宋政权的表使用南朝风格,写成了对仗工整的骈体文。除了汉字文化外,根据《日本书纪》的记载,王仁等中国移民的后裔迁居日本后,向当时的日本政权献上了中国的《论语》《千字文》等书籍。而公元6世纪时期,深受中国文化影响的百济向日本大和政权派遣五经博士,学习并传播中国儒家文化及其他文化。

公元3—6世纪,中国的政权机构和社会组织已十分成熟,而以王氏一族为代表的熟悉中国政权机构规程的移民大量进入日本朝廷担任文书等职,起草对外文书;除充当对外使节之外,还负责朝廷的财政赋税等,对日本列岛政权机构的建立与发展起着十分重要的作用。除此之外,这一时期的中国移民中包含大量的手工业者,他们对生产技术和手工技艺十分擅长,将不同行业划分为不同的组织部门,如田部、品部、画部、锦部等。这种部民制成为早期倭国的社会生产组织。

除了汉字文化和中国文学文化、儒家文化之外,这一时期,禅宗也经由中国传播至日本。南朝时期,禅宗文化十分兴盛,而这一时期移民至日本列岛的中国人或中国后裔将禅宗文化带入日本。

总而言之,自秦至南北朝,中日文化交流获得了较大的发展。这一时期的中日文化交流总体上呈现出民间交流和官方交流并存的现象,主要以中国

· 9 ·

文化向日本的输出为主,而这一时期的中日文化交流极大地推动了日本社会的发展,使日本社会从蒙昧时代跃进文明时代。

第二节 隋唐时期的中日文化交流

公元589年,隋朝灭陈,结束了古代中国自东晋以来南北分裂的局面,建立了统一的政权。自此中国开启了持续三百多年的隋唐盛世。这一时期的中国,政治稳定,经济繁荣,创造了光辉灿烂的文化,开创了隋唐盛世,为中日文化交流奠定了良好基础。

一、隋朝时期的中日文化交流

正始元年(240年),太守弓遵遣建中校尉梯俊等奉诏书印绶诣倭国,拜授倭王。并赍诏赐金、帛、锦罽、刀、镜、采物,倭王因使上表答谢恩诏。公元478年,倭王武向南朝刘宋皇帝写信请求封号。《宋书·蛮夷列传》记录了这封书信:"封国偏远,作藩于外,自昔祖祢,躬擐甲胄,跋涉山川,不遑宁处。东征毛人五十国,西服众夷六十六国,渡平海北九十五国,王道融泰,廓土遐畿,累叶朝宗,不愆于岁。"此外,公元6世纪初期,倭国与朝鲜半岛的百济等地保持着密切往来,百济的五经博士和易博士等将中国儒学文化传播至日本。南北朝时期的中日文化交流为隋朝时期的中日文化交流奠定了基础。①

(一)隋朝时中日官方交流与往来

隋朝建立时,日本进入飞鸟时代。"飞鸟"指奈良县橿原市与高市郡一带,是耳梨山以南、亩傍山以东飞鸟川流域的总称。据传,公元5—6世纪日本允恭天皇、显宗天皇均曾定都于此。公元592年,推古天皇即位于飞鸟的丰浦宫。因此,自公元593年至710年元明天皇迁都平城京为止,称为飞鸟时代。日本飞鸟时代的历代天皇均深受中国文化的影响。公元592年,推古天皇即位,第二年委任圣德太子摄政,《日本书纪》中记载:"夏四月庚午朔

---

① 姜建强.汉字力[M].上海:上海交通大学出版社,2018:166.

己卯，立厩户丰聪耳皇子为皇太子。仍录摄政，以万机悉委焉。"①圣德太子对中国传播至倭国的禅宗文化，以及其他中国优秀文化十分熟悉。圣德太子在倭国内推行政治改革，为了进一步深化改革，圣德太子加强了与隋朝的交往，多次派遣使者到隋朝朝贡，推动了隋日之间的友好交流，促进了隋日之间友好关系的发展。

公元600年，倭国第一次派出遣隋使赴隋。《隋书·倭国传》记载："开皇二十年，倭王姓阿每，字多利思比孤，号阿辈鸡弥，遣使诣阙。"②隋文帝让鸿胪寺详细询问了倭国的国情和风俗："上(隋文帝)令所司访其风俗。使者言倭王以天为兄，以日为弟，天未明时出听政，跏趺坐，日出便停理务，云委我弟。高祖(文帝)曰：'此太无义理。'于是训令改之。"③然而这次日本使者来隋却没有记录于《日本书纪》中，因此日本学术界对此次遣隋使事件存疑。公元603年，倭国制定了冠位制，对以部氏为政治单位选拔官员的制度进行了改革，开始根据人才的能力、功劳提拔官员，并且确立了使者戴冠的礼节，以此确立使节在朝廷中的排位。

中日学术界公认的日本最早的遣隋使为公元607年由日本国王多利思比孤派遣的使者，此次出使隋朝的日本使者为小野妹子，通事则为鞍作福利。此次，遣隋使小野妹子头戴大礼冠帽，带着国书出使。《隋书·倭国传》中记载："其国书曰'日出处天子致书日没处天子无恙'云云。帝(隋炀帝)览之不悦，谓鸿胪卿曰：'蛮夷书有无礼者，勿复以闻'。"④《日本书纪》中指出："秋七月戊申朔庚戌，大礼小野臣妹子遣于大唐，以鞍作福利为通事。"⑤尽管隋炀帝认为"蛮夷无礼"，然而，公元608年仍派遣鸿胪寺掌客、文林郎裴世清作为回复使节，率代表团访倭，随同遣隋使小野妹子赴日本。裴世清一行人从山东渡海至百济，从百济航海到日本难波津，中经竹岛、耽罗国(济州岛)、都斯麻国(对马)、一支国(壹岐)、竹斯国(筑紫)等地，最终于公元608年4月到达筑紫。倭王以隆重的仪式欢迎隋朝使者裴世清一行人的到

---

① ［日］舍人亲王.日本书纪[M].成都：四川人民出版社，2019：299.
② （唐）魏征等撰.隋书[M].北京：北京图书馆出版社，2006：297.
③ （唐）魏征等撰.隋书[M].北京：北京图书馆出版社，2006：297.
④ 王勇.历代正史日本传考注(隋唐卷)[M].上海：上海交通大学出版社，2016：59.
⑤ ［日］舍人亲王.日本书纪[M].成都：四川人民出版社，2019：306.

来。为了将隋使迎接至大阪，倭王下令建造了30艘豪华彩船，并在隋使入京时派饰骑75匹迎接。隋使裴世清带来的隋炀帝的国书中表达了对中日建立友好关系的赞同。裴世清等人在日本逗留了数月，两国正式缔结了友好合约，对推动中日两国关系的发展起到了积极作用。

公元608年，隋使裴世清回国时，倭王派遣使者小野妹子相送，并带来4名留学生和4名学问僧相随。

公元614年，倭王再次派遣使者犬上君御田锹、矢田部造出使隋朝，此次遣隋使也带来了数名学问僧和留学生。

日本向隋朝所派的留学生和学问僧均为汉人或新汉人，精通汉语，他们在中国停留的时间较长，例如，倭汉直福因、新汉人广济，在中国留学15年于623年返日；新汉人旻632年返日，留学25年；志贺汉人慧隐留学31年；高向汉人玄理和南渊汉人请安于640年返日，在中国停留的时间长达32年。①长时间驻留中国的留学生不仅学习了隋唐各种文化、科技等知识和技艺，而且经历和见证了隋唐朝代更替，在唐朝建国时见证了各项典章制度的建立，经历并见证了唐朝的各种社会改革，并从中总结了经验教训。这些留学生和学问僧返日后，不仅大力传播汉文化，还在倭国担任各种职务，对倭国的政治革新产生了重要影响。

根据《日本书纪》记载，推古三十一年（623年），赴唐学成归来的惠日、福因等奏闻："留于唐国学者，皆学以成业，应唤。且其大唐国者，法式备定珍国也，常须达。"②由此可见，留学生和学问僧回到日本后，保持着极大的学以致用的热情。

（二）日本政策中隋文化的体现

公元592年，古代日本推古天皇即位后，圣德太子于公元574—622年摄政。在此期间，圣德太子在政治上推行改革，除了派出遣隋使之外，还制定了"冠位十二阶"和"十七条宪法"。这些政策均体现了隋文化的影响。推古天皇在位期间，古代日本国内的地方豪强贵族势力很大，彼此争夺，又

---

① [日]藤家礼之助.日中交流二千年[M].张俊彦,卞立强,译.北京：北京大学出版社，1982：82.

② [日]舍人亲王.日本书纪[M].成都：四川人民出版社，2019：313.

与中央朝廷相对抗，圣德太子为了建立一元化中央集权体制，于公元603年制定了冠位十二阶的制度。该制度将朝中官吏的冠位按照德、仁、礼、信、义、智划分，组成十二个位阶，并且以不同颜色的冠帽，表示不同的位阶。一些学者认为，冠位十二阶制度是为了与隋交往时彰显威仪。日本学者坂本太郎认为，冠位十二阶名称是源于儒家的五常——仁、义、礼、智、信，只不过排列顺序上稍有变化，冠以"德"，再分成大小，由此而构成。①

除了冠位十二阶之外，公元604年，圣德太子制定了"十七条宪法"，这是日本最早的成文法，其并非现代意义上的"宪法"，而是针对各地姓氏豪族的政治道德规范。其主要观点包括尊君思想、背私向公、以礼为本、笃敬三宝（佛、法、僧）、强调仁政。从"十七条宪法"的观点来看，其在维持原有古代日本氏族豪族统治的前提下，提出了君权至上、地方豪族服从朝廷的思想，试图将豪族官僚化，以导入中央集权的思想，达到建立一元化中央集权体制的目的；同时明确了统治者施政方针的方向。"十七条宪法"中的观点与中国儒家、法家和禅宗等思想具有高度相似性。例如，"十七条宪法"中对"尊君思想"的阐释，其思想渊源即为中国的《管子》《左传》《礼记》《诗经》等古代典籍。除此之外，其他的观点也均从儒家学说中衍化而来。有的学者经过深入研究指出，"十七条宪法"中共计13条21款的文辞取自中国儒家的多种经典著作。

（三）隋文化在古代日本的传播

隋朝时期正值古代日本推古天皇在位期间，这一时期，日本处于飞鸟文化初期，在文化上、思想上均受到隋文化的较大影响，具体表现在推古天皇时期的禅宗文化、儒家文化、音乐文化、歌舞文化、庭院文化以及科学技术等多个方面。

其一，禅宗文化。禅宗文化在中国古代南朝时期已十分兴旺，杜牧诗歌中"南朝四百八十寺"即描绘出南朝的兴造寺塔之风。隋唐时期是中国禅宗文化的大成时期。隋朝统一南北两朝，为禅宗文化的发展奠定了良好的政治基础。隋朝皇帝对禅宗十分重视，并以禅宗作为巩固统治权的方针之一。禅宗在隋帝的支持下获得了迅速发展，无论是禅宗文学、建筑、雕塑、绘画、

---

① 大仓精神文化研究所.综合研究飞鸟文化[M].东京：国书刊行会，1989：274.

音乐艺术等，还是组织集会，均较前代获得了较大发展。

禅宗文化早在魏晋南北朝时期即传入古代日本，隋朝年间，圣德太子在向隋朝派遣留学生的同时，还派遣了多名学问僧到隋朝学习禅宗文化。这些学问僧学成归国后，被任命为博士等职，将隋朝的禅宗文学、建筑、雕塑、绘画、音乐艺术传播古代日本。例如，公元605年，斑鸠法隆寺的建筑样式即反映了中国汉代、北魏、北齐等时代的建筑风格；而推古天皇时期的佛像雕刻技术也带有鲜明的中国云冈石窟后期和北魏龙门石窟前期的风格特点。

其二，儒学文化。除了禅宗文化之外，儒学在古代日本的传播更加广泛和深入。隋朝之前，儒学的传播方式主要是经朝鲜半岛传入古代日本，或由南朝时期的倭国使者传入。除此之外，迁移至倭国的中国移民在儒学的传播中也起到了十分重要的作用。隋朝建立后，古代日本通过遣隋使的方式与隋建立了良好的交往关系，通过留学生、遣隋使以及中国访倭团等多种方式扩大了儒家文化传播至倭国的途径。而这种儒学传播方式，使儒学文化在古代日本的政策法规、社会管理等方面均有所体现。前文已有详细分析，这里不再赘述。

其三，其他文化。除了禅宗文化和儒学文化之外，这一时期，中国的道教文化、歌舞文化以及庭院文化等也传入古代日本。一些学者指出，所谓的"遁甲、方术"即属于道教范畴。由此可见，在古代日本推古天皇时期，道教文化已通过朝鲜半岛的百济传播至日本。同时期，百济僧还将历书、天文、地理等书籍传至日本。公元6世纪末7世纪初期，三国至南北朝时期的音乐和歌舞文化也通过朝鲜半岛传到古代日本。

综上所述，隋朝时期，日本通过向隋派出遣隋使等方式与隋建立了友好关系，中日文化交流从隋以前的间接、民间为主的交流方式，向直接、官方交流转变。而遣隋使、留学生和学问僧等人在中日文化交流中起着关键作用。隋朝时期的中日文化交流为唐朝时期中日文化交流的高潮奠定了基础。

二、唐朝时期的中日文化交流

公元618年，唐高祖李渊在农民起义中建立唐朝，经过多年征战，于公元624年统一全国。唐朝时期，中日文化交流进入历史高峰期。

第一章 古代中日文化交流

(一) 文化交流的背景

唐朝继承并发展了隋朝的政治体制，构建了强大的专制主义中央集权制度。唐朝建立了先进的政治制度，经济繁荣，科学、文化、艺术等均取得空前繁荣的成就。

从政治体制来看，唐朝建立了完备的中央行政机构和法律制度，以"三省六部制"为特色，在中央设立三省、一台、五监、九寺等中央行政机构。其中"三省"指中书省、门下省、尚书省，三省相互配合，以确保政令上传下达，高效执行。尚书省下设六部，分管国家的吏、户、礼、兵等具体事务。"一台"，指御史台，是检察和监督机构。"五监"和"九寺"则各司其职。除了中央行政机构外，唐朝还进一步完善了州县两级制度，以及乡、里、保、邻基层管辖体系，构建了完备的行政机构体系。

从法律制度来看，唐朝在《隋律》的基础上编纂了《唐律疏议》，成为东亚较早的成文法之一。

从经济方面来看，唐朝十分重视农业经济的发展，推行均田制，采取轻徭薄赋的政策，并且大力改进农业生产工具，发明了曲辕犁、筒车等新式农具。此外，唐朝为了推动农业发展，传播农业知识，编撰并推广大型农书《兆人本业》《耒耜经》《茶经》《四时纂要》等农学著作相继出现，这些均推动了唐代农业的发展。

从军事方面来看，唐朝在均田制的基础上建立了府兵制：军队在战事发生时作战，无战事时进行农业生产，农闲之余则练习战阵。

唐朝严密而完备的政治、经济、军事制度，确保了唐朝的政治稳定，而在内政稳定的基础上，唐朝的领土不断扩张，成为当时世界上最具影响力的封建国家，为科学、文化、艺术走向辉煌奠定了基础。

从文学艺术方面来看，唐朝的文学艺术取得了辉煌的成就。其中，诗歌艺术在唐朝发展到极致，涌现出李白、杜甫、白居易等一大批杰出诗人，留下许多流传千古的名作。以清代版本《全唐诗》为例，其中收录了2 000多位诗人的数万首诗歌作品，由此可以窥见唐代诗歌艺术之盛。除了诗歌之外，唐代还发起了古文改革运动，一改六朝时期华丽的骈文，主张"文以载道，文道合一"的散文，开创一代文风，推动了唐宋文学的发展。除了古文改革运动外，唐朝还进行了诗歌改革运动，即新乐府运动，主张"文章合为时而著，歌诗合为事而作"，为唐代诗歌书写了光辉的一页。

唐代书法艺术在继承了历朝书法艺术的基础上，发展到了新的高度。唐朝初期，即出现了欧阳询、褚遂良、虞世南、薛稷四大书法家。除此之外，唐朝还涌现出了颜真卿、柳公权、张旭、怀素等书法家，他们在前代书法家的基础上进行了书法艺术创新，创作出颜体、欧体、柳体等新楷书书体，此外，张旭和怀素的草书也独具一格。这些书法艺术家共同推动了唐朝的书法艺术达到新的高度。除书法艺术外，唐朝作为中国古代大一统的封建王朝，国乐强盛，对音乐和舞蹈艺术十分重视，设立了专门的音乐机构——大乐署、鼓吹署、教坊和梨园等。唐朝还是我国古代多民族大融合时期，唐朝采取了宽容开放的民族政策，各民族友好相处，使得各民族的音乐舞蹈相互融合。此外，天竺的佛曲、中亚的安国音乐、东邻的高丽音乐等国外音乐在唐朝也十分受欢迎，它们共同推动唐朝音乐舞蹈艺术走向繁荣。而音乐舞蹈艺术的繁荣又促进了唐朝音乐理论的发展。

除以上几个方面之外，唐朝的医学、建筑、瓷器、陶器，以及科学文化等均取得了较高成就。

从对外政策上来看，唐朝十分重视对外政治、经济和文化交流，与周边国家建立了友好的外交关系，加强了与世界各国的交往。在这种对外政策下，唐朝的陆路、海路对外交通十分发达。《新唐书·地理志》载："入四夷之路，与关戍走集最要者七：一曰营州入安东道，二曰登州海行入高丽、渤海道，三曰夏州塞外通大同、云中道，四曰中受降城入回鹘道，五曰安西入西域道，六曰安南通天竺道，七曰广州通海夷道。"①从中可以看出，唐朝时期，有七条通往域外的道路，通往高丽、西域、天竺等地。据《唐六典》记载，唐朝与70多个国家进行政治、经济和文化交流。由于唐朝采取"海纳百川"的开放的对外政策，再加上四通八达的域外道路的开通，唐朝很快成了世界政治、经济和文化中心。

（二）文化交流途径

唐朝于公元618年建国至公元907年灭国，期间日本经历了飞鸟时代、

---

① 欧阳修，宋祁.新唐书[M].北京：中华书局，1975：1146.

奈良时代和平安时代前期,这一时期正值日本从奴隶社会向封建社会转变。唐朝时期,由于实施开放的外交政策,中日之间的交往更加频繁。纵观唐朝时期的中日文化交流,大体可划分为官方交流和民间交流两大类型。

1. 唐朝时期中日官方文化交流

唐朝时期中日两国的文化交流十分频繁,从官方的交流来看,主要为日本向中国派出遣唐使进行正式交流和学习。

在介绍唐朝时期中日两国文化交流之前,有必要对日本的国号称谓进行说明。根据《日本书纪》记载,小野妹子返日后,回奏天皇,隋炀帝回复的国书在中途被百济掠走,不能上奏。然而《日本书纪》中却记载了隋使裴世清觐见时所提交的国书。国书称:"皇帝问倭皇,使人长吏大礼苏因高等至具怀。朕钦承宝命,临御区宇,思弘德化,覃被含灵,爱育之情,无隔遐迩。知皇介居海表,抚宁民庶,境内安乐,风俗融和,深气至诚,远修朝贡,丹款之美,朕有嘉焉。稍暄,比如常也,故遣鸿胪寺掌客裴世清等,指宣往意,并送物如别时。"① 这份国书将日本天皇称为"倭皇",经日本学者木宫泰彦的考证,"倭皇"或为"倭王"。② 日本学者推测《日本书纪》之所以如此记载,是由于彼时日本对国内以大和朝廷之名代表国家,而在国际上的称谓仍然为"倭国",因此故意为之。公元646年,大和政权迁都难波(今大阪),并定年号为大化,颁发革新诏书,史称大化革新。大化革新后,大和正式更名为日本国。我国《新唐书·东夷传》记载:"后稍习夏音,恶倭名,更号日本。使者自言,国近日所出,以为名。"③ 自《新唐书》开始,将倭国改称为日本。

隋朝时期,日本曾多次派出遣隋使,与隋建立了友好往来关系,并且向隋派出了多名留学生和学问僧,由于一些留学生和学问僧在中国居留的时间较长,他们见证了隋唐朝代更替,以及唐朝的崛起,所以这些留学生和学问僧回国后,对唐朝的制度、文化等进行了广泛传播,建议日本继续与唐朝进行交流。日本学者木宫泰彦在对遣唐使制度进行研究时指出:"日本有识之士,由于遣隋使而一度接触到优秀的中国文化,并多少吸收了一些以后,绝

---

① (日)舍人亲王. 日本书纪[M]. 成都:四川人民出版社,2019:307.

② (日)木宫泰彦著;胡锡年译. 日中文化交流史[M]. 北京:商务印书馆,1980:55.

③ (宋)欧阳修,宋祁撰. 新唐书[M]. 北京:中华书局,1975:6208.

不会就此满足,必然益加赞叹向往,热狂地试图汲取、模仿。遣唐使的派遣就是实现这种愿望的手段。"① 这一时期,日本内部正面临改革压力,而唐朝完备的制度、规章和典仪等则可带来启发。因此,在政治需要以及隋唐留学生和学问僧的大肆传播下,日本向唐朝派出了遣唐使。

关于日本遣唐使的来访次数,学术界普遍存在争议,这是由于《新唐书》和《旧唐书》中对日本遣唐使的记载十分简洁概括,次数遗漏较多。例如,《旧唐书》中对日本遣唐使的介绍只有寥寥数语,只提及了使者的名字,以及遣唐使进贡时的景象。相对中国新旧唐书的简介与概括,《日本书纪》中的记载则更加详细,不仅对遣唐使的真实姓名进行了记载,还对日本遣唐使进贡的景象、出使诏书的内容,以及航行路线等均进行了详细记录。当前,中日学术界普遍认为遣唐使的来访次数为13次。例如,我国学者周一良在其所著的《中日文化关系史论》中指出:"从630年到838年,除因种种原因未能成行者外,到达中国的遣唐使共有13次,平均约15年有一次。"② 遣唐使的出访前后历经两个多世纪,次数多,时间跨度大,出使的目的不尽相同。学术界在对遣唐使的出访进行研究时,一般将其划分为不同阶段进行考察。例如,日本学者木宫泰彦即将遣唐使的出访划分为四期。第一期为公元629—661年,这一时期遣唐使的规模较小,行程组织并没有明确的章程和定规,遣唐使的来访目的并不明确。第二期为公元662—671年的两次遣唐使出访活动。这两次遣唐使的目的十分明确,即针对百济问题与唐朝交往。第三期为公元697—758年的四次出访活动,这一时期正值唐朝全盛时期,遣唐使规模较大,目的十分明确,即学习唐朝文化。第四期为公元770—850年的三次出访活动,这一时期由于唐朝正值"安史之乱",国家动荡,遣唐使的规模较小,对学习唐文化缺乏热情,看似盛大,实则衰落。

唐朝时期日本的遣唐使成员,大多由精通汉话、具有一定的文墨才学的人,或对唐朝情况较为熟悉的人构成。遣唐使的团队成员五花八门,有以出使为目的的使臣,有留学生、学问僧,还有医师、画师、手工业者等,他们共同背负着与唐朝建立友好关系、学习唐朝先进科技文化的目的,可概括为朝见与进贡、读书学习、寻师游历等。

① (日)木宫泰彦著;胡锡年译.日中文化交流史[M].北京:商务印书馆,1980:62.
② 周一良.中日文化关系史论[M].南昌:江西人民出版社,1990:96.

朝见与进贡是日本遣唐使在唐的官方活动。日本使臣到达唐朝后,朝见唐天子,并向唐进献贡品,请求唐朝允许留学生和学问僧在唐学习和活动。唐天子对日本遣唐使的答复一般为"所请并允",并且回赐日本使者中国各类科学文化书籍。遣唐使在完成政治任务后即带着唐天子的回赐返回日本。留学生则被安排到唐朝最高学府国子监,较为系统地学习儒家文化,一应费用由鸿胪寺支付,不足部分则由日本方面资助。唐朝时期的日本留学生在国子监学习的时间为9年,9年后完成学业的留学生可通过宾试科的考试进入唐朝做官,享受俸禄。

唐朝时期,日本派往中国的学问僧数量远远大于留学生的数量。学问僧来唐的目的是学习禅宗文化。学问僧来到唐朝后由鸿胪寺、祠部、左右街功德使等部门管理,得到在唐学习和生活的批准后,则在唐的皇家寺院学习,并可在各大寺院中寻师求法,参加各种佛事活动。学问僧还可凭借相关的身份证明文件在唐各地的寺院进行游历。除了学习禅宗文化外,学问僧一般还学习儒学文化,与中国文人进行交往。

留学生和学问僧在唐学习和生活的时间一般较长。除此之外,在唐中后期,日本遣唐使出使唐朝时还带来了一些短期学习的请益生或请益僧,他们是在某个学术领域已经取得一定造诣的科技人才,来唐寻求疑难问题的解决之法。请益生和请益僧来唐后即被安排至相应的部门进行学习。我国学者孙玉巧指出,请益生和请益僧的出现代表日本对唐文化的学习已由全盘照搬转为有选择地汲取,学习唐朝的先进文化不是日本的最终目的,其最终目的是将唐朝的先进文化、典章制度变成自己的东西。[1] 无论长期在唐学习的留学生和学问僧,还是在唐短期学习的请益生和请益僧,他们归国时,均携带了许多书籍,从精神和实物两个方面传播了唐文化。

古代生产水平较低,航海技术相对落后,在这一条件下,遣唐使成为中日两国文化交往的桥梁,将唐朝先进科技文化源源不断地输送回国,对促进日本从奴隶社会向封建社会的转变起到了十分重要的作用。来唐的留学生、学问僧、请益生和请益僧原本即为与日本皇室、朝廷等有着极其密切关系的子弟,或朝廷中层官僚子弟,或日本某个行业的佼佼者,他们归国后大多受到朝廷的重用,利用其在唐学习的知识为本国做贡献。此外,这些人还借助

---

[1] 孙玉巧.遣唐使制度废止原因试析[J].咸宁学院学报,2003(2):52-54.

从唐带回的书籍，在日本广泛传播唐文化。

纵观遣唐使在中日两国交往中的作用，主要体现在以下几个方面。

其一，遣唐使促进中日两国民间交往。整个唐朝时期，遣唐使来唐次数达 13 次之多，遣唐使的往返为中日海上航线的开拓和发展奠定了基础，而海上路线的开拓，带动了民间商船的海上贸易，为中日民间贸易拓展和往来奠定了基础。

其二，遣唐使促进日本政治制度变革。唐朝具有稳定的中央集权制度和君主专制制度，遣唐使在出使唐朝时通过学习唐朝先进的典章律令等知识，积极推动日本社会制度的革新。例如，公元 645 年日本孝德天皇即位后就仿照唐代的官制进行了官制改革：孝德即位后，奉皇极上皇为"皇祖母尊"，以中大兄为皇太子、阿倍内摩吕为左大臣、苏我仓山田麻吕为右大臣、中臣镰足为内臣，并任命从唐王朝留学归来的僧旻和高向玄理为国博士。新政权的成员阵容确定后，孝德、皇极和中大兄召集群臣在飞鸟寺一同对天神地祇盟誓。盟誓之后，新政权始用年号"大化"。史称"大化革新"。[①] 日本大化革新期间成立了专门的智囊团，而智囊团的成员中即包括从唐留学归国的僧旻和高向玄理等人。又如，《日本书纪》中对大化二年的改革进行了详细记载："二年春正月甲子朔，贺正礼毕，即宣革新之诏曰：其一曰，罢昔在天皇等所立子代之民，处处屯仓，及别臣、连、伴造、国造、村首所有部曲之民，处处屯仓，仍赐食封，大夫以上各有差。……其二曰，初修京师，置畿内国司、郡司、关塞、斥候、防人、驿马、传马及造铃契、定山河。……其三曰，初造户籍、计帐、班田收授之法。凡五十户为里，每里置长一人，……其四曰，罢旧赋役而行田之调。凡绢、絁、丝、绵并随乡土所出。田一町绢一丈，四町成匹，……别收户别之调，……"[②] 从这一文献资料中可以看出，大化二年的改革主要废除了贵族私有土地制度，将土地和部民全部收归国有，并且废除了日本的世袭姓氏贵族制度，确立了中央集权的官僚政治体制，实行班田收授法和租庸调制。这些制度大多借鉴了隋唐时期的经验，例如，大化革新中的班田收授法即借鉴了唐朝的均田制；大化革新中的租庸调制也借鉴了唐朝的租庸调法。再如，大化革新中借鉴了中国文化里的

---

① 王海燕.东方文化集成 日本古代史[M].北京：昆仑出版社，2012：123.

② [日]舍人亲王.日本书纪[M].成都：四川人民出版社，2019：349.

年号和国号制度。"日本"二字作为国名,即源于大化时期的改革。根据中日两国学者的研究,"日本"作为国号出现于8世纪中期左右。《旧唐书》记载:"日本国者,倭国之别种也。以其国在日边,故以日本为名。或曰倭国自恶其名不雅,改为日本。或云日本旧小国,并倭国之地。"① 从该文献资料可知,在唐朝时期出现了"倭国"与"日本"两个称呼,并对倭国改称日本的原因进行了记载,与《日本书纪》中"日本"一词出现的时间一致。

其三,遣唐使促进日本文化和科技的发展。唐朝科技文化、艺术水平达到了较高水平,遣唐使和留学生、学问僧等人的目的之一,即是学习和汲取唐朝科技文化知识。因此,遣唐使在归国时带回了大量唐朝的科技文化类书籍,回国后积极传播唐朝科技文化。例如,8世纪前,日本学者吉备真备在中国汉字的基础上,采用汉字楷体偏旁创造了片假名,而学问僧空海则用汉字草体造平假名,创造了日文假名字母,共同奠定了日文的基础。在教育方面,日本大化改革后学习唐朝的教育制度,在中央设立了太学,在地方设立国学,发展教育。在文学方面,唐朝诗人李白、白居易等人的诗歌在日本很受欢迎,他们的诗集广为流传。除此之外,唐朝的农业、手工业、医药、天文历法、数学、建筑,以及音乐、舞蹈、书法等艺术文化也传播至日本,使日本的文艺、科技等受到唐风的极大影响。例如,唐朝的茶文化即在此时传入日本,并且逐渐发展为独具一格的日本茶道。另外,日本奈良的皇都建筑风格也颇具唐风。

综上所述,唐是当时东亚最先进、最强大的国家,也是周边国家的文化输出国。日本遣唐使作为中日两国官方文化交流的主要方式,为日本学习和汲取唐朝的政治、经济、文化艺术和科学技术奠定了坚实的基础。

2. 唐朝时期中日民间文化交流

唐朝时期的中日民间文化交流是在官方交流基础上发展起来的,与官方交流相比,民间交流贯穿着整个唐朝时期。唐朝初期,日本遣唐使频繁来往于中日两国,促进了中日两国海上交通的发展,同时也带动了两国人民之间的私人和贸易往来。此外,随着中日两国友好外交关系的建立,以及日本学问僧在唐学习禅宗文化并且在日本大力传播禅宗文化,一些唐朝人、印度人以及西域人

---

① [日]吉田孝.日本的诞生[M].周萍萍,译.北京:新星出版社,2019:6.

等开始移居日本，这些人员大多受到唐文化较深的影响，他们到达日本后，大力传播唐文化以及本国文化。尤其是唐朝后期，随着日本遣唐使的衰落与中断，中日两国的民间文化交流成为中日两国文化交流的主要渠道。

唐朝时期，中日两国民间交流的路线主要为海上交通。来往于中日两国之间的商船比日本官方遣唐使所用的船只相比较小，船行驶速度较快，行船路线与遣唐使船只所行路线相同，可划分为南路与北路两条路线，其中，南路较北路更加快捷。唐朝时期，往来于中日两国的商船十分频繁，尤其到了唐朝后期，日本的请益生和请益僧往返中日两国时只需搭乘唐朝的商船即可。唐朝时期的留学生和学问僧的求学时间一般较长，许多留学生和学问僧学成后归国，然而一些留学生或学问僧却因仰慕唐文化而最终选择留在唐朝。另外，一些留学生还与唐朝女子成婚，其后裔长大后有的回到日本，将唐文化传播至日本，成为中日民间交流的一道风景。例如，《续日本纪》中即记载了公元779年第七次出使唐朝的遣唐使藤原清河，在归国途中漂流到越南，后辗转回到唐朝，与唐朝女子结婚，藤原清河去世后，其女儿与遣唐使一起回到日本，成为当时轰动整个都城的故事。除了藤原清河外，学问僧弁正也在唐朝结婚生子，弁正去世后，他的一个儿子回到了日本，并曾以遣唐使判官的身份出使唐朝。

中日民间文化的交流经常借助商船。根据日本学者木宫泰彦的《日中文化交流史》记载，公元839—907年，中日两国之间的商船往来达37次之多。① 这些商船的主要目的是商贸往来，但同时它们还将来自中国的文化传播至日本。例如，日本史书《文德天皇实录》中即记载了公元838年，日本人藤原岳守在唐人的商船中发现了《元白诗笔》，将之献给天皇并得到封赏的故事。又如，日本僧人圆珍在唐期间，收集了百余卷禅宗典籍，并且委托唐朝商人将这些经卷运送至日本。

综上所述，唐朝时期，中日两国之间的文化交流主要包括官方交流和民间交流两个途径。中日民间文化交流贯穿了整个唐朝时期，以海上交通为主，常借商贸往来和私人交往进行文化交流和传播。

---

① [日]木宫泰彦.日中文化交流史[M].胡锡年，译.北京：商务印书馆，1980：133.

第三节　宋元时期的中日文化交流

唐朝末年，日本遣唐使废止后，不再派遣官方朝贡使节来中国，中日官方外交几乎中断。宋元时期，中日外交主要转向民间，开启了中日民间文化交流的高峰期。

一、宋朝时期的中日文化交流

唐朝末年，社会黑暗，藩镇割据。唐朝灭亡后，中国进入五代十国时期，战乱不断。公元960年，宋朝建立。宋朝时的中日文化交流与隋唐时期相比，发生了较大变化，从唐朝时期的官方和民间文化交流并重，转向中日官方文化交流中止、以民间文化交流为主的方式。这与宋朝时期中日文化交流背景有关。

（一）宋朝时期的中日文化交流背景

宋朝建立后，为了避免重蹈唐朝"安史之乱"以来的藩镇割据和宦官乱政的悲剧，采取了重内轻外，重文抑武的治国之策。因此，与唐朝相比，宋朝的国土面积较小，然而宋朝内部则较为安定，少有内乱，国内经济和文化较为繁荣。

宋朝时期，周围强敌环伺。西北地区，少数民族党项族崛起并在李元昊的带领下，以宁夏平原为基础建立了"东尽黄河，西界玉门，南接萧关，北控大漠，地方万余里"的西夏国。西夏国的建立阻断了西北的贸易要道"丝绸之路"。北方地区，五代十国时期，少数民族契丹族势大，契丹族的首领耶律光建立大辽政权后，攫取了燕云十六州（今北京至山西大同地区）之地并以此为基地，不断袭掠中原，同时支持北汉政权等各地割据政权与宋朝对抗。北宋统一全国时曾多次组织武力想夺回幽云十六州，然而却未获成功。宋太宗继位后，南方实现了统一。宋太宗于公元979年率大军攻打辽国支持的北汉政权。北汉灭亡后，宋辽之间爆发了长达25年的战争，最后辽国势大，大举攻宋，双方攻持不下，遂缔结和约，达成"澶渊之盟"。"澶渊之盟"达成后，宋辽之间进入了较长时间的和平期。而辽盘踞北方，北宋无法向北方扩张，促使北宋的经济中心向南转移。

北宋十分重视海运贸易。北宋的造船和航海技术十分发达，造船技术处于世界领先水平，海船规模大，远洋能力强，整体抗风浪的性能良好。例如，1974年福建泉州出土的一艘宋代古船，其采取了隔水仓技术，即便个别隔水仓漏水也不妨碍船的行驶，由此可见宋代造船技术水平之高。公元1078年，北宋就造出了约600吨载重能力的海船，之后的海船建造均以600吨为主。北宋时期的海船上还配备了当时先进的导航技术。基于先进的航海技术和海船建造技术，北宋的海运贸易十分发达。海运贸易带来的丰厚利润，引起了北宋朝廷的高度重视，将海外贸易作为主要财政收入来源之一。为了支持海外贸易的发展，公元987年，北宋朝廷"遣内侍八人赍敕书、金帛，分四纲，各往海南诸藩国，勾招进奉，博买香药、犀牙、珍珠、龙脑，每纲赍空名诏书三道，于所至处赐之"①。北宋通过封赏的方式与海外诸国建立了官方联系，极大地推动了海外贸易的发展。为了促进海外贸易的发展，北宋还采取了增辟设置市舶司港口、制定管理海外贸易有关条例、开辟海船航行海道等有利政策。

我国学者陈高华、吴泰先生认为，北宋之所以重视海外贸易，一方面是为了从海外地区得到香药和其他各种宝物，满足自己奢侈淫逸的需要，另一方面则是为了增加国家财政收入。宋神宗曾就海外贸易对朝臣说："东南利国之大，舶商亦居其一焉。昔钱、刘窃据浙、广，内足自富，外足抗中国者，亦由笼海商得术也。卿宜创法讲求，不惟岁获厚利，兼使外藩辐辏中国，亦壮观一事也。"② 由此可见，北宋海运得到了北宋帝王及朝廷的大力支持。

北宋被金灭亡后，南宋建立。南宋官僚机构臃肿，军队数量庞大，每年还要向金缴纳大量岁贡。为了扩充财源，南宋朝廷对海运贸易更加重视。宋高宗曾对臣下说："市舶之利最厚，若措置得宜，所得动以百万计，岂不胜取之于民？朕所以留意于此，庶几可以少宽民力尔……市舶之利，颇助国用，

---

① 刘琳，刁忠民，舒大刚等校点.宋会要辑稿[M].上海：上海古籍出版社，2014：：4404.

② 司徒尚纪.中国南海海洋文化史[M].广州：广东经济出版社，2013：117.

宜循旧法，以招徕远人，阜通货贿。"① 南宋高宗之后，均将"阜通货贿"作为决策，大力发展海运贸易。

公元894年，日本遣唐大使菅原道真以唐朝衰微和航海危险为由，上奏中止向唐朝派遣唐使。持续了两个多世纪的遣唐使制度被废止。遣唐使制度废止后，日本采取了锁国政策，公元901—923年，日本制定了一系列锁国禁令，包括禁止出海的"渡海制""禁购令"，以及"年纪制"禁令。其中，日本的渡海制颁布于平安时代中期，禁止官吏坐船到海外；禁购令则禁止王公大臣私自购买中国商船货物；年纪制禁令则是针对商船频繁往来日本而制定的，规定了最低的商船来日年限。公元794年，日本桓武天皇迁都平安京（京都）开启了日本的"平安时代"，直到公元1192年源赖朝建立镰仓幕府一揽大权，至此为止均属于"平安时代"。因此，这一时期日本的锁国政策，被称为"平安锁国"政策，持续了长达300年的时间。

（二）宋朝时期中日民间文化交流途径

宋朝时期的中日文化交流涉及宗教、典籍、医学、建筑、艺术等多个方面，宋日文化交流的途径大体可分为海上贸易交流和僧侣交流两个方面。

首先，中日民间文化海上贸易传播与交流。

日本平安时代实行"平安锁国"政策，并非完全意义上的锁国，而是保留着与少数国家的外交关系。平安锁国时期，日本针对私自渡海和购买中国商船货物制定了严格的政策。然而，平安锁国政策并非完全禁止海船进入日本，而是对海船进行严格审查，制定了"存问""阵定""和市"等政策。

"存问"是宋商船进入日本时，所进行的必要程序。宋商人需要准备申文、进上品目录，以及大宰府制作的商人容貌、衣裳束装绘图等文书资料，还有进献给日本天皇的物品（贡物、方物）。宋商船在日本靠岸后，日本的政府机构大宰府即将"存问记"报送太政官，在接到宋商船的"存问记"后，朝廷官员即召开公卿合议，决定是否准予该商船在境内进行贸易。由此可见，"存问"是商船入境后的审查。"存问"制度即是一种排除商船对本国产生风险的行为，也是一种保护宋商船和商人的措施。

"阵定"是指日本中世纪公卿合议制度，也称"仗仪"，之后逐渐演变为

---

① 刘琳,刁忠民,舒大刚等校点.宋会要辑稿7[M].上海：上海古籍出版社,2014：3849.

一种公卿合议会议讨论模式，其结果为"廻却"或"和市"。如果是"廻却"，一般只遣返商人而由朝廷收购其货物；如果是"和市"则表明商人和货物均通过了检查，允许进入日本国境进行贸易，而货物的价值要由国家参与决定，禁止未经官府定价而私自交易。

由此可见，宋朝时期，由于中日双方没有建立官方外交，日本针对宋商船在日本的贸易制定了严格的审查机制、贸易方式等，对中日文化交流与传播起着巨大影响。尽管如此，在宋朝对海运贸易的大力支持下，每年均有宋朝商人船只往返于中日之间，涌现出了一批与日本社会各界人士建立了广泛联系的海商。平安时期，日本上层贵族追求奢侈的生活，对中国的名特珍品十分喜爱，这促进了海商的贸易。宋朝海商将中国的锦、绫等丝织品，以及瓷器、香料、药材、书籍、文具等物品运送至日本，而将日本出产的砂金、硫黄、水银、木材、工艺品（日本扇、日本刀、金银莳绘漆器、螺钿器皿等）运回宋朝，在客观上加强了两国之间的文化交流。

日本进入平安时代后，许多皇贵族、寺院、神社领有独立的庄园。11世纪后，在日本大宰府主管的海外贸易之外，九州地区的庄园领主或庄官充分利用贵族庄园的特权与宋朝海商开展秘密贸易。庄园与宋海商之间贸易的开展，使得庄园内的港口日益繁荣。而庄园领主大多对中国的丝绸、织锦、陶瓷、香、药等十分喜爱，因此，宋朝海商促进了中国丝绸文化、瓷器文化、中药文化、禅宗文化在日本的传播。

平安时代的锁国政策在日本平清盛崛起后被打破。平清盛是日本平氏政权的开创者。平安时代晚期，天皇权力式微，平清盛出任太政大臣，建立了平氏政权。为了打破平安时代长达300年的锁国政策，平清盛掌权后确立了商贸立国的构想，通过修建大轮田泊、治理濑户内海等措施，试图加强海上贸易，但最终由于国内战乱而未能实现其目的。然而，平清盛掌权后，在客观上起到了促进中日海运贸易的作用，为中日民间文化交流创造了条件。

综上所述，宋朝时期，中日海外贸易交流有着诸多限制，然而在中日官方交流途径断绝的前提下，海运贸易成为中日民间文化交流的主要途径。海运贸易在方便中日物品交流的同时，还极大地推动了中日双方的精神交流，这一点主要体现在中日书籍交流方面。

从文化角度来看，尽管终宋一朝始终处于积贫积弱的境地，然而，宋朝文化仍然取得了较高成就。中国的书籍和科技文艺等受到海外各个国家和地区的欢迎。尤其是日本等东亚国家和地区，对中国的各类书籍有着狂热的爱好。宋朝禁止书籍外传，对私自将书籍作为商品进行对外交易的海商处以重罚。然而，仍然有大胆的商人将中国各类书籍，尤其是佛文化书籍传播至日本，同时将日本保留的中国稀有古籍，以及部分日本书籍带回宋朝，实现了中日民间文化的精神交流。

其次，中日民间文化僧侣传播与交流。

除了海运贸易交流，宋朝时期，中日民间文化交流的另一途径为僧侣之间的交流与传播。

自晋朝以来，禅宗文化在中国获得了较大发展，并且经由朝鲜半岛传至日本。隋唐时期的遣隋使和遣唐使制度，为日本僧侣进入中国深入学习禅宗文化奠定了基础。以唐朝为例，跟随遣唐使来到中国学习的人员中，学问僧人数最多。学问僧在唐朝不仅可以进入皇家寺院学习，还可进行游历活动，遍访民间各地的寺庙，参与各种佛事活动等。学问僧学成归国后在日本广泛传播佛文化，进一步促进了日本的禅宗研究。北宋统治阶级对禅宗文化十分重视，不仅加强对印度、西域佛经的翻译、雕版印刷，还在与周边国家建立联系后，将珍贵的禅宗书籍颁赐诸国，并且十分重视入宋僧侣的接见与安置。北宋太宗至神宗时期即多次接见来自日本、高丽、印度和西域诸国的僧侣，并且将入宋僧视为各国朝贡使节加以优待，将其纳入宋朝的僧侣管理体制。例如，宋神宗熙宁五年（1072年），日本国僧成寻"密航"入宋，受到宋神宗的召见，《宋史》载："有僧诚（成）寻至台州，止天台国清寺，愿留。州以闻，诏使赴阙。……神宗以其远人而有戒业，处之开宝寺，尽赐同来僧紫方袍。是后连供方物，而来者皆僧也。"[①] 从这一文献中可以看出，日本来北宋的僧侣不仅可以得到皇帝亲自接见，还会被赐予衣袍和方物，比照朝贡使节的规格给予接待。

一般来说，宋朝时期，僧侣来宋除了学习佛文化之外，多到五台山和天台山等地瞻仰寻访，为了达成访宋僧的这一意愿，宋朝往往还赐予入宋僧巡礼五台山的便利和路途保护。有学者在对北宋时期的文化外交进行研究后指

---

① （元）脱脱等撰；刘浦江等标点. 宋史 简体字本二十六史 卷442-496[M]. 长春：吉林人民出版社, 1996: 9709.

出，北宋之所以重视入宋僧是由于北宋以禅宗文化作为纽带，构建以宋为中心的东亚国际秩序。北宋朝廷对待入宋僧的态度大部分较为积极，然而，南宋时，由于国力衰落，虽然许多高僧入宋求法，却并无朝廷接待日本入宋僧朝觐或赐予物品等，盖南宋朝廷已经丧失或不再具有构筑东亚国际秩序的动力和国家能力。[①]

日本平安时期，其官方对待入宋僧的态度发生了较大变化。北宋时期，遣唐使制度取消后，日本天皇和权贵为了获取中国的珍奇物品以及禅宗典籍等，允许奝然、寂照和成寻等高僧以私人名义渡海入宋，维持中日之间的民间文化交流。例如，公元983年，即日本永观元年，日本高僧奝然得到日本天皇的宣旨文书进入宋朝。北宋朝廷以朝贡使者的规格接待了奝然。986年奝然回国时，获得了北宋朝廷赠予的雕版《大藏经》和新译经典以及白檀释迦如来像、舍利塔等禅宗经卷文物。奝然返回日本后，获得了日本大宰府的隆重欢迎和护送。奝然之后的入宋僧中许多并未持有日本官方的文书，但是这些入宋僧的行为大多得到日本朝廷或官员的默许。

进入日本平安中后期后，随着朝廷律令制度的完备，日本出台了《渡海禁制规则》，严格禁止僧侣以官方身份渡宋访问，即使是作为禅宗文化交流的使节也不允许。在这种严格的管控制度下，日本僧侣往往只能搭乘宋朝商人的海船以"密航"的方式渡海入宋。例如，日本高僧成寻即在《渡海禁制规则》颁布后，以偷渡的方式进入宋朝，到五台山寻访并请求宋朝赐予新译的佛教经典著作。

综上所述，宋朝时期，除了海运贸易外，僧侣在中日民间外交中起着沟通和传播中日文化的作用。

（三）宋朝时期中日民间交流的作用

宋朝时期，海运贸易和僧侣往来作为中日民间文化交流和传播的主要途径，在中日文化的传播和互通等方面起着极其重要的作用。

首先，宋朝中日民间外交弥补了两国官方外交的空白。

唐朝末年，日本废止遣唐使后，中日两国之间的官方外交长时间处于

---

① 魏志江. 朝贡之外：论北宋与日本的佛教文化外交 [J]. 社会科学辑刊，2021(1)：139-145+209.

空白状态，直到明朝时中日官方外交才得以恢复。宋朝时期，中日双方虽然并未建立正式的外交关系，然而双方却承认对方的官方文书证明。例如，宋朝海商进行海上贸易必须取得宋朝市舶司开具的公凭，即宋朝官方开具的文书。而该文书在到达日本后的"存问"环节中可以证明商人的身份。除此之外，公元1078年，日本通事僧仲回归国时，宋神宗让从事海运贸易的宋商孙忠将其送回日本，并携带了礼物和国牒。日本处理此事的大臣藤原经平则送给孙忠一些礼物，让其返宋后送给宋朝奉国军市舶司。由此可见，中日双方在未建立正式官方外交时，地方之间存在着一定的联系。除了商人担负着两国之间传递国牒、沟通往来的重要职责之外，北宋时期得到官方文书认可的僧人也承担着十分重要的沟通双方往来的职责。由于北宋时期十分重视入宋僧的作用，因此北宋对持有日本天皇旨意文书的日本高僧奝然的到来十分重视，不仅以使节的礼仪接待他，而且宋太宗还亲自接见了他。奝然在朝见宋太宗时进献了介绍日本情况的《职员令》《王年代纪》等文书资料，并且对日本的历史以及神话传说、天皇系谱、朝廷官职的设置、中央和地方的地域划分以及中日文化交流的状况等进行了详细介绍，这些都有利于北宋朝廷加强对日本国情的了解。《宋史》中记载："雍熙元年（984年），日本国僧奝然与其徒五六人，浮海而至，献铜器十余事，并本国《职员令》《王年代纪》各一卷。"[①] 从这一文献资料中可以看出，奝然所带来的《职员令》《王年代纪》对宋代撰写日本国的传记起到了极其重要的参考作用。除了奝然外，成寻等日本高僧进入宋朝后也对日本的国情和民情进行了介绍，有利于加强宋代朝廷对日本的了解。

其次，宋朝中日民间交流促进了禅宗文化的交流与传播。

宋朝时期，官方严禁海运贸易商船将书籍作为商品进行交易，然而仍然有许多商船为了获利私下向海外传播书籍。宋朝海运商船除了将中国书籍传播至日本外，还将日本僧侣等所作的经典禅宗书籍传播到中国。例如，日本天台宗僧侣源信撰写了《往生要集》一书，并委托宋朝海商朱仁聪将此书带给宋朝高僧，同时还将日本高僧所著的《观音赞》，儒学生庆滋保胤的《十六相赞》《日本往生传》等一同带到中国。两年后，宋朝海商周文德为源信带来

[①]（元）脱脱等撰；刘浦江等标点. 宋史 简体字本二十六史 卷491[M]. 长春：吉林人民出版社, 1996：9668.

一封宋朝僧人信件，信件中称其所著的《往生要集》已在宋朝禅宗界得以流传。之后，源信又多次借助海商与中国僧人进行学术讨论。由此可见，宋朝的民间交流促进了中日两国禅宗文化的交流与传播。

宋朝时期日本僧侣除了到五台山、天台山等地寻访外，往往还请求宋朝赐予禅宗经典书籍。宋朝为了满足僧侣的要求，同时借助禅宗文化实现曲线外交，往往赐予其精美的禅宗经卷，这一行为也促进了禅宗文化在日本的传播。

再次，宋朝中日民间交流促进了陶瓷、茶器和漆器文化的传播。

唐朝时期，中国茶文化得以兴起并广为流传，尤其是陆羽《茶经》的出现，极大地促进了中国茶文化的兴盛。茶文化获得了宫廷士大夫的喜爱，也获得了僧道等各界人士的喜爱。自唐朝以来，中国的儒释道文化相互影响，禅宗界高僧均十分爱茶，将植茶、制茶和饮茶纳入寺院茶礼范畴，形成了"禅茶一味"的茶文化。唐朝时期的茶文化传入日本后，逐渐风靡于各个寺院，并受到日本贵族的喜爱。而饮茶必须配备相应的茶具，唐朝时期的遣唐使、留学生和学问僧在归国时带回少许专用茶器，但远远不能满足使用的需求，因此带动了日本本国陶瓷器的生产。可以说，茶文化在日本的传播还促进了日本陶瓷器文化的兴盛。

宋朝时期，在唐朝煮茶法的基础上诞生了点茶法，饮茶方式的变化对饮茶器具提出了新要求，这种新式饮茶法随着海上运输和日本僧侣传播至日本。例如，公元1223年，日本僧侣道元和明全一起来到宋朝，参拜名师，1227年道元回国后，大力传播禅宗文化，有感于日本禅宗寺院的腐败和堕落，道元撰写了《永平清规》，该书以中国的禅宗书籍《百丈清规》和《禅苑清规》作为基础创作而成。《永平清规》还将中国寺院饮茶的茶仪、茶礼正式传到了日本，对日本茶道的最终形成产生了极其重要的影响。

宋朝时期，茶具瓷器艺术有了较大发展，以龙泉、景德镇为代表的瓷器生产地所生产的瓷器水准达到了世界较高水平。宋朝瓷器经由宋朝海商传入日本后，备受日本贵族的喜爱。现当代日本出土文物中即包含了大量宋朝时期的瓷器、茶具等。宋朝点茶法多使用黑釉茶盏，这种陶瓷茶盏对日本的陶瓷茶器文化的发展起到了极其重要的推动作用。

除了瓷器之外，宋朝的漆器工艺获得了较大发展，所制作出来的漆器工艺品十分精美。而宋朝漆器和工艺传至日本后，迅速提升了日本漆器工艺制作的技能。日本在吸收宋朝漆器艺术和工艺的基础上创造出了极具民族审美风格的漆器，日本漆器经由宋朝海商运回宋朝后获得了人们的较高评价。宋朝方勺在其著作《泊宅编》中说："螺钿器本出倭国，物象百态，颇极工巧。"[1] 由此可见日本漆器工艺的成熟。

综上所述，宋朝时期随着海商和僧侣往来，中日禅宗文化、茶文化、陶瓷茶器文化以及漆器文化等均获得交流与发展的机会。除此之外，中国的文学艺术以及其他科技文化也传播到日本，有效促进了中日文化交流。

二、元朝时期的中日文化交流

蒙古族是中国北方的游牧民族，13世纪初，蒙古族在漠北草原崛起。公元1206年，铁木真统一蒙古草原，成立了大蒙古国。之后，铁木真带领蒙古铁骑东征西讨，很快消灭了中国境内的西辽、西夏、金、大理等政权。1271年，蒙古族元世祖忽必烈建立元朝，1279年南宋灭亡，元统一中国。元朝与宋朝不同，它以强大的武力作为支撑，疆域极其辽阔，经济发达，生产技术、科技工艺等获得了较大发展。与之前相比，中日关系发生了较大变化，对中日文化交流产生了较大影响。

（一）元朝时期中日文化交流的背景

元朝在整个13世纪时期均处于征伐之中，公元1260年，忽必烈即汗位于开平，建元"中统"。

忽必烈即位之前，多次进攻南宋，均未取得成功。为了尽快灭了南宋，忽必烈想联合日本和高丽共同孤立南宋。此前，高丽已成为大蒙古国的附属国，向大蒙古国纳贡。忽必烈于1260年、1265年、1266年、1269年、1273年、1275年多次向日本递送国书，派遣使者，意图与日本建立友好关系。然而，忽必烈所派的使者一部分由于高丽人消极怠工，不积极引路而无法到达日本，而到达日本的使者也无法得到日方的任何回应，这使得忽必烈十分恼怒，无法忍受被一个海外岛国侮辱。美国学者罗沙比在《忽必烈和他的世界帝国》中指出："他的双重角色，无论是作为蒙古大汗还是作为中国皇帝，都

---

[1] 刘德有，马兴国. 中日文化交流事典[M]. 沈阳：辽宁教育出版社，1992：147.

不能容忍被一个小国如此羞辱。蒙古风俗要求适当招待外国使节，而中国传统则要求所有国家接受中国为天下共主。"①忽必烈在屡次招抚均得不到回应后，践行了其所言："朕惟祖宗立法，凡不庭之国先遣使诏降，来则安抚如故，否则必致征讨。"②

忽必烈于1260年前后欲招抚日本时，日本正处于镰仓幕府时期。平安时代末期，武士集团首领源赖朝消灭了贵族阶级的实权派平清盛，在镰仓建立了日本历史上的第一个武家政权——镰仓幕府。镰仓幕府是日本历史上第一个由日本武士建立起来的武家政权。公元1185年，源氏武士集团掌握了镰仓幕府的军政大权，日本天皇失去实权。然而，镰仓幕府的第三代源实朝死后没有继承人，势力强大的外戚趁机扶植傀儡上位，掌控了镰仓幕府的实权，因此，日本学者以"天皇之权在将军家，将军之权在北条家"来概括当时日本的政治格局。在这种背景下，当忽必烈遣使来日后，由于蒙古以武力征伐闻名于世，以天皇为代表的日本朝廷与北条家关于如何对待忽必烈的国书发生了争执。北条家坚持认为忽必烈的国书内容十分无礼，不必回书，并且进行了一系列军事部署，以防备蒙古的突然入侵，大权旁落的天皇只能派使者到京都寺院进行祈福。

1274年，忽必烈遣木速塔八、撒木合持诏至高丽签军五千六百人助征日本，命凤州经略使忻都、高丽军民总管洪茶丘，以千料舟、拔都鲁轻疾舟、汲水小舟各三百，共九百艘，载士卒一万五千，期以七月征日本。③同年10月，东征军从高丽合浦出发进攻日本，史称"弘安之役"。东征军来势汹汹，一口气攻下了对马岛、一岐岛，日本太宰府将这一军情上报镰仓幕府和京都朝廷后，震惊日本，日本朝廷发出紧急动员令，日本九州的武士甚至神社和寺庙僧侣都奔赴战场。元朝的东征军队战斗经验丰富，并使用新型武器，在战场上的优势十分明显，然而日本守军十分顽强，元朝东征军终因孤军深入，后继不足，又因日本地形复杂，暴风雨突至，败退而归。尽管这次东征损失惨重，然而，忽必烈却并不认为弘安之役是一次失败的战役，他认为此

---

① ［美］莫里斯·罗沙比.忽必烈和他的世界帝国[M].赵清治，译.重庆：重庆出版社，2008：95.

② 柯绍忞撰.新元史 卷一七〇-卷二五七[M].长春：吉林人民出版社，1995：3598.

③ （明）宋濂等撰.元史·日本传[M].北京：中华书局，1976:4628.

次战役达到了震慑日本的目的。

1275 年，忽必烈再次派使者出使日本，根据《新元史》记载："复使礼部侍郎杜世忠、兵部郎中何文著、计议官撒都鲁丁斋玺书通好于日本，高丽人郎将徐赞及捎工上佐等三十人导行。四月，杜世忠等至长门室津，既而移筑前太宰府。八月，太宰府护送世忠等至镰仓。九月，北条时宗斩杜世忠、何文著、撒都鲁丁及书状官董畏、高丽人徐赞于龙口，枭其首。"[①] 元日战争后，对元朝使者的到来，日本镰仓幕府却做出了斩杀元朝使者的行为。元朝使者被杀后，镰仓幕府封锁了消息，直至 1279 年使节团的随行水手逃回高丽后，这一消息才传播开来，而这一消息直到 1280 年初才传至忽必烈耳中。同年，忽必烈在高丽设置了"征东行中书省"，加封高丽王为开府仪同三司、中书左丞相、行中书省事，希望以朝鲜半岛的高丽为跳板攻打日本。1281 年，元朝第二次东征日本，然而此次东征由于主帅突然去世，继任主帅未能按时到任，东征军缺少领军人而开局不利。反观日本，经历了"弘安之役"后，准备较为充分。战争开始后，面对日本复杂的地形以及突然而至的恐怖台风，东征军顷刻间覆灭，损失惨重。此次东征失败后，忽必烈积极准备第三次东征，最终因遭到国内朝臣和人民的激烈反抗而无限期搁置。

第二次东征失败后，元朝并没有打消招抚日本的计划，先后又派使者三次出使日本。这三次所派使者均为禅宗高僧，然而前两次出使日本的使者均未到达日本，第三次到达日本的使者则被扣留在日本无法回国。公元 1294 年，忽必烈驾崩后，元朝的东征计划彻底终止。

元朝东征战役失败后不久，镰仓幕府制定了"异国征伐计划"，该计划最终未能付诸实践，然而日本武士开始频频对高丽沿海进行骚扰，之后演化为倭寇，对高丽和元朝临海进行侵犯和骚扰。

元朝和日本之间经过两次战争以及数次元朝使者出使未果后，官方交往断绝，中日之间则依赖于民间经济和文化交往。

（二）元朝时期中日文化交流的途径

元朝时期，中日文化交流的途径主要依赖于两条途径，即元日经济贸易和僧侣间的往来与交流。

---

① 柯绍忞.新元史 5 卷 224-257[M].北京：大众文艺出版社，1999：1978.

首先，元日之间的贸易往来。

元朝统一中国后，社会政治较为稳定，经济得到了较快的恢复和发展。随着农业生产的恢复与发展，以及手工业的发展，元朝的商品经济获得了较快发展，为元朝对外贸易的开展奠定了基础。元朝成立初期即十分重视对外贸易发展。海外贸易作为对外贸易的重要组成部分，也受到元朝统治者的重视。元世祖忽必烈曾指出"以江南既定，将有事于海外，升唆都右垂，行省泉州"[①]，元朝的海外贸易大多因循宋朝旧例。公元1277年，元朝在泉州设置了泉州市司，同年又陆续在庆元、上海、澉浦三地设置市舶司，之后又在温州、广州等地设立了市舶司，这些市舶司几经兴废或合并，泉州、庆元和广州三个市舶司成为元朝最重要的海外贸易港口。元朝的对外贸易政策十分开放，即便元日交战期间也不禁止日本商船到元交易。随着元朝对外贸易的发展，元朝大城市和重要海港城市迅速繁荣起来，而元朝大都则成为全国经济和文化中心，汇聚了世界各地的珍奇商品和各国使者，元大都和港口经济的繁荣进一步促使日商前来进行贸易。

与宋朝时期中日民间贸易主要以宋商为主不同，与日本的民间贸易主要以日商为主。元朝时期，中日双方虽然在政治立场上保持对立，然而从经济贸易来看，双方均有着强烈的贸易往来需求。一方面，日本是东亚重要的黄金出产国，并且出产适宜制造海船舵杆的坚固耐用的日本铁梨木，这些均为元朝需要的原材料和商品。另一方面，镰仓幕府时期，日本的经济获得了较大发展，农业经济和手工业经济均取得了较快发展，而商业发展带动了日本城镇的繁荣，大量手工业者汇聚到城市中，促使城市朝着兴旺发达的方向发展。日本经济的发展为中日经济贸易往来奠定了基础。此外，元朝时期国力强盛，经济发展，元朝货币成为东亚地区流行的主要货币，日商在与元朝的贸易中可以获得元朝货币，作为贸易与日本社会流通和使用的必要货币。日本金矿资源丰富，然而用于制作铜钱的铜矿资源却十分匮乏，为了解决日本铜土资源匮乏与铜钱需求扩大的矛盾，日本政府十分支持中日之间的贸易往来，因民间贸易而流入日本的元朝铜钱与宋朝铜钱一样是日本社会通用的货币。元日战争后，日本虽然获得了胜利，但损失惨重，一些日本武士在战争中变得贫穷或失去了军职，为了获取财富，他们成为日本商人，从对中国

---

① （明）宋濂等撰；阎崇东等校点. 元史 中 [M]. 长沙：岳麓书社，1998：1762.

的贸易和掠夺中获取新的财富。而日本作为禅宗文化兴盛的国家，兴建寺院的经费也需通过海外贸易获得。因此，日本政府十分重视日本对外贸易的发展，不仅大力支持日本商船的对外贸易，还对来日进行贸易的元朝商船进行保护。

中日民间贸易繁荣的同时，也面临着一些日本武士和日本商人海盗式的破坏。1281年，元朝东征日本失败后，并没有完全限制日本商人来元从事贸易交流，但是加强了对日本商人的管控和限制，并在通商港口旁边设置了千户所，对一些日本商人的海盗式冒险行为进行约束和管控，较有力地打击了海盗式日本商人的势力，然而这些海盗式商人最后演变为倭寇，侵扰中国沿海地区长达300余年，严重威胁和影响着中国航海贸易的发展。

其次，中日僧侣间的往来与交流。

元朝时期，中日两国的僧侣常常往返中国和日本之间，元朝时期东渡日本的僧人大多知识渊博，对禅宗文化颇有研究。例如，中国普陀山僧人一山一宁到达庆元寺后，日本各界人士听说后，拜访者络绎不绝，许多日本学者跟随一山一宁学习，一山一宁则将中国的汉字文化、禅宗文化等进行讲解和传播。除了一山一宁外，元朝赴日禅宗大师有姓名可查的还包括清拙正澄、明极楚俊和竺仙梵仙等12名高僧，这些高僧有的依照中国禅寺的门规创制了相应的门规礼法；有的则推动了宋元文学在日本的传播，促进了日本汉文学的发展；还有的以宋元风格的诗文作为参照，在日本开宗立派传播中国文化，从而对日本的政治、经济、文化等各个方面产生影响。

在元朝禅宗大师赴日的同时，大量日本僧人搭乘日本商船进入元朝。日本学者木宫泰彦对此进行了深入考察并总结出了《入元僧一览表》，从表中可以看出，元朝时期，往来于两国间、有姓名可考的日本僧人有200余人。[①]日本僧人进入元朝后，大多到江南的寺院学习禅宗文化和礼法，并且学习元朝的禅林制度，将元朝译注的佛经，以及中国的名画书法真迹等运回日本，促进中日两国禅宗文化、文学、艺术等多方面的交流与传播。

除了禅宗文化之外，日本海商在进行跨海贸易时，还将中国的瓷器、丝绸等源源不断地运往日本，将日本的黄金、木材以及日本的手工艺品运往元朝，极大地推动了中日双方手工艺品文化的交流和发展。

---

① [日]木宫泰彦.日中文化交流史[M].胡锡年，译.北京：商务印书馆，1980：422.

综上所述，中日之间的官方矛盾与冲突十分严重，因此元朝时期中日两国之间的文化交流与传播主要依赖民间贸易和僧侣往来两个主要途径，然而日本海盗式冒险商人对财富的贪婪与渴望，为元朝民间贸易以及明朝对外贸易埋下了倭寇的隐患，不利于中日两国的文化交流与传播。这一时期，在中日文化交流中，中日两国的文化互有影响，但从总体上来看，仍以中国的文化输出为主要特点。

第四节 明朝时期的中日文化交流

元朝末年，爆发了大规模的农民起义，公元1368年朱元璋建立了明朝，统一了中国。明朝初期政治清明，国力强盛，君主专制空前加强，统一的多民族国家也进一步得到了巩固和发展。明朝中后期，国力衰退，社会矛盾突出。这一时期，资本主义产生了萌芽，手工业和商品经济繁荣。这些均对中日之间的文化交流与传播产生了较大影响。

一、明朝时期的中日官方文化交流

明朝初年，中日两国的政治形势发生了较大变化。中国国内经过元末农民起义，建立了新生的明朝政权。在中国国内爆发内部战争时，日本国内也产生了政权分裂，爆发了战争，这使得明朝时期的中日官方文化交流产生了新的特点。

（一）明朝时期中日文化交流的背景

明朝建立之初，由于长年战乱，政治、经济和文化遭到了极大破坏。从政治上来看，元朝末年政治局势十分混乱，明朝建立后，面对人心不稳的局面，统治者急需大力加强中央集权，以稳定社会政治局势。从经济上来看，由于连年战争，民不聊生，国家经济秩序遭到了毁灭式破坏。《元史》记载："今燕、赵、齐、鲁之境，大河内外，长淮南北，悉为丘墟，关陕之区，所存无几。"[1] 由此可见战争所带来的破坏。由于战乱，土地荒芜，为了安抚百姓，稳定势力，明朝统治者迫切需要重新恢复生产。从军事上来看，经过长

---

[1] 周良霄.元史[M].上海：上海人民出版社，2019：203.

年战争，元朝残存势力已被赶至漠北，然而仍然具有一定的军事实力，随时可能对新生的政权进行冲击。为了创造有利于生产和发展的环境，明朝采取了睦邻友好的对外政策，以创设相对安定的国际环境，巩固新生政权。

公元1371年，明太祖朱元璋召见大臣时，对历代王朝的政策得失进行了总结："海外蛮夷之国，有为患中国者，不可不讨；不为中国患者，不可辄自兴兵。古人有言：'地广非久安之计，民劳乃易乱之源。'如隋炀帝妄兴师旅……得其地，不足以供给，得其民，不足以使令，徒慕虚名，自弊中土，载诸史册，为后世讥。朕以诸蛮夷小国，阻山越海，僻在一隅，彼不为中国患者，朕决不伐之；惟西北胡戎（指蒙古），世为中国患，不可不谨备之耳。卿等当记所言，知朕此意。"① 由此可见，明朝初期，除对蒙古势力进行防范之外，对海外诸国均抱持着睦邻友好的意图。除此之外，朱元璋针对沿海地区的海盗和倭寇势力，还设立了卫所，以防范海盗和倭寇的侵袭。

根据睦邻友好原则，明朝于1368年派使者出使高丽、安南以及周边各国，表达了希望与各国建立新的友好外交关系的意愿。此外，还派使者坐船出海到日本、占城、爪哇、琐里、暹罗、真腊、三佛齐、渤泥、琉球和西洋诸国投递国书，表达建交的愿望。日本作为中国一衣带水的近邻，受到明朝的重视。明朝在出使或接见各国使节时，多次表达无故决不兴兵侵犯他国领土的意愿。朱元璋为了确保子孙后代长期贯彻睦邻友好的外交政策，还将这一政策写进了《皇明祖训》中，使这一政策成为明朝外交的金科玉律。在《皇明祖训》中，朱元璋还列出了15个不征伐的国家，其中包括朝鲜、日本、大小琉球、安南、暹罗、真腊、占城等。值得注意的是，明朝初期的这一对外政策，仍然延续着中国古代封建君主"天朝上国"的传统意识，有其必然的历史局限性，然而朱元璋的这一和平友好的海外政策，在明朝建国初期构建了一个和平安定的国际环境，为明朝国力的恢复与发展奠定了基础，推动了明朝经济的发展。

公元1335年，当中国正处于元末农民起义时，日本国内政治形势发生了变化，分裂为南北两朝。京都的大封建领主足利尊氏拥戴光明天皇建立了室町幕府，逐渐取得了统治地位。而一些反对足利尊氏的封建领主则拥戴后醍醐天

---

① "中研院"历史语言研究所编.黄彰健 校勘.明实录 明太祖实录 卷36至77 洪武元年十一月至五年十二月[M].中华书局：2016：1302.

皇在吉野建立了南朝，与室町幕府对抗。长期的日本内战导致民众苦不堪言，一些在战争中失利的武士逃到海上，成为海盗。随着日本海盗的势力越来越大，逐渐演变成了倭寇。明朝政权建立之初，日本北朝势力越来越强盛，而南朝势力则大为削弱。然而战争仍在持续，因此，明朝倭寇之患十分严重。

（二）明朝初期中日官方交流

尽管明朝初年采取了积极友好的外交政策，然而日本连年战争所造成的日本武士出逃成为倭寇的现象并没有缓解，中国沿海地区的倭寇仍然十分猖獗。面对日趋严重的倭患，明朝除了加强防卫以及对倭寇进行武力打击外，还汲取元朝与日本关系的教训，主动与日本建立和平外交，希望以大力推行贸易交易作为交换条件，让日本加强对倭寇的遏制。明朝建立初年，朱元璋向日本、高丽、安南和占城发布诏书后，除日本之外的其余三国均于第二年遣使向明帝朝贺，与明朝建立正式外交关系。然而，日本却没有做出反应。洪武二年，朱元璋再次派使者出使日本，此时中日交通要道日本九州南部仍处于南朝势力统治范围，归后醍醐天皇的儿子怀良亲王管辖，怀良亲王在此设立了征西府。明朝使节由于不了解日本国内形势，在到达日本九州后，将信件交给怀良的征西府，而没有将信件送达掌权的室町幕府。此时，怀良的征西府面对室町幕府的征讨自顾不暇，没有余力对海上的倭寇进行约束和剿除。而且，日本政权在经历了蒙元时期两次东征后对中国朝廷十分惧怕，不愿与明朝建立深入的外交关系，因此拒不上表称臣。

1371—1380年，怀良的征西府以及其他一些封建领主才开始向明朝朝贡，然而这种朝贡仅为了保持与明朝的通商，而非认可日本与明朝的臣属关系。1380年，明朝胡惟庸案爆发，朱元璋认为胡惟庸与日本勾结图谋不轨，因此明朝与日本断绝往来，严禁与日本交往。与此同时，明朝开始加强海防，建设御倭工程，以应对日益猖獗的倭寇。例如，1384年，朱元璋"命汤和巡视海上，筑山东、江南北、浙东西海上五十九城，咸置行都司，以备倭为名"，三年后，又在福建福、兴、漳、泉四郡筑海上十六城，籍民兵，以防倭寇。① 洪武末年，中国沿海从南至北建立起一套比较完备的防御倭寇的体系。

综上所述，明朝初年，中日官方的关系从开始的日本向中国朝贡逐渐

---

① 明史 卷91 志第67（清）谷应泰. 明史纪事本末 卷五五 [M]. 中华书局,1977:840.

变为明朝禁止与日本进行交流，并且建立了严格的防御体系以应对倭寇的袭击。从明朝的角度来看，明朝初年与日本官方建交失败，朱元璋在《皇明祖训》中将日本列为"不庭"之国，永远禁止日本商人来中国进行贸易，要求后代遵守这一政策，为之后的中日关系蒙上了一层阴影。

（三）明朝中期中日官方交流

明朝初期，明太祖朱元璋对日本不奉表称臣，反而暗中支持胡惟庸作乱的行径十分不满，因此禁止子孙后代与日本进行贸易交流。明成祖朱棣发动"靖难之变"获得皇位后，为了加强统治，树立威信，违背明太祖的遗训，大力发展对外交流与合作，同时因明朝国力强盛，经济发达，对周边各国有着较强的吸引力，明朝重开海禁后，吸引了周边各国纷纷前来贸易。此时中日两国之间已断交15年。尽管明朝初期大力加强海防力量，倭患较之以前有所减少，然而，由于日本九州一带的倭寇势力仍然存在，中国沿海地区仍然时刻面临着倭寇的侵扰。对此，明成祖朱棣决定恢复中日之间的官方贸易往来，让日本在进行贸易获得丰厚利润的同时对倭寇进行抑制。

此时日本国内形势发生了较大变化，由于明朝自1383年后实施严格的对日封禁政策，杜绝中日贸易往来，因此日本无法通过正常的贸易获得明朝商品，只能依靠走私和劫掠的方式。同时明朝建立了较为完善的沿海防御体系，使得倭寇的活动范围缩小，难以获得足够的明朝商品和生活日用物资。因此，日本政府决定遣使赴明朝贡以便获得与明朝进行正常贸易的机会。

公元1403年8月，明朝遣使赴日，同年9月日本遣使自宁波登陆，来明朝贡。由于日本使者携带大量兵器等物品，宁波有关部门将其物品进行了封存和没收，并送往京师。明成祖朱棣得报后认为："外夷向慕中国，来修朝贡，危踏海波，跋涉万里，道路既远，资费亦多，其各有赍以助给路费，亦人情也，岂当一切拘之禁令。"[①] 由于明朝禁止民间买卖武器，朱棣即下令官府按中国武器的价格还给日本，要求日本商人遵守明朝有关武器的禁令。同年10月，日本使臣到达南京，双方正式确立了中日之间的朝贡贸易关系，日本按照十年一次向明进行朝贡，而明朝则允许对日开放贸易。此外，日本还按明朝的要求，捣毁了盘踞在对马、壹歧的倭寇老巢。此后，明成祖多次派

---

① "中研院"历史语言研究所编.黄彰健 校勘.明实录 卷23 [M].中华书局：2016：608.

使节出使日本，而日本使节也多次入明进行朝贡贸易。

朝贡贸易并不是双方均等的贸易，而是一种朝贡国单方面受益的不等价贸易。明朝与日本建立的朝贡贸易关系使得日本政府从贸易中获得了丰厚的利益，而日本政府为了维护其既得利益，开始积极配合明朝剿除倭寇。明朝为了表示对日本政府剿除倭寇的行为的赞赏，给予了日本政府更多赏赐。尽管明朝与日本达成朝贡关系时规定了十年一次朝贡，然而日本幕府为了获取铜钱，每年遣使入贡，甚至一年数次朝贡。通过朝贡贸易，明朝维护并满足了"天朝上国"的虚荣心理，而日本则从朝贡贸易中获取了丰厚的利益回报。

公元1411—1433年，日本由于国内朝代更迭，改变了对明朝的态度，中断了与明朝的朝贡贸易。1433年，日本重新恢复了与明朝的外交关系，中日双方订立了《宣德条约》。该条约规定中日朝贡贸易十年一次，每次不超过300人，不超过3艘船。然而，由于朝贡贸易中日本获利甚大，因此日本并不按照订立的条约执行，而是不断增加贸易次数、人数和船只，给明朝造成了沉重的负担。

进入16世纪后，中日双方依然根据《宣德条约》进行贸易，然而由于朝贡贸易利润丰厚，引得日本各方势力垂涎。此时，日本幕府失去了对朝贡贸易的控制权而由大内氏和细川氏控制了朝贡贸易，双方互相争夺利益。明成祖时期针对朝贡贸易有明确规定：来明朝进行朝贡贸易的船只，唯持有勘合才能进行贸易。因此，大内氏和细川氏双方为了获得勘合而大肆争夺，大内氏夺得勘合后私自进行贸易。1509年，明正德年间，细川氏派宋素卿到北京，通过贿赂宦官而获得了破例赏赐的勘合。至此，大内氏和细川氏均持有勘合文件，分别来明朝进行朝贡贸易。之后，日本的大内氏和细川氏又发生了多次争夺勘合的事件。公元1523年，大内氏和细川氏两个贸易团分别持有不同的勘合赴明进行朝贡贸易，双方在宁波进行勘合查验时发生争执，进而演变为武斗，祸及宁波百姓，史称"宁波争贡事件"。该事件发生后，明朝无法继续忍受中日朝贡贸易的混乱状态，继而推动中日朝贡贸易走向终结。

综上所述，明朝中期，明朝和日本幕府出于各自的利益达成了朝贡贸易约定，朝贡贸易持续了数百年的时间。明朝的朝贡贸易是日本单方向获益，明朝开放朝贡贸易的初衷是为了安定沿海，维护封建王朝的威望，然而由于日本政府一味追求丰厚的利润，不断增加朝贡贸易的次数、人数和船数，给明朝造成了沉重的负担，使明朝不堪重负。此外，明朝与日本开展朝贡贸易的前提是日本对倭寇的剿除，然而，明朝中后期，日本幕府失去了对全国的控制，国内政权分裂，内斗不断，已无力组织打击倭寇的战役。同时，日本内部朝贡贸易混乱存在着引发倭乱的极大风险，因此，明朝对日本的朝贡贸易失去了信心。明朝中后期，中日朝贡贸易终结，这也意味着中日官方交流的结束。

二、明朝时期的抗倭斗争及其影响

元朝末年，由日本浪人和破产武士组成的倭寇群体不断对中国沿海地区进行侵犯，烧杀抢掠，无恶不作。明朝成立后，倭寇越来越猖獗，肆虐百姓。为此，明朝初期即建立了较为完善的倭寇防御系统。然而，整个明朝时期，倭乱十分严重。纵观明朝时期的倭乱，根据其人员组成和性质主要可划分为两个阶段。

14世纪的倭寇主要由日本浪人和在日本内部战争中战败的武士组成，其对我国东南沿海骚扰和侵袭大多为小规模的行为。而16世纪中叶，我国东南沿海倭寇之乱则不同于14世纪，其规模、危害程度、危害范围均远远超出14世纪的倭寇之乱。

（一）16世纪中期的抗倭斗争

公元1523年"宁波争贡事件"发生后，明朝对外政策发生了重要变化。1531年，明世宗嘉靖皇帝颁布了一系列诏令，实施海禁政策，令浙江巡视都御史亲诣地方勘察，"并出给榜文，禁沿海居民毋得私充牙行，居积番货，以为窝主，势豪违禁大船，悉报官拆毁，以杜后患，违者一体重治"，"兵部其亟檄浙、福、两广各官督兵防剿，一切违禁大船，尽数毁之。自后沿海军民私于贼市，其邻舍不举者连坐"[1]。

明朝实行严厉的海禁政策后，中日官方经济文化交流的通道中断，许多依赖中日贸易的中国沿海私商逐渐演变为海盗集团。此外，福建等东南沿海地区由于土地贫瘠，居民多以出海打鱼或进行对外贸易维持生计。禁海令发布后，这些百姓的生活无以为继，许多沿海地区的百姓在走投无路的情况下

---

[1] （明）朱元璋.皇明祖训[M].北京：北京图书馆出版社，2002：154.

入海为盗,对沿海其他地区进行侵扰。在明朝的严厉打击下,这些海盗与倭寇联合起来,借助明朝沿海官兵惧怕倭寇的心理进行劫掠,而倭寇则利用海商和沿海为盗的百姓对当地地形的熟悉而获得信息。海盗与倭寇相互利用,狼狈为奸,劫掠焚烧,无恶不作,他们不仅在沿海地区作案,还侵袭我国内陆地区,倭患波及山东、江苏、安徽、浙江、福建、广东等六省,以江、浙、福、广等沿海省份最为严重。倭乱的肆虐和猖獗不仅严重地损害了我国沿海和内陆城市人民的生命财产安全,还严重干扰了当地的生产和生活秩序,其所造成的严重损失和后果不可估量。

面对越来越严重的倭患,1547—1549年,明朝官员朱纨巡视浙江、福建时,采取了一系列措施打击海盗和倭寇,朱纨在对沿海巡视时看到本朝官僚士大夫与倭寇勾结在一起,深感如果不采取非常手段,难以肃清倭寇之患。朱纨于1548年率军与海盗和倭寇进行海战,并取得了剿灭倭寇第一阶段的重大胜利。然而,在此事件中,与倭寇相勾结的官僚利益集团诬陷朱纨滥杀无辜,明世宗嘉靖因此将朱纨撤职查办,朱纨气愤之下自杀。之后,朝廷官员不敢再对东南沿海的倭乱建言,倭患再次泛滥,猖獗的倭寇甚至一度攻打至南京外围,使得明朝廷深感倭乱不除明王朝不宁。为打击倭患,明朝廷在浙江和福建设立了巡抚一职,并在江南地区设立了专门的总督大臣,然而担任总督大臣的官员要么死于倭祸,要么被撤职处分。

1553年胡宗宪控制东南防倭大权,此时是东南沿海倭患最严重的时期,胡宗宪除掉了王直、陈东、徐海等海盗集团头目。然而,东南沿海的倭寇并未肃清,而是分为了多个小帮派,对沿海地区的劫掠更加频繁。1555—1562年,戚继光调任浙江地区抗倭,他对以往的倭寇剿匪经验进行了总结,并且训练了一支保卫边防的军队。1561年,戚继光率军队与来犯的倭寇进行战斗,一举击溃了倭寇的主力,取得了战役的胜利。之后,沿海各地开始效仿和推广戚继光的抗倭经验,提高军队的战斗力。1562年,浙江地区的倭寇基本肃清。1566年,在戚继光和俞大猷等将领的带领下,中国沿海的大股倭寇基本被肃清,只剩下零星的小股势力。

16世纪中期,明朝的倭寇之乱是由沿海匪盗与日本倭寇相互勾结造成的,在长时间的倭寇之乱中,明朝暴露出来的对倭寇的恐惧情绪,为16世纪末日本发动侵朝战争奠定了基础。

（二）16 世纪末期的抗倭援朝战争

16 世纪末期，丰臣秀吉在日本内乱中获得胜利，完成了国家统一，并将注意力转向对外扩张与征服。丰臣秀吉计划通过侵占朝鲜半岛，进而以此作为跳板，占领中国，建立庞大的帝国。

公元 1592 年，日本数百艘战船在朝鲜釜山登陆，悍然发动了侵略朝鲜的战争，即"壬辰战争"，又称"文禄、庆长之役"。战争开始后，由于朝鲜承平日久，日本侵略进展迅速。朝鲜人民面对日军的侵略，自发组织义军进行抵抗，取得了一系列胜利，然而无法扭转朝鲜大部分领土失陷的局面。朝鲜宣祖皇帝向明朝求援，明朝廷意识到朝鲜"为国藩篱，在所必争"，1592 年，派出兵马援朝。1593 年，明朝军队到达朝鲜与狡诈的日本侵略军展开斗争，直至 1599 年，明、朝联军才打败日军取得了战争的胜利。然而明朝在这场战争中损失严重："自倭乱朝鲜七载，丧师数十万，糜饷数百万，中朝与属国迄无胜算，至关白死而祸始息。"① 此次战争极大地消耗了明朝的国力。在这场战争中，明朝将辽东兵力大量抽调至朝鲜，为建州女真族的崛起创造了历史时机。援朝战争后，明朝对辽东地区放松了警惕，并深陷内部纠纷之中。建州女真族趁机壮大，成为明王朝统治的重要威胁。在这次战争中，明王朝暴露了一系列的内部问题，加速了明王朝的灭亡。

日本作为此次战争的战败国，承受了巨大损失，长年战争使得日本在财政上亏损巨大，并丧失了 10 余万壮丁，国内百姓背负着沉重的徭役和各种苛捐杂税，许多农民为了逃避沉重的赋役，不得不开始背井离乡的流浪生活。日本战后，大量土地荒芜，经济残破。从政治上看，这场战争还导致了日本国内的政权更迭。此外，丰臣秀吉的侵略思想被保留下来，流毒甚广，贻害无穷。

这次战争后，明朝国力衰退，恰逢此时，西方殖民者开始入侵东方，明朝无力对其遏制，使得西方殖民者顺利进入东方，并开始对东南亚诸岛国进行侵略和占领。

三、明朝时期的中日民间文化交流

明朝时期，除了中日官方之间建立的朝贡贸易关系，中日民间贸易文化

---

① 汤纲，南炳文. 明史 下 [M]. 上海：上海人民出版社，1985：1091.

交流也十分频繁。

（一）中日两国民间经济交流

明朝初年，日本出于对明朝商品的需求，在进行朝贡贸易之外，还鼓励中国民间商人到日本进行贸易。

明朝中期，"宁波争贡事件"发生后，明朝实行海禁管理，然而此时，中日贸易已涉及日本人生活的方方面面。胡宗宪在《筹海图编》中指出："倭日服饰、器用多资中国，有不容一日缺者。"[①] 我国学者郑广南在其所著的《中国海盗史》中，将日本对中国商品的依赖进行了更加详细的论述："日本人需从中国获得丝、丝绵、绵绸、绵绣、布、铁锅、铁链、漆器、水银、药材(甘草、川芎等)和古钱、古书、画等物"，"大抵日本所须皆产自中国，如室必布席、杭之长安织也；妇女(所)须脂粉、扇、漆，诸工(所)须金银箔，悉武林造也；他如饶之磁器、湖之丝绵、漳之纱绢、松之绵布，皆为彼国所重。"[②] 从这一文献资料中可知，日本人日常所用的衣食住行中的许多商品均为中国商品。并且，当时的中日贸易利润十分丰厚，因此即便明朝颁布了严厉的禁海措施，仍然有大批中国、日本和西班牙等国商人在丰厚利润的吸引下，来往于中日之间经商。

1566年，中国抗倭斗争取得了决定性的胜利，1567年，明朝解除海禁令。由于中日双方的贸易并没有中断，反而随着双方国内经济的发展，对经济贸易的需求越来越强烈。这一时期，中国民间商人在与日本进行贸易时，通常将东南亚的马尼拉、吉隆坡、河内等港口作为中介地，进行转口贸易。不久，由于明境内农民战争爆发，明朝无暇顾及海防，明朝的海防和禁倭制度逐渐松弛。以福建为代表的中国东南沿海商民开始直接与日本进行贸易交流。1592—1599年日本侵朝战争期间，中日民间经济贸易往来一度中断。17世纪后，随着战争的结束以及明境内战乱频发，中日民间经济贸易恢复。17世纪初期的日本，德川家族掌握了日本大权，建立了江户幕府，为了获得海上贸易的控制权，江户幕府实行"朱印船贸易法"，并向中国、日本、荷兰等国商人发放朱印船许可证，借此控制了中日贸易大权。

[①] [明]郑若曾.筹海图编[M].北京：中华书局，2007：991.

[②] 郑广南.中国海盗史[M].上海：华东理工大学出版社，1998：179.

明朝时期，中日两国的民间经济交流是对官方经济交流的重要补充，在客观上起到了促进两国经济发展的目的。例如，日本对中国的生丝、织锦、绢等商品存在大量需求，在客观上带动了中国江浙一带丝织行业的发展。

（二）中日两国民间文化交流

中日两国的政治和贸易交流促进了中日两国文化的交流。

首先，明朝日本研究的勃兴。

明朝建立之前，中国学者较少对日本的政治、经济、文化等进行全面研究，对日本文化的研究大多集中于日本前来朝贡时从日本使者处得到的了解。明朝时期，中日关系与历朝历代相比更加错综复杂，这一时期，中日关系发生了多次变化。从明朝初期，明太祖朱元璋因日本拒不称臣而实行禁海令，到明朝中期中日两国建立朝贡贸易关系，再到倭寇肆虐、援朝战争等事件，这使得明朝廷和民间学者均认识到应加强对日本的关注与研究。从总体上来看，明朝时期，我国学者对日本研究的深度和广度均超越了前代。

明朝之前，我国没有专门研究日本的书籍，对日本的记载大多只存在于正史中，而明代学者张洪较早创作了专门以"日本"作为书名的《日本补遗》。根据《明实录》记载，张洪曾出使日本，然而由于清朝年间张洪的著作大多已经遗失，因此后人无法断定该书是根据其出使日本的经历而创作，还是根据历史典籍资料整理而成。除了张洪之外，薛俊创作的《日本考略》被学术界公认为最早以"日本"命名的专门书籍。《日本考略》一书的成书目的是使人们从海防的角度对倭寇进行了解，以便在倭寇来袭时有备无患。这本书主要根据历史典籍资料撰写而成，虽篇幅较小，内容较为简略，且错讹较多，然而《日本考略》在中国史学上具有十分重要的意义。

《日本考略》成书并流传开来后，引发了社会各界的极大关注，出现了大批研究日本的书籍，其中有专门对倭寇进行研究的著作，这些著作的出现与明朝倭寇肆虐有着直接关系。明朝之前，我国学者对日本的印象大多来源于日本使者、留学生、学问僧以及商人和僧侣的叙述，缺乏对日本的实地考察与研究。张洪虽然曾出使日本，然而无法判断其《日本补遗》一书的成因，因此该书无法得到学者的认可。明朝学者郑舜功奉浙江总督杨宜之命，曾两次赴日考察，归国后完成了《日本一鉴》。这书对日本的地形、地势、行驶路线、沿海形势以及历史、政治、疆域、物产、风俗、文化、语言等方面均进行了详细介绍,并对海盗活动和禁缉倭寇进行了记载。这本书从实用的角度对日本进行了详细介绍,是明代日本研究史上的重要文献,在明代以及后代日本研究史上具有重要意义。除以上几本日本研究专著之外,明朝抗倭将领侯继高创作的《日本风土记》、李言恭与郝杰根据《日本风土记》而撰写的《日本考》、郑若曾的《日本图纂》《筹海图编》等书籍,也是明朝进行日本研究的主要著作。

明朝时期研究日本的著作大量出现,不仅为明清以及近代对日本的了解提供了途径,还增强了后人对日本文化研究的兴趣。而明人所创作的《日本一览》等还引发了日本人的研究。此外,在明朝时期的学者对日本进行研究的同时,日本也出现了大量研究中国商业和中国文化的书籍,如《善邻国宝记》《戊子入明记》《允澎入唐记》等。这些书籍从史学角度加强了中日两国的文化交流。

其次,汉文、医书等文化艺术在日本的传播。

明朝时期,中日两国的官方和民间贸易往来促进了汉文医书等在日本的传播。自汉唐以来,日本即对汉文书籍十分重视。明朝永乐年间,中日建立朝贡贸易后,前来中国朝贡的使者即曾向明索取《劝善》《内训》等书籍,之后,日本每次到明朝进行朝贡贸易时均会大力搜索明朝的书籍,并带回国。中国大量的诗文集、儒学与佛学经典等被传入日本,促进了汉文化在日本的传播。明朝初期,在日本境内汉文《论语》等书籍即开始流通。明朝中后期,日本高僧曾在日本刊印汉文的佛书和中国的诗文集。

除了中国文学之外,明朝时期中医药获得了较快发展,大量医书出现。这些医书以及前代医书在这一时期大量传入日本。例如,16世纪时,日本境内即出现了大量汉文医书。

明朝时期,中国的茶文化以及茶具瓷器等在日本的传播和推广更加多样化。茶文化早在唐朝时期就已在日本流传,到了明朝时期,禅宗的"茶禅一道"文化在日本各大寺庙中流传开来,同时也促进了日本茶道的发展。这一时期的,饮茶方法与宋朝的点茶法相比发生了较大变化,开始流行叶茶以及冲泡饮法。1654年,明末清初的隐元禅师所著的《黄檗禅师语录》作为禅宗文化的经典书籍流传至日本,受到许多日本僧人的喜爱。长崎兴福寺僧逸然在德川幕府的许可下，多次邀请隐元东渡传法。隐元禅师来到日本后，将明朝末年的禅风传播至日本，其行止坐卧均依照中国禅寺的规制，诵经、说话等均使用汉语，崇尚隐元禅师的日本僧人对其行为进行模仿，这种风气很快在日本各大禅寺中流传。一时间在日本"唐音所闻，几遍于国"，而隐元禅师在日本的居住地宇治黄檗山则被时人称为"小中国"。为了将隐元禅师日常所使用的极具中国风格的器物与日本的日常器物区别开来，日本人在这些器物前面均加了"隐元"二字。例如，"隐元禅衣""隐元豆腐""隐元茶"等。隐元禅师十分爱茶，其在日本期间，由于思念家乡而创作了《土产》一文专门记录家乡福建的风物，尤其对明朝时期福建的各种茶叶进行了详细记录，有助于日本学者了解明朝茶的种类。由此可见，隐元禅师在传播中国禅宗文化以及茶文化中起到了重要作用。

除了茶文化之外，明朝茶具为了适合冲泡法也发生了变化，流行白瓷煎茶碗，朱泥、紫泥的紫砂茶壶等式样的茶具。为了更好地推广中国的陶瓷和茶具文化，一些日本商人在进行茶器售卖时，举办起风雅的茶道表演，民众往往被具有中国风的风雅的茶道表演所吸引，这大大促进了中国茶具的销售。

日本人高游外年少时曾进入中国的黄檗宗，并在黄檗山万福寺成为一名禅僧。高游外曾在汉人云集的长崎亲眼看见清朝人如何煎茶品茗，对中国煎茶文化产生了极大兴趣，大力学习煎茶之道，并且对煎茶进行推广。1731年，他"于京洛市井，亲挑茶担，上列茶具，煎茶贩卖，煎茶始普及"[①]。

此外，明朝时期，中日两国许多杰出的书画家、技术工人、医生等，搭乘中日民间贸易的商船，往来于两国之间，促进了两国的文化艺术和科学技术交流。

第五节　清朝前期的中日文化交流

清朝时期，中日关系发生了多次演变，从1644年清军入关至1912年清帝逊位，清朝与日本关系发展史贯穿了清朝的始终。本节主要对清朝前期的中日关系以及两国的文化交流进行概述。

---

① （日）冈仓天心著.茶之书[M].吕灵芝，译.成都：四川文艺出版社，2019：18.

一、清前期中日关系的变化

明朝末年，国内农民起义此起彼伏，北方的建州女真族趁机崛起并且逐渐统一中国。纵观清前期中日关系的变化可划分为三个阶段。

第一阶段，1644—1684年。

清朝初建时，其政策框架继承了明王朝的政策框架，然而在对外贸易方面却有所变化。清世祖顺治帝为了尽快构建以清朝为中心的朝贡贸易体系，对周边国家朝鲜、日本、琉球、越南、南掌、暹罗、苏禄、缅甸等采取了友好政策，构建了以清帝国为宗主国，以朝鲜、越南等国为藩属国的东亚宗藩体系。然而，日本却并不在清朝的朝贡体系内。

早在清军入关前，清朝政府即十分注重与日本的关系，采取了积极的对日政策。1637年，清太宗皇太极征服朝鲜后，朝鲜国王出降，皇太极在招降条件中提出："日本贸易，听尔如旧，但当导其使者赴朝，朕亦将遣使至彼也。"[①] 这一政策表面上给予了朝鲜对日贸易的自由。由此可见，皇太极希望借助朝日之间的贸易关系，以朝鲜为中介引导日本遣使来清，双方达成友好的藩属国关系。然而，日本对此并未理会。1644年清朝入关后，为了早日构建与日本的宗藩关系。清世祖顺治帝于1645年派使者将从海上漂流到清朝的12名日本人经朝鲜送回日本，然而，当时的日本正处于德川幕府时期，他们将清朝皇族视为夷狄，在回谢书中，将清朝称为"鞑靼"，拒绝与清朝建立宗藩关系。

清朝建立初期，南方地区还活跃着许多反清复明人士，郑成功集团以福建、台湾作为基地与清朝对抗，并且为了获得日本的援助而多次派使者至日本请日本出兵。日本的德川幕府始终关注中国的战局，并谋划出兵对付清军，然而由于中国国内的战事变化过快，且日本出兵面临着重重困难只好作罢。公元1647年，清朝在平定浙东和福建后颁布诏书，其中指出："东南海外琉球、安南、暹罗、日本诸国，附近浙、闽，有慕义投诚、纳款来朝者，地方官即为奏达，与朝鲜等国一体优待，用普怀柔。"[②] 从这份诏书来看，清朝仍然传达着积极的意向，希望日本前来投诚，然而此时日本国内的政治、

---

① 吴晗. 朝鲜李朝实录中的中国史料[M]. 北京：中华书局，1980：3593.
② 清世祖实录 卷30[M]. 北京：中华书局，1987：251.

经济形势发生了重大变化。

这一时期,日本在对外政治政策上实行锁国政策,只开放了长崎作为对外通商口岸,并且日本幕府认为清政府为蛮夷,而非正统王朝,对清政府入主中原成为华夏共主心存抵制,认为"先王礼文冠裳之风悉就扫荡,辫发腥膻之俗已极沦溺"[①],对清朝政权极端蔑视。而从对外经济贸易上来看,清朝建立时,中日之间的民间贸易往来十分频繁,此时荷兰、葡萄牙以及东南亚等国也均可从中国获得商品,即便中日之间断绝正常的贸易往来,日本仍然能够通过其他海商获得中国的商品。因此,日本对清朝初期的积极建交信号不予接受,导致此时清朝与日本之间并未建立官方交流渠道。这一阶段,清朝和日本之间的交流主要依赖民间。

清朝统一大陆后,为了孤立在台湾的郑成功势力,在东南沿海实行了严格的海禁政策,不允许东南沿海的商民出海开展对外贸易,关闭了沿海各个通商口岸,只开放了澳门对外贸易港口。此外,清朝还颁布了禁海令。只有少量得到政府特许的商贩可以出海,并且不能使用超过500吨的大船。清政府对西洋商船的要求也十分严格,只允许其在澳门进行贸易,且对船只数量进行了严格限制。

第二阶段,1684—1715年。

1681年、1683年,清朝政府相继平定了三藩之乱,并且收复了台湾。1684年,清政府颁布了解除海禁、开放贸易的"展海令"。1685年,清政府在澳门、漳州、宁波、云台山开设了四个对外贸易港口,并且每年建造和投入千余艘大船出海贸易,中国与东南亚和东北亚的贸易进入繁荣期。而此时日本在对外政策上仍然实行锁国政策,仅开放长崎对外通商口岸,因此这一时期的中日贸易以清商人赴日的单边贸易形式为主。这一时期,中日两国之间依然没有建立官方往来关系,然而民间贸易和交流却十分活跃。清政府为了解决国内铸造铜钱的原材料问题,鼓励中国商人赴日进行贸易,因此当时大量来自南京、浙江、福建、广东的商船与日本进行贸易。据有关数据统计,1685年赴长崎的清朝贸易船一下子增至73艘,1686年又增至102艘,1689年达137艘,创下了中日贸易史上中国商船年赴日数量的最高纪录。[②]

---

① [日]中川忠英.清俗纪闻[M].方克,孙玄龄,译.北京:中华书局,2006:5.
② 马崇坤.试论明清时期的中日茶文化交流[D].延边大学,2010.

这一时期，中国出口日本的商品十分丰富，并且根据各地商船不同，商品类别有所侧重。中国商船将丰富的生活日用品、文化用品，以及贵重的香料、植物等运到日本，从日本运回大量金、银、铜等原材料，以及大量海产品和日本的特色手工艺品。由于这一时期中日贸易的交易额巨大，日本贵金属大量流失。1709年，日本长崎奉行报告，自1648—1708年日本黄金流出达240万余两，白银达37万余贯，自1662—1708年铜流出量达1亿余斤。[1]贵金属的大量流出引起了日本幕府的高度重视，为了减少贵金属流失，1715年，日本推出"正德新令"对清朝每年来日船只以及贸易限额、铜输出量进行了严格限制，并且对前来日本进行交易的清朝商船每年发给信牌，只有持有信牌的清商船才能进行贸易。这一举措极大地减少了赴日商船的数量，同时代表着清朝中日贸易交流鼎盛时期的结束。

第三阶段，1715—1839年。

1715年后，由于日本实行"正德新令"，赴日商船大量减少。继"正德新令"之后，日本幕府在对外贸易方面采取了一系列的限制性措施，导致日本长崎的对外贸易逐渐衰退。由于日本采取了严格的对外贸易政策，限制了进口商品的规模，进口商品的种类和数量大大减少。为了解决进口商品减少带来的生活困难，日本开始大力发展本国的手工业和商业，以国内生产代替进口。与此同时，日本还对海产品输出体制进行整顿，加强海产品在中日贸易中的竞争力。这一系列措施和政策为清朝后期中日贸易关系的转变奠定了基础。

而清朝中期，由于赋税苛重，统治集团奢侈腐朽，吏治败坏，国内的农民起义此起彼伏，清朝统治者忙于平息各地起义，无暇关注对外贸易，导致中国民间对外贸易逐渐走向衰退。在日本国内进行大力整顿和发展的同时，清政府为了镇压各地的农民起义，国力极大衰退。此时西方列强直逼中国，为清朝后期中日两国对外关系的变化奠定了基础。

二、清前期中日文化艺术交流

清朝前期，中日文化交流涉及面较广。

首先，清朝对日本史学文化的研究。

---

[1] [日]木宫泰彦.日中文化交流史[M].胡锡年，译.北京：商务印书馆，1980：649.

这一时期是中日双方互相研究和深入了解的时期。自明朝加强对日本的研究后，清朝官方和学者也十分重视对日本的研究，然而与明朝时期出现大量研究日本的书籍不同，清朝前期专门研究日本的书籍较少。清朝前期，清政府在撰写《明史》时，加强了对日本历史的研究，完成了《明史·日本传》，其中对明朝时期的中日关系进行了详细记载。清朝乾隆时期，在官方修订的书籍《大清一统志》中专门开辟了日本条目，并对日本历代沿革以及日本的风俗、出产的商品、土产等进行了介绍。此外，康熙年间编纂的大型类书《古今图书集成》中还收录了历朝历代关于日本的记载，供后人进行参考。除了官方图书编纂中对日本史的研究较为重视之外，清朝学者翁广平根据日本流传至中国的《吾妻镜》创作了《吾妻镜补》（又称《日本国志》）一书。该书是一部多卷本的历史通史，在清朝前期的日本史学研究中具有重要作用。除此之外，中国学者陈伦炯的《海国闻见录》、童华的《长崎纪闻》和汪鹏的《袖海编》等从贸易往来的角度对日本进行了研究；罗森撰写了《日本日记》，虽然是日记形式，然而为清朝后期和民国时期国人对日本的研究提供了史料。清朝前期，由于日本实行锁国政策，中日贸易为清朝商人赴日的单边贸易，因此这一时期，日本对清朝的了解大多来自商人之口。

其次，明朝遗民对中日文化交流的影响。

清朝建立初期，大批不愿归附清朝的明朝遗民东渡逃往日本。这些明朝遗民大多以浙江宁波、台州、温州作为起点直达日本长崎；此外，还有少数明朝遗民从福建的厦门、泉州、漳州或广东、台湾等地横渡大海到达日本。从1644年清军入关至1683年，大量明朝遗民东渡日本以求发展，这些遗民既包括大量福建、浙江一带以经商为生的海商，也包括大量不愿归顺清朝的明朝文人学者，这些文人学者到达日本后，将中国的儒学文化、佛教文化、医药文化以及书法、绘画、园林建筑等文化艺术带到日本，极大地推动了中日文化交流。

清朝前期赴日的明朝遗民中不乏儒学大家，其中朱舜水对日本儒学的影响最具代表性。朱舜水，名朱之瑜，字楚屿，号舜水，是明朝的五大学者之一。朱舜水在清朝崛起之际，就积极参加抗清斗争。1644年，清军入关后，明朝崇祯皇帝自杀身亡，明朝福王在南京称帝即位，征召朱舜水。朱舜水认为奸臣当道，力辞不就，遭到了一些明朝奸臣的报复。1645年，朱舜水首次东渡日本，此后不久返回中国进行反清复明活动。1659年，清朝政权日益稳固，朱舜水感到复明无望，即再次东渡日本。朱舜水到达日本长崎后，得到了日本朝野人士的礼遇和尊重。为了传播中国儒学文化，朱舜水在长崎开始讲学。1665年，水户藩藩主德川光国聘请他到江户讲学，吸引了日本许多学者前来就学。朱舜水在日本讲学时摒弃了程朱理学，而讲求实学，提倡学以致用。朱舜水的这一学术思想对日本江户时代的思想界，尤其是水户学派影响极大。此外，朱舜水还十分重视史学研究，在其思想的影响下，1672年德川光国开设了彰考馆，编著了《大日本史》，成为日本水户学派的代表作品。朱舜水十分注重教育，在其影响下，江户时代日本的教育事业得到了大力发展。除此之外，朱舜水还为水户藩学校撰写《改定释奠仪注》，大力传播中国祭孔仪式方法以及中国传统文化习俗。朱舜水才学超群，博古通今，兴趣广泛，除儒学研究外，朱舜水还在科技、工艺等方面有着独特造诣，将中国的工程设计、建筑技术、农业园艺、医学种痘等科学知识传播到日本，他对建筑园林艺术也十分精通，在日本江户的小石川模仿中国杭州西湖等名胜设计了多处景观，将中国传统的园林建筑文化传播至日本。

除了儒学之外，清朝前期许多明代僧侣作为明朝遗民东渡日本，其中以隐元隆琦、东皋心越为代表。隐元隆琦即前文中所述的隐元禅师，其到达日本后不仅开创了日本禅宗文化的黄檗宗，还大力传播中国禅宗文化。东皋心越于1676年东渡日本，先在长崎兴福寺驻留，后经德川光国的邀请成为寿昌山祇园寺住持，之后开创了日本禅宗的曹洞宗寿昌派。东皋心越不仅在禅宗文化上有着独特的见解，而且擅长诗文、双琴、绘画、篆刻、印法等艺术，在日本大力传播中国的艺术文化。

清朝前期，东渡日本的明朝遗民中还有大量医师和药商，其中以医师陈冲、张振甫、王宁宇，药商马荣宇等影响最大。除此之外，明朝遗民中的一些僧侣以及儒学大师等对中国医药学十分擅长，例如，高玄岱、化林性英等，他们与明朝遗民中的医药学传人一起将中国的传统医药文化带到日本，并在日本广泛传播中国医药文化，对日本医药学的发展起到了积极的推进作用。

除了儒学文化、佛教文化、医药学文化等之外，大量明朝遗民东渡日本还促进了中日两国之间其他方面的文化艺术交流。例如，中国的饮食文化、衣着文化以及语言文化、姓氏文化等均改变并丰富了日本的日常生活文化。以日本的姓氏文化为例，受大量明朝遗民东渡的影响，许多日本学者学习并精通汉语，有的学者受中国姓氏文化的影响，改变了自己的姓氏，极大地丰富了日本的姓氏文化。除此之外，明朝遗民在到达日本后，还将中国的书法、绘画、篆刻、文学、音乐、戏曲以及园林建筑等文化带到日本，加强了中日文化的碰撞、交流与融合。

综上所述，清朝前期，由于中日两国的文化交流主要依赖民间，这一时期，清朝学者在明朝学者对日本政府、经济、文化研究的基础上，对日本的史学进行了进一步研究。

第二章

晚清民国对外文化交流的背景

第一节　晚清民国对外文化交流的政治背景

清朝末年，清政府无视社会发展与西方崛起的事实，采取闭关锁国的政策，做着"天朝上国"的美梦。此时的西方世界秩序已发生了巨大变化，随着西方工业革命的兴起与发展，欧洲帝国主义崛起，伴随着大航海时代的到来，冲击着清政府构建的亚洲文化交际圈。

一、鸦片战争前后清朝国内政治环境的变化

16—17世纪随着大航海时代的到来，明朝与西方的关系发生了巨大变化。从16世纪开始，葡萄牙、西班牙、荷兰、英国等国家相继到达中国领海，与中国进行贸易和文化交流。至此，中西方开始进行大规模的频繁的经济、文化交流。

18—19世纪，英国等一些西方国家相继通过工业革命，实现了帝国主义的崛起。工业革命的发展，促进了欧洲资本主义发展，极大地提高了社会生产力，使社会商品得到极大丰富。为了寻找新的商品市场和原材料产地，欧洲列强出于资本扩张的目的，不断寻找新的殖民地。而欧洲资本主义的发展以及大航海运动的兴起，促进了欧洲造船业、航海业、工商业的突飞猛进，经济、文化、科技、军事各个方面的发展，为欧洲帝国主义国家的对外扩张奠定了基础。

在欧洲列强开始向世界扩张时，中国处于封建专制社会的顶峰，清朝封建统治者在外交上长期实施闭关锁国政策，做着"天朝上国"的美梦。然而由于吏治腐败，国内农民起义频发，再加上封建统治严重束缚并阻碍着中国对外贸易和社会政治、经济的发展，清政府国力日益衰落。1840年，英国政

府以林则徐的虎门销烟等为借口，决定派出远征军侵华。1840年6月，英军舰船47艘、陆军4000人在海军少将乔治·义律（George Elliot）、驻华商务监督查理·义律（Charles Elliot）率领下，陆续抵达广东珠江口外，封锁海口，鸦片战争开始。战争爆发后，中国东南沿海地区的广大人民，积极支持和配合清军作战，并自发参与反侵略斗争。然而，清政府军队腐败，士兵毫无战力，在英国坚船利炮的打击下，节节败退。

鸦片战争以清政府的失败告终，1842年8月，清政府与英国签订了中国历史上第一个不平等条约《南京条约》。在这一条约中，西方列强强占和"租借"了中国大量的领土，还获得了在中国领土上驻兵的特权，在中国享有领事裁判权，并且控制了中国的海关，先后开放了广州、厦门、上海、宁波、福州为通商口岸。这使得中国从封建社会沦为半殖民地半封建社会。

鸦片战争后，清政府仍然未能从西方帝国主义的打击中清醒过来，仍然试图维护国内的稳定。此时，清朝国内农民起义不断，而英国士兵则依仗《南京条约》，强势要求进入广州，清政府和广州人民对此加以抵制，爆发了激烈的反入城运动。之后，中英两国之间的矛盾越来越深。1856年10月，英法帝国主义列强联合起来分别以"亚罗号事件"和"马神甫事件"为借口发动战争，即第二次鸦片战争。第二次鸦片战争持续了4年，1860年，英法联军攻入北京，火烧圆明园，清朝统治者仓皇出逃。战争期间，沙俄、美国趁机以调停为名侵入中国，第二次鸦片战争以清政府的失败而告终。战后，清政府被迫先后签订了《天津条约》《北京条约》《瑷珲条约》等不平等条约，导致列强对中国的侵略更加深入，中国还因此丧失了东北及西北大面积的领土，进一步加深了中国社会的半殖民地化程度。第二次鸦片战争结束后，清政府集中力量镇压了太平天国运动，并继续维持其封建统治。

鸦片战争打开了中国封建社会封闭的大门，清政府从美梦中惊醒，中国社会面临着"数千年未有之强敌"，这场战争后，中国封建社会的政治格局被打破。

二、甲午战争前后清朝的政治背景

两次鸦片战争后，清政府平定了国内的太平天国运动，迎来了短暂的稳定发展时期，1861—1894年清政府在政治上迎来了"同治中兴"。同治帝面对内忧外患，力图改革时弊。同治帝去世后，1889年光绪帝亲政，在政治上延续了同治帝的理念。

（一）洋务运动和中国海军的建设

这一时期，从政府官吏上来看，清政府开始培养新一代政治人物，以奕䜣、曾国藩、李鸿章、左宗棠、张之洞、沈葆桢等人为代表，这些政治人物打破以往"天朝上国"的固有思想，开始筹建军事工业，创办民用工业，引进西方技术，以期富国强兵。除此，这些官员还大力挖掘实干人才，为腐朽的清政府官僚系统注入了一丝生机和活力，对推动中国社会的近代化进程起到了一定作用。

从外交方面来看，1861年，清政府建立了中国近代史上第一个常设外交机构——总理衙门，目的是能够更专业地处理洋务与外交事务；同时加大了对翻译人才和留学生人才的培养力度。

从政治运动方面来看，19世纪60年代开始，以李鸿章、张之洞、曾国藩、左宗棠、崇厚、沈葆桢、刘坤一、张謇等为代表的一批官员兴起了一场以图维护清朝统治的自救运动，史称"洋务运动"。洋务运动从19世纪60年代一直持续到19世纪90年代，时间长达30多年。洋务运动涉及的范围甚广，包括创建外事机构、练兵筹饷、开办工厂、筑路开矿、兴办邮电，以及开设同文馆、派遣留学生等。洋务运动时期，洋务派因外交需要，开办了一批新式学堂，其中的方言学堂即外国学堂，目的是培养通晓外国语言文字的翻译人才。例如，1862年在北京开设京师同文馆、1863年在上海设立上海同文馆（后改为上海广方言馆）、1864年在广州开设广州同文馆、1887年在新疆开设新疆俄文馆、1887年在吉林开设珲春俄文书院、1893年在武昌开设湖北自强学堂等。

从军队建设方面来看，洋务运动还推动了清朝近代海军的创建。1866年，福州船政局开始创建。同年，福建马尾开办的福建船政学堂创建，被称为"中国海军之始"。之后，清朝开办了一批军事技术学堂，例如，1874年在上海创办的江南制造局附设操炮学堂、工艺学堂，1876年在广州设立的广东实学馆（西学馆），1884年在黄埔设立的广东黄埔鱼雷学堂；军事学堂包括天津水师学堂、广东水陆师学堂、北京昆明湖水师学堂、山东威海卫水师学堂、江南水师学堂，以及天津武备学堂、江南陆师学堂、直隶武备学堂、湖北武备学堂等。这些专门的军事学校培养了大量军事人才，为清朝近代海军的建设输送了人才。1888年，北洋舰队建设成功，总人数4000余人，是当时亚洲地区最强大的一支海军部队。清王朝认为有北洋舰队驻防，渤海门户十分安全，起码保卫京师安全绰绰有余。这在一定程度上影响了清政府对北洋舰队的资金支持。对北洋舰队购买战舰的计划置之不理，反而挪用了大量海军经费，为之后北洋水师在甲午战争中的落败埋下了伏笔。除北洋舰队外，南洋海军、广东海军以及福建海军也发展起来了，清政府初步构建起了当时的海防体系。

（二）日本的战前准备

当清政府进行轰轰烈烈的洋务运动时，日本在中国学者魏源的《海国图志》思想的启发下，通过明治维新改革，国力大大增强。1868年，日本明治天皇登基后，确立了"武国"方针，明治天皇政府在下发的《外交布告》中提出了"大力充实兵备，使国威光耀海外万国"的战略方针，并制定了"脱亚入欧，统治宇内"的军事目标。为了实现这一目标，日本制定了"大陆政策"。该政策分为五步，第一步征服中国的台湾；第二步征服朝鲜；第三步征服中国的满蒙地区；第四步征服中国内地；第五步征服世界。琉球自14世纪开始即与中国建立了藩属国关系，并且世代接受中国皇帝的册封。17世纪初期，日本以武力迫使琉球在与明朝建立藩属国关系的同时，也与日本建立了藩属国关系。1875年，日本强迫琉球结束了与中国的藩属国关系，派兵驻留琉球，并且改行日本明治年号。对此，昏聩的清政府却视而不见，听之任之，助长了日本欲吞并琉球的野心。1879年，琉球改称"冲绳县"，正式被日本吞并。在谋划吞并琉球之时，日本还于1874年5月悍然出兵侵略台湾，这次侵略遭到了清军和台湾民众的顽强抵抗。之后，经由英、法、美等西方帝国主义列强居中调停，清政府被迫与日本签订了《北京专约》，并且承认琉球归日本所属。

1875年，日本挑起"江华岛事件"，借机与朝鲜签署了《江华条约》，强迫朝鲜对日本开放。之后，日本趁朝鲜发生壬午兵变和甲申政变之时，出兵朝鲜，清政府察觉了日本的企图，立即出兵对日本进行遏制。然而，此次

第二章 晚清民国对外文化交流的背景

战争清兵未能遏制日本，日本借机强迫朝鲜签订了《济物浦条约》和《朝日修好条规续约》等不平等条约，获取了在朝鲜驻兵的权利。1885年，日本又借中日《天津条约》获取了向朝鲜派兵的权利。经过一系列有步骤的蚕食计划，日本为发起与清朝的甲午战争做好了准备。

除了逐步蚕食琉球、朝鲜之外，为了确保在与清朝的战争中一举获胜，日本在战前还部署了周密的作战计划。1879年，日本陆军制定了《对清作战策》，由此可见，早在甲午战争爆发十余年前日本就已经准备与清朝开战了。1887年，日本参谋本部小川撰写了《征讨清国策》，其中详细分析了清朝和日本的形势，制定了详细的作战计划以及战后善后计划，企图攻陷北京，捉拿清帝并扶植明帝后裔作为傀儡以实现日本控制中国的目的。在日本陆军制定详细作战计划的同时，日本海军也制定了作战计划，而日本海军的首要目标即是击溃清政府的北洋舰队。为了确保战争胜利，除了制定战争计划外，日本还对过去的军队体制进行了改革，于1872年颁布了《征兵告谕》，1893年日本修订了战时兵役编制，组成了野战部队、守备部队、补充部队，建立了海陆士官和将校培养军校，以及军队专属医院等。在一系列准备下，日本建立了一支强大的近代国家军事力量，并完善了军队的后勤、医疗等各个方面，为战争做好了准备。

在日本为战争做了充足的准备之时，清朝仍没有正视和重视日本的崛起，而是将日本视为一个藩邦小国，对日本蓄谋已久的战争没有防备。从军队的装备上来看，清军的装备与日本相比十分落后，清朝装备中较为先进的北洋舰队的火炮、炮弹等与日本相比也落后许多。而这一点在之后的甲午中日战争中，成为北洋舰队的掣肘，严重影响了北洋舰队的发挥。

（三）甲午战争的爆发对中国政治环境的影响

1894年春，朝鲜全罗道古阜爆发东学党起义，起义军进展快速，迅速占领了整个朝鲜南部，朝鲜国王随即请清政府出兵帮助朝鲜平息农民起义。日本终于等来了蓄谋已久的战争机会。在清政府出兵朝鲜前，日本迅速出兵朝鲜，并且完成了其在朝鲜的兵力部署。日本利用其之前强迫清朝签订的《天津条约》中的条款，引诱清军与日军产生冲突，而日本政府则趁机煽动国内人民的情绪，以获取国内民众对战争的支持。日本一心与清军决战，不断

· 61 ·

向朝鲜增兵，面对日本的蓄意挑衅，清军不甘示弱，也不断向朝鲜增兵，之后，随着北洋舰队和日本联合舰队的出现，战争一触即发。此时，清政府面对即将爆发的战争，一方面积极进行斡旋，希望西方国家进行调停；另一方面，仓促之下被迫应战。1894年7月，日本海军舰队对清朝的运兵船发动突然袭击，之后又将挑起战争的责任归咎于清朝。1894年8月1日，日本天皇发布了《宣战诏书》，面对日本的公然挑衅，清光绪帝也在同一时间宣战，甲午战争正式开始。

甲午战争共划分为三个阶段。

第一阶段，从1894年的7月25日至9月17日。这一阶段的战争，陆战与海战同时进行，其中，陆战在朝鲜半岛进行，而海战的战场则位于黄海。此次战役，清政府陆军从朝鲜半岛败退而回，而海战中双方互有损伤，北洋舰队虽然保存了实力，但是失去了黄海的制海权。

第二阶段，从1894年9月17日到11月22日。这一阶段的战场位于中国的辽东半岛，海军与陆军同时行动。战争开始不久，日本即占领了整个辽东半岛，北洋舰队的主力只能退守威海旁的刘公岛基地。对清王朝来说，这一阶段的战争局势急转而下。

第三阶段，从1895年1月至2月。这一阶段陆军和海军战场均位于山东威海。在这场战役中，北洋舰队战至最后一人，最终全军覆没，日本取得甲午之战的胜利。

甲午战争的失败，标志着中国向西方学习实业的运动——洋务运动的失败。甲午战争失败后，清政府被迫与日本签订了丧权辱国的《马关条约》。根据条约规定，中国割让辽东半岛（后因三国干涉还辽而未能得逞）、台湾岛及其附属各岛屿、澎湖列岛给日本，赔偿日本2亿两白银；中国增开沙市、重庆、苏州、杭州为商埠，并允许日本在中国的通商口岸投资办厂。甲午战争的失败和《马关条约》的签订，加速了西方列强瓜分中国的步伐，标志着列强侵华进入了一个新阶段，大大加深了中国的半殖民地化程度。经此事件后，中国在国际上的地位急剧下降。而战争的失败与《马关条约》的签订极大地激发了中国人民挽救民族危亡运动的高涨，在客观上促进了中国资产阶级的变革。日本在此次战争中获得了巨额赔款和中国一系列战略要地，极大地促进了日本资本主义的发展，使日本一跃成为亚洲唯一的新兴资本主义强国,为日本对远东地区的进一步侵略埋下了伏笔。

1895年4月,清政府与日本签订《马关条约》的消息传到北京后,在康有为、梁启超等的组织发动下,在北京应试的1300多名举人联名上书光绪帝,痛陈民族危亡的严峻形势,提出"拒和、迁都、练兵、变法"等主张,史称"公车上书"。"公车上书"运动最终失败,然而爱国志士却掀起了维新变法运动。维新派积极宣传和组织活动,著书立说,介绍外国变法经验教训,在各地创办了许多报刊、学会、学堂,为变法制造舆论,培养人才,维新变法运动逐渐在全国兴起。1898年1月29日,康有为上《应诏统筹全局折》,4月,康有为、梁启超在北京发起成立保国会。1898年6月11日,光绪帝颁布了"明定国是"诏书,变法正式开始。变法期间,光绪帝先后发布上百道变法诏令,除旧布新,内容涉及政府机构改革、企业改革、教育改革、军事改革、科举改革等多个方面。但戊戌变法运动损害了守旧派的利益,遭到了守旧派的强烈抵制与反对,1898年9月21日,慈禧太后发动戊戌政变,变法失败。这次变法运动虽然短暂,但是在中国近代史上却是一次重要的政治改革,也是一次思想启蒙运动,这次变法极大地促进了近代中国的思想解放,对思想文化的发展和中国近代社会的进步起了重要推动作用。

三、辛亥革命前后中国国内政治环境的变化

清政府在甲午战争中的懦弱表现助长了各国列强瓜分中国的野心,战争结束后,各国列强即掀起了新一轮瓜分中国的热潮。1895年,沙俄为了与日本争夺中国东北地区,联合法国和德国干涉日本退还中国辽东半岛。在西方列强的联合逼迫下,清政府最终被迫向日本追加赔款3000万两白银,从日本手中赎回辽东半岛。然而,辽东半岛并未回归清政府手中,紧接着沙俄以其在清政府赎回辽东半岛中的调停作用,强迫清政府签订了不平等条约《中俄密约》。通过这一不平等条约,沙俄获得了在东北黑龙江、吉林修筑铁路和驻军的权利,1898年沙俄又通过强行向清政府租借旅顺和大连,获取了从哈尔滨到大连的东清铁路的修筑和管辖权,从而将整个中国东北纳入其势力范围。继沙俄之后,1897年德国出兵强占山东胶州湾;同年,法国逼迫清政府做出不割让海南岛与他国的协定,强行租借中国广东湾,并获得中国云南、广西、广东等地的独占权。而英国则效仿法国,于1898年强迫清政府不得

将长江流域各省让与他国，并且强行租借九龙半岛和威海卫。日本则趁机将其势力范围扩大到中国福建。这一时期的中国在其他国家眼中已是"正躺在死亡之榻上"的"远东病夫"。至此，西方列强已将中国瓜分殆尽。

西方列强瓜分中国的行为和清政府的不作为引发了中国人民的极大愤怒和强烈反抗。1897年，德国出兵强占中国胶州湾后，又将整个山东划入其势力范围，在山东一带活动的民间组织义和拳在民族危亡时刻树立了反对外国列强侵略的目标，通过反洋教、烧教堂、拆毁铁路等一系列活动反抗侵略，这种排外活动迅速波及整个山东。义和拳的这种排外情绪被清政府所利用，通过对义和拳进行招安，将其纳入民团，称"义和团"，义和团的口号是"扶清灭洋"。1899年，山东肥城发生英国圣公会传教士卜克斯被杀案件，西方列强纷纷对清政府施压，要求清政府剿灭义和团。此时，清政府的宫廷斗争愈演愈烈，华北地区天灾频发，而西方列强在各国的不法活动越来越猖獗，这些均激化了中国内部以及中外矛盾。1900年初，以慈禧太后为首的保守派势力不满西方列强对维新派的维护及对朝廷内政的干涉，不顾西方外交人员的抗议，发布维护义和团的诏令。同年春直隶成千上万习练义和拳并号称"义和团"的农民纵火烧毁了教堂和教徒房屋，同年6月，慈禧太后允许义和团进驻北京，义和团又先于清军进攻天津租界。义和团入京后，大肆烧毁教堂，杀害教民。1900年6月20日，德国驻华公使克林德代表各国前去总理衙门要求保护，途中被清兵伏击。这一事件成为列强发动战争的借口。该事件最终演变为八国联军侵华战争。1900年6月21日，清政府以光绪的名义，向英、美、法、德、意、日、俄、西、比、荷、奥十一国同时宣战。1900年7月14日，八国联军占领天津，同年8月，八国联军占领北京，慈禧太后携光绪帝仓皇出逃。1901年9月7日，清政府和八国联军签订了《辛丑条约》，中国自此彻底沦为半殖民地半封建社会。此后，清政府对义和团进行剿杀，义和团运动失败。

八国联军侵华事件后，清朝统治者为了维护自身权力，进行了新政改革，1901—1905年，清政府颁布了一系列新政，涉及吏治民生、学校科举、军制财政等多个方面。清政府新政的实施对中国资产阶级的发展，以及中西方文化的交流与学习均产生了重要影响，从客观上促进了中国社会近代化的进程。

清朝末年，由于各种社会矛盾不断激化，人民群众的反抗斗争此起彼伏，种种起义行为都遭到了清朝的镇压。1911年10月，新军工程第八营的革命党人打响了武昌起义的第一枪。革命党人迅速占领了武汉三镇并成立了湖北军政府，推荐黎元洪为都督，改国号为"中华民国"。武昌起义的胜利激发了全国各地的革命热情，不久，湖南、广东等15个省纷纷宣布独立。1912年1月1日，中华民国临时政府成立，同年2月12日，清朝末代皇帝溥仪退位，清朝灭亡。清朝灭亡标志着中国2000多年的君主专制统治的结束。

综观晚清民国时期中国对外关系的政治背景，可以看出，随着西方帝国主义列强的崛起，中外关系逐渐发生了变化。晚清之前，清朝与周围国家建立的是以中国为中心的宗藩关系，清朝周边国家向清朝纳贡，此时虽然荷兰、葡萄牙等国的商船已开进中国领海，然而这些商船为了迁就清朝"天朝上国"的美梦也与清朝建立了朝贡关系。晚清后，西方列强在资本扩张的需求下四处进行侵略，而此时的清政府仍然思想僵化，统治阶级日益腐朽，国力持续衰落，使得清政府在实力强盛的西方帝国主义列强面前不堪一击。1840年，当西方帝国主义列强用坚船利炮打开清朝封闭的大门后，中国与世界的关系发生了一系列变化。中国不再是周围国家的宗主国，而沦为了被西方列强瓜分的半殖民地半封建国家。中国开始向西方学习，为中国与西方、中国与世界的文化交流奠定了基础。

第二节　晚清民国对外文化交流的文化背景

中华文明源远流长，早在先秦时期，中国即与日本等国家进行了文化交流。秦朝建立了大一统的封建官僚体制后，中国即开始加强与周边国家的联系，并且逐渐形成了以秦为中心的宗藩关系。此后，每当中国进行朝代更替时均会晓谕四方，与周边国家建立新的宗藩关系。清朝前期仍然沿袭了历朝历代的对外交流态度，与除日本外的多个东亚国家建立了宗藩关系。晚清时期，随着中国与世界政治局势的变化，中国对外文化交流的文化背景也发生了一系列变化。

一、晚清前中国对外文化交流的特点

晚清之前，中国古代对外文化交流的特点主要可概括为中国的文化输出国地位和"东风西渐"两个方面。

（一）中国的文化输出国地位

晚清之前，在中国历朝历代与周围国家所建立的宗藩关系中，中国均处于文化输出国地位，这一点是晚清前中国对外文化交流的主要特点。从前文中国古代的中日关系中可以看出，自先秦以来至清朝前期，在中日两国文化交往中无论双方是否确立官方外交关系，中国均处于文化输出国的地位。

中国与西方的交流可追溯至汉朝。中国位于亚欧大陆的东部，欧洲位于亚欧大陆的西部。古代中国通往欧洲的陆上交通道路有多条，大航海时代来临前，中国与欧洲国家的交流主要依赖传闻、间接贸易和偶然的旅行。早在中国汉代时期，中国就曾尝试与欧洲国家建立外交关系。公元1世纪初期，中国的丝绸产品已通过陆上贸易进入欧洲的罗马帝国境内。汉代之后，中国的文献屡有对中国与欧洲东罗马帝国交往的记载，《旧唐书》中即记载了拂林王波多力遣使与大唐修好，这里所说的"拂林"即唐人对东罗马帝国的称呼。元朝时期，蒙古人征服俄罗斯，并在波兰、匈牙利等地与欧洲军队直接交战，使中欧之间建立了直接的政治、军事交流。元朝时期，蒙古军队依靠强大的战力打通了欧亚大通道，为中西文化交流扫除了障碍。元朝建立后，一大批欧洲旅行家通过欧亚大通道来到中国，其中最具代表性的为马可·波罗（Marco Polo）、鄂多立克（Friar Odoric）和伊本·白图泰（Ibn Batutah），三人均在元朝时期来到中国，并且著有游记，其中前两人为欧洲人，后者则为非洲人。马可·波罗来到元朝后，被元大都的繁华所吸引，在元朝生活了17年，回国后，马可·波罗将其在中国和东方的所见所闻口述出来，整理成《马可·波罗行纪》（又名《东方见闻录》）。这部书出版后轰动欧洲，成为西方人了解东方和中国的早期重要文献。鄂多立克是意大利传教士，其于1322—1328年在元朝旅行，根据其回国后口述整理而成的《鄂多立克东游记》是早期欧洲仅次于《马可·波罗行纪》的重要著作。

元朝时期，一位名叫拉班·扫马的景教徒以派遣使者的身份到达欧洲，促进了元朝和欧洲的相互了解。除此之外,元朝时期许多欧洲传教士来到中国,对欧洲与古代中国的相互了解和交流起到了积极作用。

明朝与周围的亚洲国家建立了友好往来关系。明朝还于1405—1433年间多次派使臣到外国进行友好访问,其中以郑和出使西洋的活动规模和影响最大。郑和先后七次下西洋,对东南亚、非洲等国进行访问,并与当地人进行贸易和文化交流。郑和向途经的30多个国家展示了明朝高超的造船技术和丰富的航海知识,加强了明朝与亚非等国的政治文化、物质文化以及宗教文化交流,对促进中外友好关系起着十分重要的作用。明朝时期,东南亚和非洲诸国的文化与明朝相比较为落后,郑和通过各种方式将明朝文化传播到这些国家。例如,郑和在访问满剌加、占城、暹罗、爪哇、浡泥等东南亚国家时,通过"施恩封泽"仪式和颁赐冠服,帮助各国建立起了健全的国家制度、礼仪制度、法律制度,将中国的制度文化传播到这些国家。此外,郑和船队还携带了大量中国青瓷盘碗、青花瓷器、茶叶、漆器、雨伞、铜钱、湖丝、丝绵、丝绸制品、金属制品等商品,通过赏赐或贸易的方式将中国先进的手工艺制品和手工艺文化传播到这些国家。另外,郑和船队还将中国的历法文化、医药文化、宗教文化、建筑艺术文化等传播到这些国家,同时将这些国家的香料等特色产品带回明朝。郑和下西洋时通过"施恩封泽"仪式和颁赐冠服等方式,使这些国家与明朝建立了宗藩关系。而在明朝建立的宗藩国关系中,明朝以"天朝上国"自居。从郑和下西洋的影响来看,这一时期中国仍然处于文化输出国的重要地位。

古代中国对外关系中,除通过宗藩国关系实现文化输出外,古代中国在与位于中国近邻却未被纳入古代中国宗藩关系体系的国家进行文化交流时,也处于文化输出国地位。例如,元朝时期,日本并未与元朝建立藩属国关系,然而元朝文化仍然通过民间贸易交流和民间僧侣交流的方式源源不断地传输到日本。又如,清朝前期,中日两国也未建立藩属国关系,然而从中日两国双方的贸易交往即可看出,中国向日本输出的商品从衣食住行到日常生活用品、珍玩瓷器等种类十分丰富。而日本向中国输出的商品大多为金银铜矿、海产品,以及少数具有日本民族风格的漆器和瓷器等,反映出中国在中日文化交流中处于文化输出国地位。

（二）大航海时期的"东风西渐"

明朝初期曾尝试与欧洲建立直接外交关系，然而未能成功。17世纪，随着大航海时代的到来，荷兰、英国、葡萄牙、西班牙等国的商船穿越大洋来到中国领海，将大量中国茶、中国瓷器、中国丝绸、中国戏曲、中国舞蹈以及中国儒学文化和手工艺文化传播到欧洲，兴起了西方艺术史上著名的"中国热"现象。欧洲的"中国热"从17世纪持续到18世纪，延续了100多年。这一时期，中国文化对欧洲文化艺术的影响主要体现在以下几个方面。

首先，中国建筑园林文化对欧洲的影响。

17世纪时期，随着大量中国商品传入欧洲，欧洲出现了介绍中国国情和中国文化的书籍，其中包括介绍中国建筑艺术的书籍，在中国居住和生活的传教士、画家等的信件也逐渐流传开来。例如，法国传教士兼画家王致诚（Jean Denis Attiret），出生于法国的多尔，其于1738年成为中国清朝时期的宫廷画家，并创作了《十骏图》等名画，其在与法国友人信中介绍了中国圆明园的景观。这些信件在欧洲各国广为流传引发了较大反响。

17世纪末，中国景观艺术设计的理念传入法国，引起了欧洲建筑和园林设计师的关注。德国哲学家莱布尼茨出版了《中国近事》（*Novissima Sinica*）一书，在这本书中，作者对中国孔子的伦理观表示了赞赏，同时，也对以中国为代表的东方景观艺术进行了介绍。法国路易十四上台后，追求"伟大"艺术风格，欧洲的建筑和庭院在设计时即受到中国艺术和文化的影响。例如，法国凡尔赛宫廷景观设计中即加入了一定的中国元素。值得注意的是，17世纪中国的景观艺术设计并不是以一种全新的景观理念的形式对西方景观艺术设计产生影响，而是与西方17世纪时出现的洛可可风格融合在一起。

17世纪时中国景观艺术传入英国。英国学者威廉·坦布尔（William Temple）在1685年出版的《论伊壁鸠鲁的花园》（*Upon the Garden of Epicurus*）一书中，对中国园林的非规则之美进行了赞誉，将那些美感突出但无秩序可言，而且极易被观赏到的地方命名为"霞拉瓦吉（Sharawadgi，意为（曲折有致）"。进入18世纪后，中国景观艺术对英国景观设计产生了更加深入的影响。1728年，贝提·兰格里（Batty Langley）在其著作《造园新原理》（*New Principles of Gardening*）一书中对中国作风与理论进行了详细阐释。1757年，威廉·钱伯斯爵士(Sir William Chambers)出版了《中国建筑、家具、服饰、机械和器皿设计》（Design of Chinese Buildings, Furniture, Dresses, Machines and Utensils）一书。这些书籍均对中国景观艺术设计进行了或概括或详细的介绍，为中国景观设计对英国景观设计的影响奠定了基础。

17世纪时期，当意大利和法国景观设计流行欧洲时，英国景观艺术的发展则受到中国景观艺术的较大影响。英国著名政治家威廉·坦布尔在《论埃皮克鲁园林》（On epiklu Gardens）一文中，对中国建筑和园林之美进行了毫无保留的赞誉，他称："我们的建筑和园林之美主要靠一定的比例、对称、统一、整整齐齐，而中国人瞧不上这种做法，他们最用心的地方在于把园林布置得极其美丽动人，而不易看出各部分是怎样糅合在一起的，虽然我们对这类的美毫无所知，但是他们一眼看上去对劲，就会说绝妙，或者其他的词汇。"[①] 当时法国古典主义景观设计理念以规则性而著称，中国景观设计理念在当时的西方人看来，突破了法国古典主义景观设计的规则性，从而为欧洲景观设计带来一种极新鲜的景观设计理念。威廉·钱伯斯也是当时极其推崇中国景观设计的学者之一，其在《寺庙、房屋、园林及其他》一文中指出，中国园林的艺术精华是师法自然，范本就是自然，目的是要模仿自然的不规则之美。这对中国景观艺术的概括可谓十分精准。1772年，威廉·钱伯斯发表《东方园林概论》，其中对中国的园林景观艺术家给予了极高评价，同时强烈推崇中国园林景观艺术中的自然化、不规则、浪漫的设计风格。在这些学者的大力推广和宣传下，英国景观艺术设计开始借鉴中国景观艺术设计的师法自然的特点，为英国景观艺术设计突破法国古典主义景观设计，开创全新的景观设计流派奠定了基础。

其次，中国瓷器文化对欧洲的影响。

中国瓷器传入欧洲的时间较早，唐朝时期，中国瓷器即通过商贸交易传至欧洲，之后千百年来中国瓷器通过各种途径传入欧洲，成为古代中国出口欧洲的销量最大的商品之一。中国瓷器自传入欧洲以来就备受欧洲贵族阶级的推崇与喜爱。17世纪大航海时代来临后，欧洲各国商船将大批精美的中国瓷器运至欧洲，极大地满足了欧洲贵族的珍藏和使用需求。这一时期，由于

---

① 吴阳,刘慧超,丁妍.景观设计原理[M].石家庄：河北美术出版社,2017：62.

欧洲的瓷器制造艺术相对落后,欧洲许多博物馆和私人收藏家收藏和鉴赏中国瓷器成风。例如,德国腓特烈·威廉在奥拉宁堡宫建立了专门的中国瓷器陈列室,收藏了3000多件中国精美瓷器。18世纪,欧洲还出现了皇室和贵族向中国定制陶瓷的现象。例如,法国国王路易十四就曾派遣特使到中国广东定制带有法国甲胄和纹章的瓷器。中国高超的瓷器艺术吸引了欧洲各国学习和模仿,一些欧洲人以传教士的身份进入中国,到中国景德镇学习瓷器制作技术。18世纪时期,欧洲国家已掌握了瓷器制作的方法,瓷器制作水平获得了较大提高,可以制作中国风格的瓷器。然而,欧洲制作的模仿中国风格的瓷器无论质量还是外观等均无法与中国瓷器相媲美。此后,欧洲人在模仿中国瓷器制作技艺和风格的基础上,通过不断摸索和提升,生产出具有独特的欧洲风格的瓷器。

再次,中国绘画艺术对欧洲绘画装饰风格的影响。

17—18世纪时期,为了迎合欧洲贵族的风格,中国出口欧洲的商品普遍趋向华丽、繁缛和精巧,绘画风格也是如此。这一时期的中国瓷器、漆器、扇子等工艺品上都描绘有精致的花鸟画、山水画、仕女画等。此外,中国工艺品中还十分擅长使用云纹、山水纹饰,中国的这种绘画和工艺品特点对欧洲的绘画和装饰风格产生了重要影响。例如,18世纪时期欧洲的洛可可艺术柔媚、细腻、纤巧、烦琐的风格即是欧洲艺术家在对中国绘画装饰艺术风格的观照下,与西方宫廷贵族崇尚的精致享乐文化结合起来的基础上形成的。

17—18世纪,东方国家商品和手工艺品大量传入欧洲,深刻地影响着欧洲宫廷贵族的生活方式,尤其18世纪初期,法国国王路易十四去世后,路易十四崇尚和追求的歌颂牺牲、荣誉的英雄主义史诗的伟大风格不再是欧洲贵族的向往,他们开始追求世俗的欢乐。随着中国丝绸、瓷器、茶叶等商品和工艺品传到欧洲,中国人饮茶、饮食、插画、居住等生活方式也开始在欧洲传播。由于欧洲传教士、旅行家和商人等将中国描述成一个富足、神秘、唯美的神话世界,法国国王路易十五在享乐的宫廷文化氛围中充满了对中国的想象。这使得部分欧洲艺术家在洛可可绘画艺术中融入了许多中国元素。例如,法国画家弗朗索瓦·布歇(Francois Boucher)是路易十五的宫廷首席画家,也是法国洛可可艺术的最主要赞助者和倡导者蓬帕杜夫人(Madame de Pompadour)的绘画教师,他的绘画作品中常常出现中国题材或中国手工艺品，如他根据想象创作的《中国皇帝上朝》《中国捕鱼风光》《中国花园》《中国集市》等。除此之外，在弗朗索瓦·布歇（Francois Boucher）其他非中国题材的绘画，如《午餐》《化妆》等作品中，也出现了许多中国商品或手工艺品元素。

洛可可艺术的装饰风格也带有一定的中国式风格。例如，洛可可装饰中常常使用的卷曲的蔓藤、卷云舒草等植物纹样即与中国花鸟、花卉中的折枝花卉有着异曲同工之妙。

由于中国艺术在欧洲18世纪的洛可可艺术中起着十分重要的作用，因此，有的学者认为，洛可可艺术应被称为"中国—法国式"的艺术。

二、晚清时期对外文化交流特点的转变

晚清时期，由于国内外政治环境的变化，中国对外文化的交流环境也发生了重大变化。这一时期，中国对外文化交流从之前文化输出国变成了文化输入国，从"东风西渐"朝着"西风东渐"发展。这一转变主要表现在以下几个方面。

（一）传教士对西方文化的传播

元朝时期，西方多位传教士曾来到中国旅行、居住，回国后根据其自身经历所创作的回忆录和见闻录成为彼时欧洲了解中国的书籍。此后，大量传教士在教会的支持下来到中国传播教会思想。纵观传教士在中国的活动主要可划分为两个阶段。

第一阶段，明末清初时期传教士对西方文化的传播。

明末清初，欧洲启蒙运动兴起，启蒙运动促进了西方科学技术的发展，确立了人类的主体地位，并极大地推动了欧洲社会的进步。这一时期，西方在自然科学方面的发展已超越了同时期的明朝。在这一阶段，传教士进入中国后，在传播教会思想的同时，客观上也起到了传播科学技术和文化知识的作用。这一时期进入中国的传教士代表有邓玉函、汤若望、利玛窦等。这些传教士除了在中国传播西方教会文化之外，还将西方先进的天文学、数学、地理学、地质学、生物学、物理学、化学、医学等方面的文化知识传入中国。例如，天文学方面，传教士邓玉函、汤若望等依靠西方先进的天文学知

识制定了新历法，即明朝"大统历"；传教士利玛窦则将天文学著作《乾坤体义》《浑盖通宪图说》传入中国，并且将地球仪、天象仪和望远镜等天文学仪器传入中国，有利于中国天文学的研究。又如，西方启蒙运动中，数学得到了较快发展，西方传教士利玛窦和徐光启合译的欧几里得的《几何原本》、利玛窦和李之藻合译的《同文算指》，以及西方数学书籍《割圆八线表》和《大测》等传入中国，为近代中国数学的发展奠定了基础；康熙年间，清政府根据明末清初西方传教士带来的数学知识编订了《数理精蕴》。又如，17世纪，随着大航海时代的到来，西方学者对地理学和生物学等方面的研究取得了较大突破，由西方传教士利玛窦传入中国的《坤舆万国全图》即展示了西方航海时代的地理大发现，颠覆了中国传统地理认知。这一著作对中国学者了解西方地理知识、学习西方地图绘制技术起着十分重要的作用。清朝初期，清政府即在传教士白晋的帮助下采用西方先进绘制技术，对清朝各地进行了详细的地理考查并且制作了《皇舆全览图》。17世纪，西方生物学取得了较大发展，西方传教士罗明坚、艾儒略、利类思等人将西方生物学书籍翻译成汉语，传入中国。西方传教士还翻译了一大批物理学、化学、医学等方面的著作，全面推动了西方科学文化在中国的传播。然而，这一时期，由于中国统治阶级的自大以及对西方科学文化知识的不重视，传入中国的西方科学文化知识并未广泛普及。

第二阶段，鸦片战争后传教士对西方文化的传播。

鸦片战争后，清政府被迫与西方列强签订了一系列不平等条约，并相继开放了一系列通商口岸。这些条约大都提出了允许西方传教士在中国境内活动的条款。因此鸦片战争后，西方传教士大量进入中国，为更多人来华提供了便利条件。

这一时期的西方传教士进入中国后，除了传播科学文化知识，还将西洋火铳、火炮的制造技术，军事城防技术，机械制造技术，作物栽培和水利灌溉等农业技术，造船技术等传播至中国。此外，在这一时期，西方传教士进入中国后还建设了一批教会学校，其中1807年来华传教的马礼逊被认为是基督新教来华传教第一人。马礼逊来到中国后提出了在马六甲创办学院的计划，这一计划获得了印度、英国、美国的捐款，1818年，英华书院建立，从而拉开了晚清传教士兴办教会学校的序幕。[①] 而教会学校的兴办在一定程度上弥补了我国近代教育的不足,对中国近代教育的发展起到了重要的推动作用。

1842年第一次鸦片战争失败后,清政府被迫签订的《南京条约》中规定:"耶稣天主教原系为善之道,自后有传教者来至中国,须一体保护。"[②] 1844年清政府与美国签订的《望厦条约》规定:"合众国民人在五港口贸易,或久居,或暂住,均准其租赁民房,或租地自行建楼,并设立医馆、礼拜堂及殡葬之处。"[③] 同年,法国强迫清政府签订了《黄埔条约》,其中规定:"凡法兰西人按照第二款,至五口地方居住,无论人数多寡,听其租赁房屋及行栈贮货,或租地自行建屋,建行。法兰西人亦一体可以建造礼拜堂、医人院、周急院、学房、坟地各项……倘有中国人将法兰西礼拜堂、坟地触犯损坏,地方官照例严拘重罚。"[④] 第二次鸦片战争后,清政府被迫签订的《北京条约》中明确提出,允许外国人到内地传教、游历。在这些条约中,清政府还被迫同意外国人在华修建教堂,创办学校和医院,传教士的活动不受清政府的干扰和限制。这为传教士在华创办教会学校提供了前提条件。

19世纪60年代,洋务运动兴起初期,中国开办了一系列实业学校。此时西方传教士在中国开办的教会学校仍然以传教为主,其目的以培养中国的传教士为主,学校中以初等教育居多。同年,在华传教士还召开了第一届大会,并成立了学校与教科书委员会,全面指导和推动在华教会学校的发展,为教会学校在中国的进一步深入,以及教会学校办学层次的提高奠定了基础。自此之后,中国的教会学校相继出现了初等学校、中等学校乃至高等学校等多层次学校,学校数量也大大增加。1890年,中国境内的教会学校已达千余所,学生人数较1877年翻了三倍有余。这一时期,教会学校的大规模发展造成对学校教师的需求显著增加。尤其是教会学校所特有的西学课程的教

[①] 曲铁华.中国教育发展史纲[M].长春:东北师范大学出版社,2006:145.

[②] 《中华教育改革编年史》编写组.中华教育改革编年史 2[M].中国教育出版社,2009:577.

[③] 《中华教育改革编年史》编写组.中华教育改革编年史 2[M].中国教育出版社,2009:578.

[④] 章开沅,严昌洪主编.近代史学刊 第8辑[M].武汉:华中师范大学出版社,2011:29.

师来源除原有传教士、新近进入中国的西方人员外，主要为教会学校自身培养的毕业生。这一时期，教会学校毕业生毕业后在原来学校做教师的现象十分普遍，无形中为中国培养了近代第一批西学师资。西方教会学校创办的初衷虽然是满足传教士发展教徒的需要，然而从客观上来看，教会办学的专业化和世俗化，一方面提高了当时我国毕业学生的近代化科学知识水平，使其具备了一定的近代思想，从中国传统教育的藩篱中解脱出来，为近代思想及近代文化在中国的传播提供了前提；另一方面，教会学校在开办过程中，引进了近代西方教育模式，使得我国有识之士得以认识到西方教育的优势。

除此之外，西方传教士在开办学校的过程中，还大量创办翻译机构，对西方各种文化和学说进行翻译；创办报纸、刊物等，促进了西方现代科学文化知识和教育思想在中国的传播，为我国近代教育制度的形成奠定了思想文化基础。例如，晚清时期的美国传教士林乐知所创办的《万国公报》即刊载了大量介绍西方各国状况的知识性文章，为中国学者和精英分子了解时局、学习西方先进的科学文化知识等起到了重要作用。

晚清民国时期，由于中外政治环境的变化，中国丧失了作为文化输出国的地位。由于在殖民战争中失败，中国政府和人民开始觉醒，逐渐从"天朝上国"的美梦中醒来，开始有意识地接受和传播西方文化。这一阶段传教士在中国的文化传播活动和教育活动受到越来越多人的认可，成为晚清民国时期"西学东渐"的重要途径。

（二）中国政府和有识之士对西方文化的传播

第一次鸦片战争后，中国长期闭锁的国门被西方殖民者的坚船利炮所打开，中国面临着"百年未有之大变局"，以林则徐、魏源等为代表的一批有识之士较早意识到学习西方科学文化的重要性。林则徐被誉为"中国开眼看世界的第一人"，作为禁烟运动的倡导者和领导者，以及第一次鸦片战争的参与者，林则徐在与西方侵略者，尤其是英国侵略者的接触中，意识到了西方国家先进的生产工具和先进的军事制度的优势。因此，林则徐萌生了向西方学习，用西方技术打败西方的想法，开始收集西方的先进技术、文化、军事训练等资料，并主持编纂《四洲志》。1841年林则徐被革职发配时，他将自己收集的资料交给志同道合的好友魏源，并详细表达了自己的思想，委托

第二章　晚清民国对外文化交流的背景

魏源代为整理《四洲志》，魏源则在林则徐提供的资料的基础上编纂了中国历史上第一部较为完整地记述西方先进思想和技术的《海国图志》。在此书中，魏源提出了"师夷长技以制夷"的主张。这一主张成为中国洋务运动以及百日维新的重要思想基础。

19世纪60年代，清政府被迫与西方帝国主义列强签订了一系列不平等条约后，清政府一些爱国官员发起了洋务运动，开始有意识地引进西方先进的机器生产技术、军事装备和科学技术。在洋务运动中，为了充分学习西方科学文化技术，清政府创办了中国近代教育史上第一批新式学堂，这批新式学堂主要包括语言类学堂以及科学技术类学堂，还有电报学堂、铁路学堂、商务学堂、矿务学堂、算学学堂、医学堂、农务工艺学堂等专科学堂。这些受清朝末年政治影响而开办的新式学堂与中国传统的教育形式不同，尽管这一时期洋务派创建的各种专科学堂存在诸多不足，带有浓厚的"中体西用"的色彩，但这些新式学堂的出现，不断冲击着中国的传统教育，并开始打破中国传统教育中以儒学为主的封建教育的藩篱。这一时期的新式学堂主要以实业教育为主，培养专门的、实用的科学技术型人才，是中国近代冲破封建传统教育的禁锢而开办的第一批近代学堂，在晚清时期，起着重要的传播西方科学文化知识的作用，因此具有划时代的意义。

为了推动洋务运动时期新式学堂的发展，清政府采用了外聘洋教习的方式以解决新式学堂的师资问题。洋务运动中采取聘用外国教师的方法实属无奈之举。洋务学堂中，西方自然科学、史地、天文以及国际公法等方面的教学内容在学堂中所占比例较高，然而我国却没有这方面合适的师资，不得不聘任外国教师。聘请外国教师花费巨大，这些外籍教师的狮子大张口，进一步加剧了我国洋务教育的开支。而这些从西方聘请的师资人员的教学素质并不能保证，其中不乏不学无术之人借外国人的身份来中国招摇撞骗。梁启超就曾指出："其聘用西人者，半属无赖之工匠，不学之教士，其用华人者，则皆向诸馆之学生，学焉而未成，成焉而不适于用者也。"[①] 对此，清政府下定决心大力培养精通西方科学文化知识的人才。由于国内缺乏相关人才，清政府一方面通过创办语言学校大力培养语言人才，以及精通语言的专业人才；

[①] 陈元晖.中国近代教育史资料汇编：洋务运动时期教育[M].上海：上海教育出版社，2007.

另一方面，通过外派留学生的方式学习西方先进科学文化知识。清政府于19世纪70年代开始对外派遣留学生。1872年，应曾国藩和李鸿章的请求，清政府派出第一批幼童赴美留学。之后，清政府又先后派遣留学生前往欧美国家学习西方的先进科技文化。甲午战争失败后，清政府意识到日本已然崛起，在科学文化等方面超越了中国。为了向日本学习，甲午战争爆发一年后，中国即向日本派遣了一批13人次的留学生，三年后再次向日本派遣了第二批40人次的留学生。1905年，清政府进行教育改革，正式废除了科举制度。由于日本距离中国较近，且与中国同属东亚区域，赴日留学的费用远远低于赴欧美国家，因此晚清民国时期的一些较为富裕的家庭纷纷送子女前往日本留学。无论是官派留学生，还是民间留学生，他们归国后都成了西方科学文化的传播者，在中国大力传播西方文化。

除此之外，晚清时期，一批精通西方国家语言的知识分子，开始大量翻译外国科学、文学、艺术等书籍，这些翻译作品对传播西方文化起着十分重要的作用。

综上所述，晚清时期，中国官方和民间所采取的开办学校、外派留学生以及大量培养翻译人才、大量翻译西方各类文化著作等举措，均在推动西方文化在中国的传播中起到了不可或缺的作用。这一时期，西方文化大量涌入中国，而中国文化则在文化交流中相对处于势弱地位，呈现出"西风东渐"的特点。

第三节　晚清民国对外文化交流的经济背景

列宁曾说："资本主义如果不经常扩大其统治范围，如果不开发新的地方并把非资本主义的古老国家卷入世界经济旋涡之中，它就不能存在与发展。"[①] 鸦片战争是中国社会和中国经济的一个重大历史转折点。随着鸦片战争的爆发，中国沦为半殖民地半封建社会，政治环境的改变导致晚清民国时期对外交流经济背景的变化。

---

① 列宁.列宁合集第3卷俄国资本主义的发展[M].北京：人民出版社，1959：545.

一、晚清民国时期世界贸易格局的变化

18世纪60年代，英国开始进行工业革命，以棉纺织业的技术革命作为主要标志，以瓦特蒸汽机的改良和广泛使用为枢纽，推动了英国工业革命的发展，19世纪三四十年代英国实现了机器制造业机械化，标志着英国工业革命的完成。随着英国工业革命的完成，英国的生产力得以提升，推动英国成为欧洲帝国主义强国。而此时欧洲其他国家还未完成工业革命，英国则凭借国内迅速发展的经济，崛起为资本主义世界的经济霸主。英国崛起后，在资本的需求下，不断向外扩张，率先在全球建立了多个殖民地。法国紧随其后完成工业革命，成为资本主义强国。19世纪中后期，随着美国、德国、法国等资本主义国家相继完成工业革命，西方国家的科学技术进程加快，陆上和海上交通工具改进，为西方资本主义国家的对外贸易和国际投资的发展奠定了重要基础。

英国、法国等资本主义国家率先完成工业革命后，其国内迅速提升的生产力使得国内市场很快达到饱和，英、法等资本主义国家为了寻求进一步发展，奉行帝国主义政策不断对外扩张，在亚非等经济相对落后的国家设立殖民地，将这些殖民地作为商品倾销地，对殖民地进行经济掠夺。

19世纪中后期，随着西方其他资本主义国家的崛起，英国的经济霸主地位开始出现动摇。与此同时，随着西方国家相继完成工业革命，国际工业贸易取得了较大发展。然而从总体上来看，世界工业贸易的增长率远远落后于世界工业生产的增长率。由于西方资本主义国家生产和贸易不成正比，资本主义生产和销售之间的矛盾越来越突出，扩大市场成为西方资本主义国家面临的最主要问题。中国作为东亚最大的国家，由于清政府的腐败无能和国力衰落，沦为西方帝国主义争相夺取的对象。

1840年前，英国与中国在进行国际贸易时，通过向中国国内输入鸦片的方式，大量攫取中国财富。鸦片战争后，清政府被迫与英国签订不平等条约，开放了多个通商口岸。英国取得了与清政府协定关税的特权，而中国则失去了关税自主权，这使得中国对外贸易与经济的发展受到了严重阻碍，使中国独立自主的封建垄断性的对外贸易逐步变成受资本主义控制的半殖民地性的对外贸易。之后，其他帝国主义国家仿效英国，在与清政府签订不平等条约时，均要求清政府开放通商口岸，并要求协定关税。中国关税自主权的

丧失，使中国在国际贸易中处于极为劣势的地位。各帝国主义国家凭借不平等条约取得了种种特权，加紧了对中国以商品输出为主的经济侵略。这一时期，中国对外贸易经济发生了许多变化。

鸦片战争前，中国出口国外的主要商品为茶叶、生丝和丝织品，并且，由于英国对中国茶叶和生丝的垄断，中国茶叶和生丝的价格高涨；中国进口的主要商品为欧洲生产的毛纺织品、金属及金属制品、船只、钟表、千里镜等，南洋的香料、胡椒和檀香，印度的棉花等。道光年间，鸦片开始大量出口中国，清廷察觉到鸦片的进口后，开始对鸦片贸易课以重税，然而由于鸦片利重，许多沿海官员在英商的贿赂下参与走私。鸦片战争前夕，鸦片在中国进口贸易中的数量不断增长，所占比重越来越大，造成了中国贸易逆差局面的出现。

鸦片战争后，清政府被迫开放通商口岸并失去了关税自主权，导致鸦片大量进入中国。此外，西方帝国主义列强还在中国设立了多家洋行，推销商品，掠夺原材料；设立银行、轮船公司和砖茶厂、缫丝厂、制糖厂、制蛋粉厂、轧花厂和打包厂等各种加工厂对中国的金融和交通事业进行控制，进而控制中国的进出口贸易。这一时期，中国对外出口商品为茶叶、生丝等，而进口商品主要为鸦片、棉毛织品。由于这时西方帝国主义列强通过对中国通商口岸和关税的控制，掌握了中国的进口贸易，而洋行则控制了中国的出口贸易，因此，晚清对外贸易"从头到脚被列强所控制"。这就导致中国商品在国际市场上的价格极低，而西方帝国主义则以极高的价格向中国倾销各种商品，造成中国财富极速流失。

辛亥革命后，清帝退位，中国建立了北洋政府。北洋政府成立后，为了减少对外贸易中的损失，大力发展民族工业，而随着中国民族工业的发展，国内恢复关税自主的呼声越来越高。然而中国仍然没能取得关税自主权，中国的对外贸易依然听命于世界市场的波动，受制于帝国主义经济掠夺的需要。

20世纪初期，随着西方新生的资本主义国家，如美国、日本等国家的崛起，其国内的生产水平和市场之间的矛盾越来越突出，而最先完成工业革命且在世界拥有广大殖民地的英国、法国等的实力却开始下降。由于西方帝国主义国家经济实力对比的变化与各帝国主义国家对殖民地和势力范围的分割极不相称，新兴的帝国主义国家与英法等老牌帝国主义国家之间的矛盾激化。新兴的帝国主义国家纷纷要求重新瓜分世界，西方帝国主义国家之间的矛盾空前激化并最终引发了1914—1918年的第一次世界大战。第一次世界大战对西方世界产生了极其深远的影响，战后西方主要资本主义国家的经济实力对比发生了新的变化。英国、法国、德国作为主要参战国，在战争中消耗了大量财富，其国内经济遭到了极大破坏，经济实力严重削弱。其中，德国作为战败国，丧失了其在全球的殖民地，并且将其国内富产煤矿与铁矿的地区割让给战胜国法国，还承担了大量战争赔款。英国和法国作为战胜国，虽然获得了德国的战争赔款，然而其经济实力却大不如前。而新生的资本主义国家美国和日本则在战争中崛起，其中，美国从战前的债务国一跃成为债权国，取代了英国，成为世界金融资本的中心；日本则趁西方资本主义各国战争之际，迅速扩大对中国的侵略，加强在远东地区和世界经济市场上的扩张，经济实力获得了快速增长。此外，第一次世界大战中，欧洲资本主义国家的大量船只或被击毁或在海上受到封锁，日本趁机扩大其在东亚和世界海运中的地位，成为国际海运贸易的主角。

第一次世界大战同样对中国产生了巨大影响。中国作为第一次世界大战中的战胜国，1919年中国代表在战胜国召开的巴黎和会上提出了改革中国关税制度和恢复中国关税自主权的呼吁，然而西方帝国主义列强为了确保其在中国的既得利益，故意破坏这一合理要求。1919年中国在巴黎和会上失败的消息传到国内后，引发了中国民族主义的高涨。1919年5月4日，中国爱国大学生在北京发起了五四运动，随后，五四运动演变为声势浩大的反帝反封建爱国运动。1925年5月30日，上海五卅惨案发生，中国人民的民族爱国运动达到高潮。在强大的民众运动压力下，北洋政府要求重新修整不平等条约，然而这一要求却再次遭到帝国主义国家的阻挠和破坏。1928年，中国与12个国家分别签订了含有关税自主内容的条约，在争取关税自主的道路上向前迈进了一大步，但直到新中国成立后，中国的关税才彻底实现自主。因此，整个晚清和民国期间，中国的对外贸易一直跟随世界市场的波动，受制于帝国主义经济掠夺的需要。由于帝国主义者的侵略和掠夺，中国成为帝国主义列强商品销售市场和原料供应地。辛亥革命后，中国民族工业逐渐发展起来，尤其在第一次世界大战期间，中国进出口贸易激增，然而由于晚清以来中国与世界的贸易处于贸易逆差局面，进口贸易远远超过出口贸易，中国经济发展在世界格局中处于不利地位。同时,中国国内军阀割据以及日本侵华战争等导致中国经济发展缓慢,阻碍重重。

二、晚清民国时期经济环境对文化交流的影响

鸦片战争后,西方帝国主义列强为了加强对中国的控制,迫使清政府割让领土,并在中国境内建立了大量租界。而随着西方帝国主义列强对中国经济贸易控制的深入,其在租界内和在中国沿海地区设立了大量教堂、银行、洋行、工厂等。这些机构虽然出于对中国经济进行掠夺的需要而设立,但是在客观上对中西文化交流产生了一定影响。

晚清时期,西方帝国主义列强在攫取了中国的领土后,为了实现其在华经济利益,建设了大量工厂和铁路,其主观意愿是为了维护其在华利益,然而客观上却起到了推动西方文化在中国传播的作用。西方帝国主义在中国修建铁路建即将西方建筑文化传播到了中国。例如,甲午战争后,帝国主义列强掀起了瓜分中国的狂潮,山东作为中国资源大省,受到日本和德国的觊觎。1898年,德国与清政府签订《胶澳租借条约》,攫取中国胶州湾和山东一部分土地,以及山东部分采矿权和铁路修筑权。第一次世界大战前后,日本趁机夺取了德国在我国山东的利益。德国在济南修建的津浦铁路济南站、日本在济南修建的胶济铁路济南站以及英德在济南修建的津浦铁路济南机器厂等,均体现出西方和日本的建筑风格,在客观上推动了西方帝国主义建筑文化在中国的传播。

第三章

晚清民国中日文化交流历程

第一节　鸦片战争前后的中日文化交流

中日两国作为一衣带水的邻邦，有着数千年的交流史，在中日两国的文化交流中，中国长期居于文化输出国的地位，日本数千年来不断从中国汲取学术思想、文学艺术、风俗习惯乃至娱乐游戏等各个方面的文化精华。晚清时期中国与日本的文化交流仍然以中国作为文化输出国，所输出的文化却发生了重要变化，不再以政治制度、佛教文化、文学、艺术、手工艺品为主，而是转向西方学说和文化。这一时期，中国学者关于西方的译著、著作等是中日文化交流的主要内容，其中《海国图志》最具典型性。本节主要以《海国图志》为代表，结合鸦片战争前后中日国情和文化思想的变化对中日文化交流进行阐释。

一、《海国图志》的创作及内容

鸦片战争打破了中国人长期以来"天朝上国"的美梦，一批有识之士开始"开眼看世界"，林则徐和魏源即是其中的代表。《海国图志》是鸦片战争后，中国有识之士魏源所编撰的介绍国外情况的著作，是中国人早期创作的最具代表性的介绍西方文化和思想的书籍，在中国和日本文化交流史上发挥了十分关键的作用。

《海国图志》的撰写离不开林则徐的倡导和助力。林则徐被誉为中国近代"开眼看世界的第一人"，他到广州担任钦差大臣时，通过与外国人的广泛接触和交流，了解了西方思维及其对外贸易的看法，还组织专人购买和翻译了大量英国人刊印的报纸和书籍，以了解世界各国形势及各国的地理、历史、经济、政治、时事政策等内容。经过详细的调研后，林则徐认识到了西方的先进科技与文化的魅力。林则徐组织人在广州翻译了慕瑞所著的《世界地理大全》，并命名为《四洲志》。这本书中主要介绍了亚洲、非洲、欧洲、南美洲和北美洲五个大洲上主要国家的地理和历史情况。1841年，林则徐命人将其收集的有关国家的资料和专人翻译的《四洲志》和许多的第一手材料交给魏源，委托魏源编纂《四洲志》。魏源在《四洲志》基础上于1842年编就了《海国图志》，共50卷，计约50余万字，于1843年5月正式在扬州公开发行。1847年5月重新增订为60卷本之后再行出版。1852年，魏源又将之增补为百卷，于次年刊行。

《海国图志》较为系统地介绍了西方各国的地理、历史、政治状况和先进的科学技术，是当时国内针对西方最详尽的"百科全书"。《海国图志》率先打破了中国历代君王和士大夫们认为的"中国中心论"和"天圆地方"的史地观念，力图呈现出一个真实的世界环境，反映中国在世界中的真实地理位置和国土面积、实际地位。《海国图志》将地球的正背面全图印在了著作的首页上，并在其上清晰明了地标注了中国的位置，明确了中国在世界上的真实面貌。此外，书中还对世界各国地理位置、历史沿革、政治、经济、文化、军事力量等进行了详细的对比，帮助国人打破旧观念，树立一个完整的世界观。《海国图志》在编纂中坚持"以夷人谈夷地"的原则，使用西方国家的近代自然科学术语进行创作，广泛涉及自然科学中的公元纪年、西洋历法、机械制图、测量方法、地球天文知识、西洋技艺制作、蒸汽机工作原理、哥白尼太阳中心理论、七星运行规律、地球形状、地震成因、彗星运行、空气理论、地球经纬、日月食成因、四季成因与地球运行规律的关系，以及水星、金星、火星、木星、土星与地球的远近及其各自运行轨道，海潮与月球运行的关系，光的折射性质等近代自然科学知识。这些自然科学知识不仅使魏源产生了深刻的触动，直接改变了魏源的知识结构和思维方式，也为《海国图志》的读者和众多中国人打开了新世界的大门，激发起一代新青年对于新知识的热情和追求。因此，从这一意义上来看，《海国图志》对于近代科学文化在中国甚至亚洲的传播起到了"引路人"的作用。魏源创造性地提出了"师夷长技以制夷"的观点，从魏源的角度来看，其所说的"师夷长技"中的"长技"主要集中在军事领域，即战舰、火器、养兵练兵之法。除此之外，魏源对英国的商业发展也产生了较大兴趣，提出向英国等西方国家学习。

二、《海国图志》在日本的流传

清朝末年，日本正处于幕府晚期，这一时期日本政治上由德川幕府掌控国家大权，经济上则是自给自足的小农经济，文化上以儒家学说为主，对外则与清朝一样一直实行闭关锁国政策。在中国第一次鸦片战争前，日本与中国一样长期遭受西方殖民国家的侵扰。1842年中国在第一次鸦片战争中失败，日本遭到西方强行打开国门的威胁，然而日本没有接受西方列强的要求，迫于外部压力，日本进行了一些改革。不久，日本遭到了来自荷兰、英国、法国、美国等西方殖民国家的军舰威胁，面临着严重的海防隐患。1844年7月，荷兰海军上校科普斯率军舰驶入长崎，递交了荷兰国王威廉二世劝告幕府开国的亲笔信。信中对日本继续坚持锁国政策进行了威胁，引发了日本朝野上下的警惕。日本朝野将中国的鸦片战争视为前车之鉴，为了不重蹈中国的命运，日本朝野开始积极了解关于西方国家的知识，寻求介绍西方文化的书籍，以制定有效的应对之策。

当时日本了解外部世界信息的途径主要包括两条，一条即来自荷兰商人的口述，另一条则是来自中国的关于西方知识和文化的书籍。1847年，魏源完成了《海国图志》60卷版本，印刷后即在社会上流传开来。《海国图志》在中国受到了知识分子和朝廷官员的一致认可，然而却没有引发清王室的关注。清王室面对强大的西方帝国主义列强，只想苟安得过，因此《海国图志》在中国国内并没有被官方重视。1851年，《海国图志》其中的三部被中国商船带到了日本港口，负责检查进口书籍内容的长崎官员发现其中有关于介绍西方基督教的内容，遂以违禁品名义将这三本书没收，之后，这三本书被日本"御文库御用"和"学问所御用"及幕府老中牧野忠雄所得。尽管这一时期，日本对西方的情况极为关注，然而这三部《海国图志》并没有立刻在日本引发反响，仍然被视为禁书。1853年，美国东印度舰队司令马修·培里(Matthew Calbraith Perry)率领四艘军舰开到江户湾口，以武力威胁幕府开国。由于美国舰队中的近代铁甲军舰为黑色，此次事件被称为"黑船事件"，马修·培里让日本幕府充分感受到了日本与西方国家的差距。1854年，在美国侵略者的威胁下，日本被迫与美国签订了日本近代史上第一个不平等条约《日美亲善条约》。与中国的情况类似，日本国门被西方列强强行打开。

之后，日本改变了对《海国图志》的态度，不再视《海国图志》为禁书，正式批准该书可以公开发售。1854年，中国商船将15部《海国图志》运到日本，被日本官方征去7部，剩余的8部则在日本进行公开出售。《海国图志》中对西方国家的详细介绍，以及魏源在其中论述的"师夷长技以制夷"的思想，引发了日本朝野的关注，在日本国内引发了"洛阳纸贵"的现象。《海国图志》自1851年传入日本后，加印过10次，先后出现了15个版本。此后，各种版本的《海国图志》纷纷面世，包括《海国图志夷情备采》《海国图志国地总论》《海国图志筹海篇译解》《翻刻海国图志英吉利国》《翻刻海国图志普鲁士国》《海国图志佛兰西总记》《海国图志俄罗斯总记》《美理哥国总记和解》等数十种的《海国图志》的翻刻本及日译本。日本多地的学馆还将《海国图志》作为教材进行教学，这一行为比中国早了数十年。

《海国图志》在日本受到的关注是全民性的，无论是掌握权力的幕府官僚和地方官僚，还是底层平民知识分子均争相阅览。《海国图志》为日本明治维新运动提供了思想基础，并推动了日本的明治维新改革，日本从此走上了资本主义国家的道路。

三、《海国图志》对日本社会的影响

《海国图志》在日本近代化的过程中起着十分关键的作用，对日本社会产生了深刻影响，主要体现在以下三个方面。

（一）《海国图志》是日本了解西方的重要途径

《海国图志》作为一本全面介绍西方历史、地理的重要参考书，其在编写的过程中，参考了大量介绍西方的地理、历史著作，其中既包括中国人所作的《东西洋考》《英吉利地图说》《记英吉利》《英吉利夷情纪略》等，也包括大量外国学者所著的《地球图说》《职方外纪》《坤舆图说》《空际格致》，以及《远镜说》《世界地理大全》《平安通书》《外国史略》《地理备考》《贸易通志》《美理哥国志略》《圣经》《滑达尔各国律例》《华事夷言》等，并且对西方学者的著作进行了大量引用。

《海国图志》是一部百科全书式的书籍，其内容十分丰富，大体上可以划分为六个部分。第一部分也是全书的重点，即《筹海》4篇，共2卷。《筹海》顾名思义即筹备海事战争的篇章，其在全书中起到了总纲领的作用，《筹海》主要对鸦片战争失败的经验和教训进行了总结，同时从议守、议战、议款三个方面指出了清王朝在战争结束后应如何处理与西方国家之间的关系，并提出了"师夷长技以制夷"的主导思想。第二部分主要包括世界地图和各国的地图。《海国图志》共收集了78幅地图，这些地图的画法各不相同，既有传统的示意绘画法地图，也有类似于现代地图画法的地图。在地图的排列次序上，魏源首先将地球的正、背面全地图放在了该部分的最前方，在这两张地球平面图上，真实而准确地标示了世界各国的位置，给予读者一个世界的整体概念。紧随其后的是各洲的洲总图，包括四大洋、五大洲，每一张图中也标出了该洲内的主要国家分布情况，使读者清晰地感知世界各国之间的关系。最后则是世界各主要国家的地图。这种层次分明的地图排列方法，使读者既从整体上了解了世界的构造和各洲的分布，又明确了各个国家在世界上的具体位置、国土面积大小等事宜，能够帮助读者建立对世界的正确认识。第三部分主要对世界各国的地理位置、历史和政治制度、物产、矿藏、宗教信仰、风土人情、中西历法等事宜进行了详细介绍。这一部分是整个《海国图志》中所占卷数最多的内容，共包括72卷，其中对于一些西方主要殖民国家，如英国、法国、美国、俄国等的介绍均较为详细，使读者从中了解到较为充足的西方国家的情况；此外还对亚洲的17个国家、非洲英属殖民国家、欧洲各国、亚默利加州等地的情况进行了详细介绍。第四部分主要是第一次鸦片战争相关的档案材料以及林则徐到广州后通过各种方式收集的国外情报资料。第五部分主要涉及船、炮、枪、水雷等武器制造的图形以及与武器相关的测量方法或技艺。第六部分主要对地球的形状、运行规律以及地球的恒星，如金星、木星、火星、土星等运行的规律进行了介绍，此外还对西方先进的天文学理论进行了介绍。

《海国图志》中对世界形势进行了详细介绍，成为日本了解西方、御侮图强的指南。许多日本学者阅读《海国图志》后均给出了高度评价。

（二）"师夷长技以制夷"的海防思想对日本的影响

魏源在第一次鸦片战争中曾参与定海保卫战，也曾参与广州三元里人民的抗英斗争。在这一过程中，英国殖民者的坚船利炮及其行军布阵等使魏源受到了强烈的震动。为此，魏源在早于《海国图志》之前创作的《圣武记》中就曾提出中国要想战胜西方殖民国家唯有"以彼长技，御彼长技"，而在同一年编纂的《海国图志》中也明确提出了"师夷长技以制夷"的思想。其中主要为向西方学习战舰制造、火器制造、养兵练兵之法。

魏源在《海国图志》中详细论述了向西方学习战舰制造的原因及做法。原因即为了打败西方殖民国家。而对于学习的方法，魏源提出先在广州设立造船厂，请法国或美国的造船专家和工匠教中国造船，再花费二百五十万两白银购买西方的中号战舰、火轮船、炮械等实物，供中国学习仿造，最后由外国造船专家教中国学徒开船和行炮的方法。而通过学习掌握了西方船炮制造方法的人，则由朝廷授予类似钦天监的官职。魏源对英国船舰十分重视。1834 年英国军队侵犯中国广州沿海，中国海军防不胜防，英国船舰如入无人之境，反映出那时中国海防思想十分薄弱。魏源之所以提出设立军工厂建造船炮，其一是因为西方的船炮制作精良，是当时较为先进的；其二是因为如果自己闭门造船则可能需要较长时间；其三是因为购买和自造相结合可以加快清王朝海防的建设速度。魏源对西方殖民国家进行了解后，认为以西方殖民国家的行事原则，绝不会只逼迫中国打开几个通商口岸就罢休，中国必然还会与西方在海洋上起冲突，因此建设中国海防具有十分迫切的意义。1856年，英法联军与清王朝之间爆发了第二次鸦片战争。

魏源强调海防的重点是有效利用炮的作用，炮在于精而不在于多，单纯地、不讲策略地布置船舰是一种懒政思维，在海防关隘中要集中优势炮台的资源，对关隘进行防守，以求能够达到防御目的。魏源的这一思想虽然独特，但在海防中却十分关键。

魏源的"师夷长技以制夷"的思想受到日本朝野上下的关注，并将这一思想奉为圭臬。清政府在鸦片战争后，仍然一味盲目自大，不能正视西方国家的崛起，同时不主动了解西方帝国主义的本质，不能就西方长处进行有效学习，面对西方的坚船利炮没有任何防备，导致第二次鸦片战争爆发后，清政府被迫与越来越多的西方帝国主义国家签订了不平等条约，一次又一次受辱。因此，日本有识之士认为不应该拘泥于古法，而应该尽快在未败之前学习西洋之法，"师夷长技以制夷"。他在了解了魏源"师夷长技以制夷"的思想后，对其进行了高度评价，并且将这一思想进行了改造，传授给其门生木户孝允、伊藤博文、井上馨等人。在吉田松阴的引导下，日本开始改变长达200多年的锁国政策，转而实行开国政策，走上了与魏源的"师夷长技以制夷"思想一脉相承的道路，开始主动向西方学习，走向世界。

（三）新式海军建设思想对日本的影响

魏源在《海国图志》中不仅提出了"师夷长技以制夷"的思想，还提出了如何学习西方建设一支强大的新式海军的思想。魏源认为坚船利炮在海洋战争中固然重要，然而与养兵练兵相比则要排在后面。魏源提出要练兵，必须先养兵，而养兵的前提则是厚其重利，只有这样才能招募到素质优良的士兵。魏源还提出了在养兵和练兵的同时要淘汰冗兵，以便于养精兵的主张。这一点也是魏源海防思想中的重要内容之一。晚清时期，八旗兵日渐衰弱，军中出现了许多陋习，造成积弊难返的现象。具体来说，主要的弊政有海军在沿海地区进行缉私或追捕海盗时收取一定的贿赂，对走私船和海盗网开一面；水师在进行巡逻时收取洋人贿赂，从而对洋人走私睁一只眼闭一只眼；海军内部存在虚报兵额、吃亏空等恶习。这些弊政在鸦片战争前已十分严重，导致海防废弛，而每次修船，水师都要索收银两。清朝海军存在这种种弊端，无怪乎在与英国的战争中失败。

第一次鸦片战争后，魏源意识到除了购买和建造坚船利炮外，还必须对传统水师进行改革，只有这样，未来中国水师才能与西方殖民国家在海洋中作战，从而大大增加海防力量。这一点也源于第一次鸦片战争中对英国海军的观察。在与英国海军作战时，清王朝的将领和士兵们发现英国的战舰之上全部都是海军，没有陆军，战船有大、中、小之分，十分齐备，而火器既可远攻也可以近攻。刚刚察觉到英海军的特点时，清王朝的官员觉得十分奇怪，并且立刻判断出英国海军只熟悉海战不熟悉陆战，那么只要把英国海军引到陆地上作战就可以取胜了。可是没有想到，中国传统水师在英国水师面前不堪一击，还没有等到将英国海军吸引到陆地上，中国传统水师就已经全军覆没了，这一点使得中国有识之士以及相关官员十分震惊，从而提出了建设一支擅长作战的中国水师的想法。例如，林则徐在战争后即意识到了清王朝海军的不足，强调建设一支能打仗的海军。魏源继承了林则徐的这一海防思想，其建设中国水师的思想具体体现在"师夷长技"之中。魏源提出，建设水师应从三个方面入手。

第一,建设一支强大的水师必须抛弃原有的八旗兵体制,水师的成员组成,十分之二为原水师中的精兵良将,其余部分则需从民众中重新征召身强力壮的青年,而原有的十分之八的水师官兵则予以裁撤,以节省经费训练新兵。对于新海军的训练应学习西方的养兵、练兵之法。魏源认为水师的职责也应效仿西方,平时没有战争时护送本国商船,有战争时则出海与敌军作战。魏源的这种建设水师的思想没有考虑中国的实际。西方由于资本主义发展较为成熟,因此商船往来众多,而商船出海行船时难免遇到海盗,这时军队护送商船既可以保障商船的安全,又可以锻炼海军的作战能力,因此西方以此法可达到商船与水师的双赢。然而,中国在清朝晚期,资本主义处于萌芽阶段,商船并不多,因此这一设想的可操作性并不强。

第二,水师的将领和士兵必须要熟悉水情,以备海战。魏源认为原有的水师中的官兵,几乎来自陆上,因此其对海上的情形不了解。新的水师将领和士兵均来自沿海地区,以海为家,这样既可以防止新水师重蹈旧水师的覆辙,而新水师将兵熟悉海上情况,将来海上作战时不会怯惧。此外,魏源提出清王朝原有的武举制度落后,且弊端重重,因此应对原有的武举制度进行适当改革。魏源认为需在两广增加水师科目,凡是能够制造西方战舰或者火轮舟,以及火炮、水雷等武器的人才在通过武举后,授予其科甲出身;而能够驾驶战舰或者打炮、打枪命中率高的人在通过科举后,授予其行伍出身。这些人才由水师提督亲自担任考官与两江总督一起选拔,选拔出来的人才分到沿海各个水师中担任教习职务。魏源提出的这种武举思想是十分符合当时的海防形势的,能够在短时间内培养出一批熟悉海战的水师。魏源在水师的编制上并没有提出新的想法,在其设想中,水师的编制依然在陆军编制之中,接受两江总督的领导。这一点是魏源水师建设中的不足。此外,魏源还指出水师的将官应有专业的水师技术背景。魏源认为,水师将官要么出自船厂或火器局,有相关的工作经历;要么从舵工、水手、炮手等基层士兵中选拔。这种提议表明魏源希望通过这一标准来引起朝廷对于海防的重视,树立新水师良好的风气。

第三,水师应具备一定编制。在《海国图志》中,魏源提出中国新式水师编制在3万人左右,水师中应该配备先进的蒸汽机船100艘、轮船10艘,所有船只战舰必须听从统一指挥和号令。此外，魏源还提出了中国新式水师的编制，应设立棕、司、部三级，其中，"一棕"包括15艘舰船，由"哨官"统一指挥；二哨为"一司"，"一司"中应包括30艘舰船，由"分总"统一指挥；三司为"一部"，"一部"应包括90艘舰船，由"部将"统一指挥。每部以旗帜颜色加以区别，另外可在旗上加设镶边和符号；每只战舰上设舰长一人，负责整个战舰的指挥。

魏源的海军建设思想虽然是针对清朝八旗军而言的，然而其中提出的一些训练思想对日本也有一定启发。日本与中国的地理环境不同，四面环海，国土面积狭小，如果没有一支强大的海军则难以与欧美国家抗衡。明治维新时期，日本正式提出"海军为当今第一急务"，着手建设一支强大的海军。其建设思想则与魏源一脉相承。

鸦片战争前后，除了魏源的《海国图志》外，徐继畲的《瀛寰志略》等其他中国学者所著的介绍西方文化和地理的书籍也流传至日本，为日本了解世界，进行明治维新改革奠定了重要的思想基础。

第二节　甲午战争前后中日文化交流

魏源的《海国图志》、徐继畲的《瀛寰志略》等介绍西方文化的书籍传播至日本时，正值日本德川幕府末期。这些书籍为日本充分了解西方、明确方向提供了重要指导。

一、日本明治维新运动

1854年美日签订不平等条约之时，正值日本德川幕府统治后期。这一时期，日本社会矛盾尖锐，国内爆发了多次起义。1837年，下级武士出身的大盐平八郎在大阪发动武装起义，反对幕府的暴政，这次起义很快即被幕府镇压下去。1853年的黑船事件和1854年美日不平等条约的签订，以及西方列强的入侵，进一步加剧了日本的社会矛盾和民族危机。从19世纪60年代开始，日本人民掀起了斗争的高潮。在这一过程中，日本西南部的长州、萨摩、土佐、肥前四藩的下级武士迅速扩大实力，成为日本资产阶级和"倒幕"

的主要力量，这些下级武士提出了"尊王攘夷"的口号，号召日本人民推翻幕府统治。1867年，年幼的明治天皇继位，倒幕派得到天皇密诏，发动政变，宣布"王政复古"，废除幕府统治，成立新政府。1868年，德川幕府的庆喜潜出京都，逃往大阪，集结兵力，对新成立的天皇政府进行反扑，由于这一年为戊辰年，因此这场战争被称为"戊辰战争"，1869年春，天皇政府在戊辰战争中取得了胜利。同年，明治天皇政府迁到东京，开始进行一系列的政治、经济改革，即明治维新。

在政治上，明治天皇政府为了加强中央集权，在军事力量的支持下收回了各大名藩地，将大名从地方领主变为知事，将其纳入天皇的中央政府官僚系统。此外，明治天皇政府还通过"废藩置县"的方式，将全国划分为东京、京都、大阪3府和302县，并且为各县任命新的知事，于1888年进一步改置府县，合并为3府42县。除此之外，明治天皇政府还进行了壬申户籍改革，废除了贱人制，建立了华族、中下大夫、上士、平民"四民平等"的身份制度。明治天皇完成国内改革，加强中央集权统治后，为了寻求合适的中央制度体制，派出了由多位政府要员组成的大型日本使节团前往欧美等多个国家进行实地考察，历时22个月，考察团结束了此次西方考察之旅，回到日本。经过对多个欧美国家政治、制度、经济、教育以及风俗等方面的考察后，使节团成员指出："欧美各国之政治、制度、风俗、教育、营生、守产，尽皆超绝东洋。"① 为此，明治政府决定学习西方的政治体制，以达到追赶西方的目的。

1868年春，明治政府发布了《五条誓文》作为其施政纲领，即广兴会议，万机决于公论；上下一心，盛行经纶；官武一途，以至庶民，各遂其志，人心不倦；破旧有之陋习，基于天地之公道；求知识于世界，大振皇基。② 从这个施政纲领来看，明治政府引进了西方的议会制度。同年，明治政府在这一施政纲领的基础上，颁布了《政体书》，中央设立"三职七科"，后改为"三职八局"。1869年，明治政府将中央的太政官与神祇官并列，管辖民部等六省，大纳言、左右大臣、参议等参与大政。1871年，明治政府实行正院、左院、右院三院制，逐渐从太院制向内阁制转变。1885年，日本正

---

① 《世界历史》编辑部. 明治维新的再探讨 [M]. 北京：中国社会科学出版社，1981：8.
② 万峰. 日本近代史 [M]. 北京：中国社会科学出版社，1984：237.

式确立了内阁制。1890年，日本召开了第一届帝国会议，会议决定开设众议院和贵族院，并颁布了《大日本帝国宪法》。1868—1890年，经过多年不断调整和改革，明治政府逐渐将日本原有的政治体制改革为具有一定的资产阶级政权性质的以天皇为首的中央集权制，为日本近代化的发展以及向资产阶级政权进一步转化奠定了基础。

除了政治体制改革，明治政府还进行了土地改革、殖产兴业、金融改革等一系列经济改革，逐渐改变了落后的封建经济制度，一跃而成为富强文明的近代国家。明治维新之前，日本以小农经济为主，1872年，日本废除封建领主土地所有制，开始大力推进土地改革，正式实行土地私有制。1873年，明治政府颁布了《地税改革法令》《地税改革条例》对土地改革的税收进行调整，确定了地税的征收方式并统一按地征税。土地改革极大地增强了农民的生产积极性，促进了农业发展，增加了政府财政收入。明治政府经济改革的核心是发展资本主义，为了达到这一目标，明治政府以工部省为中心机构对官营事业和官办工厂进行技术改造和经营，创办了一批模范工厂，并且大力修筑铁路，开发矿藏，为日本近代资本主义工业的发展奠定了坚实的基础。在大力进行土地改革，发展农业、渔业和畜牧业的同时，日本还逐渐缩小官营企业的规模，大力扶植私人企业，发展纺织、玻璃、矿山、水泥、制糖等产业，为日本近代资本主义的发展和壮大创造条件；大力开拓国内市场，鼓励出口贸易，为日本在海外市场的有序扩张奠定了商品基础。除此之外，明治政府还进行了金融改革。1871年，明治政府颁布了"新货币条例"，统一纸币作为国内通行的唯一货币。1881年，日本仿照欧美等国家的金融体系建立了中央银行体制，通过发行公债的方式不断提高政府金融资本的融资能力。19世纪60年代至19世纪90年代，经过30多年的经济改革，日本初步实现了资本主义工业化，国力得到了较快提升，成为日本对外扩张的基础。

在进行资本主义政治和经济改革的同时，日本还大力发展教育，推动教育改革。自1871年开始，明治政府成立了专门的文部省，并于1872年颁布《学制》等一系列教育规章制度，初步建立起了近代教育体系。1885年，日本颁布了师范学校令和大、中、小学令，建立了完善的国家教育制度，为近代日本培养人才。

政治体制改革和经济改革之外，军队建设也是日本明治维新改革的重要内容。日本明治政府成立后,效仿欧美等国的兵制,对日本的兵制进行了全面改革,建立了完备的军队和后勤体制,并且早早为军事扩张制订了计划。在明治天皇的军队建设中,除了陆军建设,还十分注重海军建设。自1872年开始,日本先是初步建立起一支舰队;1884年之后,明治政府开始大力备战,从英法等国陆续购买了大量大型军舰;同时还加快了日本国内的舰队建设。1893年,日本成立海军军令机关,颁布了《战时大本营条例》和《海军军令部条例》,为对中国的侵略战争做好了准备。

二、甲午战争前的中日文化交流

日本明治天皇统一全国后,开始实行新的外交政策,主动打开国门与周围的国家建立外交关系。19世纪70年代,日本明治政府在进行改革之时,于1871年9月与晚清政府签订了《中日修好条规》,建立了正式的官方外交通道,直到甲午战争结束,清政府战败,被迫与日本签订《马关条约》为止。在此期间,中日两国的文化交流十分频繁,呈现出官方文化交流与民间文化交流并重和互有输入与输出的特点。

(一)甲午战争前中日官方文化交流

《中日修好条规》签订后,中日两国建立了平等外交关系。这一时期,中日两国互派使节,促进了两国的文化交流。中国首任驻日公使何如璋和参赞黄遵宪在中日官方文化交流中起到了极大的促进作用。

1877年,清朝首任驻日公使何如璋、参赞黄遵宪带领使团到达日本长崎港,不久登陆神户。清朝使团登岸后受到当地民众的热烈欢迎,许多日本民众闻讯,纷纷从西京、大阪等地赶来,在日本居留的欧美国家的人也同样如此。1877年12月19日,清朝使团正式进入横滨地区日本外务省准备的出张所,标志着中日双方的关系进入了一个新的时期。之后,经过何如璋和黄遵宪等人的努力,清朝驻日外交使团租借了东京芝山的月界僧院作为清朝驻日使馆驻地。在日本驻留期间,驻日外交使团人员充当了中日文化交流的使者,推动了中国文化在日本的传播。

何如璋既是我国杰出的外交家也是一位饱学之士。驻日本期间,他积极传播中国文化,在日本设立了横滨、神户、长崎三处领事馆,在艰辛的条件下完成了外交使命。何如璋使团在日本期间，有意识地利用日本民众对汉学诗文的兴趣，将中国驻日使馆变成中日文化交流的重要场所。何如璋和黄遵宪等人出使日本时不通日语，为了更好地与日本文人交流，他们采用了"笔谈"的方式。例如，日本友人源桂阁曾经带着《明史》请教何如璋句读之法，何如璋不仅应其要求教其句读之法，还告诉他："大概《本纪》必可句读，明太祖、成祖《本纪》定须一阅，其余择有功业者一观。"① 不仅何如璋，黄遵宪也是一位博学多才之士。黄遵宪在驻日期间，积极传播中国文学和中国文化，为日本汉学的兴盛做出了一定贡献。例如，黄遵宪是首位将中国四大名著之一的《红楼梦》全书传播到日本的人，这一点得到了日本著名汉学家实藤惠秀的大力赞赏。黄遵宪向日本友人大力推荐《红楼梦》，认为："《红楼梦》乃开天辟地、从古到今第一部好小说，当与日月争光、万古不磨者……论其文章，直与《左》《国》《史》《汉》并妙。"② 除了积极宣传《红楼梦》，黄遵宪还将其圈点后的《红楼梦》赠送给日本友人，推动了《红楼梦》在日本的传播与研究。此外，黄遵宪还是诗文大家，其诗文造诣较高，常常与日本学者进行诗词唱和，并进行诗词讨论，诚恳地指出日本汉诗的优缺点，推动了日本汉诗水平的提高。

除了何如璋和黄遵宪之外，驻日本国大臣黎庶昌对中国文化在日本的传播也做出了积极贡献。他在驻日本期间，不仅积极维护中国的利益，保护旅日华侨正当权益，还十分注重与日本学者之间的诗文交流。每逢重要节日，黎庶昌会在驻日使馆举行大规模的汉文诗会，参与人数多达百人。黎庶昌组织的这种汉文诗会，一方面促进了日本汉学诗文的研究，传播了中国诗歌文化；另一方面则是出于政治考虑。黎庶昌出使日本期间，日本出兵朝鲜，并蓄意破坏中朝之间的宗藩关系，黎庶昌则以日本学者对汉学的向往，组织文人集会，缓和中日之间的矛盾。在历代驻日使者的推动下，日本的汉诗造诣达到了历史高峰。

中国驻日使者除维护中国利益，维系中日友好关系外，还对日本的地理、风俗、政治、经济等方面进行考察，尤其是日本明治维新的改革，并将

---

① 郑海麟.知识分子与中国现代化运动[M].长沙：湖南人民出版社，1990：130.
② 刘雨珍.清代首届驻日公使馆员笔谈资料汇编 上[M].天津：天津人民出版社，2010：212.

考察结果和相关见闻以书籍形式出版，将日本的经验介绍到中国。例如，黄遵宪所撰写的《日本国志》，姚文栋编译的《琉球地理志》《日本地理兵要》《日本国志》《日本通商始末》《日本经解汇函》《日本沿海大船路小船路详细路线图》和《东槎杂著》等多本研究日本的书籍，陈家麟的日本研究史籍《东槎闻见录》，王肇鋐的《日本环海险要图志》以及傅云龙撰写的《游历日本图经》和顾厚焜所撰写的《日本新政考》等书。其中，黄遵宪所撰写的《日本国志》影响力最大，该书对日本明治维新的改革过程和除旧布新的改革措施进行了详细介绍，并且提出了效仿日本学习西方、变法以图自强的观点。《日本国志》还围绕日本的政治、经济、军事、社会等问题进行了深刻研究，通过图表统计对日本明治维新前后各方面的情况进行了对比，直观地体现出日本明治维新的成果。

综上所述，甲午战争前，中日官方建立友好关系期间，中国驻日学者或官方派遣的赴日游历人员，通过借助汉学文化和对日本的详细介绍，推动了中日文化交流，同时也推动了中国对日本的研究。

（二）甲午战争前的中日民间文化交流

《中日修好条规》实行期间，中日两国关系相对较为友好，在此期间，大量中国知识分子赴日游历，对传播中日文化做出了重要贡献。例如，何如璋出使日本前一年，中国学者李圭即赴日游历。李圭曾作为清政府的代表，曾参加了1876年在美国费城举行的世界博览会，并且游历了全球。归国后，李圭根据其游历时的实地见闻和经历创作了《环游地球新录》一书，此书刊印后即引发了国内学者和有识之士的称赞。李圭的《环游地球新录》也包括游历日本的《东行游记》。李圭赴日游历期间，日本天皇已统一全国并且开始进行明治维新改革。李圭自长崎登陆日本后，一路经由神户、大阪、横滨，到达东京，并对沿途日本的变革进行了详细记述。

除李圭外，甲午战争前，还出现了许多以中国诗文作为纽带传播中国文化的民间学者，王韬即是其中的佼佼者。何如璋和黄遵宪出使日本期间，中国学者王韬于1879年应友人之邀来到日本游历。王韬早年曾游历欧洲，对欧洲形势较为熟悉。1870年普法战争期间，王韬敏锐地意识到这次战争的影响，他对普法战争进行了较为详细的介绍，关注普法战争的形势进展，并在中国香港《华文日报》上撰文刊登，将世界上发生的大事及时传播到中国和亚洲地区。1874年，王韬的《普法战纪》出版发行。该书一经出版即在中国、日本等国流传。王韬赴日期间，《普法战纪》已在关注西方动态和学说的日本流传，得到了日本学术界的高度评价。王韬赴日期间，受到了日本朝野人士，尤其是日本汉学者的追捧。他在日本游历的时间仅仅数月，然而交友范围十分广泛，不仅日本朝野人士竞相登门拜访，王韬本人也遍访日本名士，与日本友人进行诗词唱和、切磋学问，并帮助日本友人删改诗文，对提高日本汉学水平做出了一定贡献。王韬还曾与在日本担任参赞的黄遵宪接触。王韬离开日本前，日本学者为其摆了饯行宴，宴会上汇聚了百余名日本学者，这次聚会成为近代中日文化交流史上的盛举。王韬归国后创作了《扶桑游记》，记录了他与日本当时的文化界名流冈千仞、重野安绎、冈本监辅、鬼谷省轩、宫岛诚一郎等人的交往，这些记录对清朝文人了解日本文坛的风貌十分有益。除此之外，王韬在此书中还对日本效仿西方进行变革的做法进行了分析和论述，提出了不可全盘效仿西学的观点。

除李圭和王韬外，甲午战争之前的清朝学者还借助翻译和媒体报刊的形式介绍日本的变法与日本地理、风俗等。例如，自19世纪60年代洋务运动开始到中日甲午战争爆发，期间《上海新报》《申报》《西国近事汇编》《万国公报》等多家报刊对日本明治维新进行了关注和报道，在客观上促进了中日文化交流。

《中日修好条规》实行期间，除了中国官方和民间学者以及中国媒体对日本进行关注外，日本许多对中国文化感兴趣的汉学家也来到中国。晚清时期，日本学者受中国文化的长期影响，许多学者仍然阅读中国文言著作并以中国文言撰写文章。这些汉学家虽然可能不擅长使用汉语进行听说，却具有较高的汉语读写能力，这为晚清中日学者之间的交往奠定了重要基础。许多晚清时期赴日的中国学者或使臣虽然不通日语，然而仍然能以笔谈的形式与日本汉学家进行交流，实现了中日文化的友好交流。甲午战争前，赴中国的日本汉学家，与中国学者进行密切交往并撰写了许多中国游记，在客观上起到了推动中日两国文化交流的作用。其中尤其以竹添进一郎、冈千仞、山本宪、冈田穆、小栗栖香顶、股野琢、井上陈政、永井久一郎等人最具代表性。

日本学者竹添进一郎于1876年前往中国北京、河北、河南、陕西、四川、重庆，以及秦岭三峡等地游历。在游历期间，竹添进一郎根据其见闻创作了《栈云峡雨日记》，并且到苏州拜访了著名学者俞樾，请俞樾为其所作的《栈云峡雨日记》作序。冈千仞是日本汉学家，与中国学者王韬等人交好，王韬赴日期间曾与冈千仞结下了深厚友谊，而王韬的《扶桑游记》完成后请冈千仞为其作跋。王韬返回日本后，仍然与冈千仞保持通信。1884年，冈千仞为了寻求日本汉学振兴之道前来中国。日本明治政府改革后，全力学习西方学说，在社会上掀起了轻视中国和汉学的风潮，这使得冈千仞等日本汉学家十分苦恼。这些汉学家一面呼吁不应轻视中国，一面赴华进行考察。冈千仞来华的目的即是比较中西方的优劣，从而发现中日双方的长处，便于双方取长补短。冈千仞赴华时先到达上海，拜访王韬，接着到苏杭、京津、粤南、香港等地游历。每到一地，不仅参观当地的名胜，还拜访当地名流，与中国学者和文人探讨中国的时弊及战事，前后历时近一年。归国后，冈千仞撰写了《观光纪游》并请王韬为之作序。除了以上两位学者之外，甲午战争前的其他日本学者也创作了大量游记等著作，将中国文化介绍到日本。

综上所述，甲午战争前，随着《中日修好条规》的签订，中日之间建立了相对友好的官方外交关系，而日本明治天皇时期的开国政策也为中日民间往来提供了便利，使得这一时期的中日文化交流较为频繁。

三、甲午战争后的中日文化交流

甲午战争后，中日缔结了《马关条约》。这一条约的签订进一步加深了中国半殖民地化程度，并且掀起了西方列强瓜分中国的狂潮。这一时期的中日文化交流可划分为官方交流和民间交流两个方面。

（一）甲午战争后的中日官方文化交流

《马关条约》签订后，中日两国的关系逐渐恢复正常。1895年7月，晚清政府派裕庚出任驻日公使，开始了甲午战争后驻日公使的对日外交。驻日公使在对中日之间的问题进行交涉之余，还起到保护在日侨民、发展中日贸易、促进中日文化交流的作用，具体表现在促进中日双方藏书文化交流和中日教育交流两方面。

1898年，李盛铎出任驻日公使。李盛铎为晚清名流，十分喜好藏书，在出任驻日公使期间，与日本文人名士结交，寻访在日本散落的中国古籍，并常常到日本民间购买古籍。驻日期间，他寻找、收集了上千种中国古籍的刻本、抄本，其中许多珍贵的刻本和抄本在国内早已失传。而李盛铎收集并带回国的这些古籍则弥补了中国国内学界的遗憾，为研究者提供了很多宝贵的资料。除此之外，李盛铎还与日本文人和学者广泛交流藏书文化，促进了两国的友好往来和文化交流。

甲午战争后，驻日公使在促进中日教育交流方面做出了重要贡献。这一时期的驻日公使到达日本后，对日本展开了较为深入而广泛的考察，随着考察的深入，驻日公使对日本明治维新后取得的成就越发震撼，促使驻日公使对日本的态度发生了转变。甲午战争前，清朝历任驻日公使驻日期间对日本明治维新的成果进行考察时即对日本的转变产生了深刻印象。何如璋出使日本期间，虽然对日本的转变有所触动，然而却抱着不以为然的想法，认为中国若进行改革，其成就必然远超日本。而继其之后的驻日公使黎庶昌在详细考察了日本的转变后，已充分认识到日本的成长并且生发出了学习日本以变法图强的意愿。之后，甲午战争前的历任驻日公使在目睹日本的逐渐强大后，对比清政府的腐败均产生了向日本学习改革的想法。甲午战争后，驻日公使通过对日本的全面考察，以及日俄战争中日本的表现，意识到日本已然崛起，而日本的崛起是通过学习西方实现的，因此驻日使臣坚定了向日本学习以图自强的决心。之后，清朝驻日使臣通过对日本教育的考察，认识到近代日本通过借鉴西方教育模式培养新式人才，从而走上振兴之路后，着力推动中国学生赴日留学，学习日本近代教育模式，推动中国近代教育的发展。

1895年，驻日公使裕庚积极与日本教育部联络，推动晚清学生赴日留学工作。1896年，裕庚派理事官吕贤笙赴上海、苏州一带，招募13名学生，并于同年6月30日正式办理了留学日本的手续，这批留学生成为首批正式进入日本学校就读的中国学生，中国学生留学日本由此发轫。此时，清政府还没有制定留学日本的计划，直到第一批留学生学成，裕庚充分认识到日本近代教育的效果后，认为留日教育十分必要，因此上报清政府提出了正式选派学生赴日留学的建议，并建议中国学生进入大学堂继续深造。为此，裕庚与日本教育部门经过反复磋商后，就创办专门高等学校接纳中国留学生事宜达成了一致意见，清政府正式向日本派遣留学生。留学生在日学习期间，驻日公使裕庚每两周对学生的学业进行考察，并且在各个方面加强对留日学生的管理，不断完善赴日游学章程。通过驻日公使的努力，中国很快掀起了留学日本的热潮。之后在清朝驻日公使的推动下，中国学生的日本留学教育逐渐发展成熟。同时，中国驻日公使也大力推动中国国内的近代教育，创办新式大学堂，并且选聘日本教习，从而加强了中日两国的教育交流。

（二）甲午战争后的中日民间文化交流

甲午战争后，不仅清政府开始重视并研究日本，中国知识分子也加强了对日本的考察、研究以及对日本各类书籍的翻译。这一时期，随着京师同文馆的设立以及中国赴日留学人数越来越多，出现了大量日语翻译人才，掀起了翻译日本书籍的热潮。这些书籍主要为对日本明治维新历史进行考察和研究的，例如，《日本维新慷慨史》《日本维新三十年史》《日本明治维新小史》《日本维新三杰传》等。这些书籍介绍了日本的政治、经济、文化等情况，对中国研究日本具有重要的参考价值。

除翻译日本书籍外，这一时期，清政府还组织了大量官员、学者和知识分子到日本进行考察，这些人归国后完成了大量考察游记，内容涉及日本明治维新的方方面面。其中，以1898年康有为的《日本变政考》和1901年王先谦的《日本源流考》为代表。

综上所述，甲午战争前后，中日两国的文化交流均可划分为官方交流和民间交流两个重要渠道。这一时期，两国文化互有输出和交流。

第三节　辛亥革命前后中日文化交流

1911年，辛亥革命爆发，推翻了清王朝的封建统治，中国从此迈向了一个新时期。本节主要对辛亥革命后，民国时期的中日文化交流进行概述。

一、民国时期中日语言文化交流

民国时期，随着中日翻译文学的兴盛，中日双方的语言文化得以深入交流。

（一）民国汉语中日语词汇的引进

第二次鸦片战争后，清政府有感于西方的强大，为了更好地学习西方科学文化、加强对西方的了解，于1862年在北京设立了专门学习外语的京师同文馆，之后在上海、广州、福州等地陆续成立了专门的翻译馆和语言学堂，中国近代翻译事业由此发轫。甲午战争前，中国对外国书籍的引进和翻译大多着眼于欧美等西方国家的书籍，较少涉及日本。甲午战争后，中国对日本书籍的翻译数量越来越多，出现了翻译日文书籍的热潮。1896年，北京同文馆增设了东文馆，开始专门培养日文翻译人才。1897年，康有为和梁启超在上海开设了大同译书局，大量翻译日文书籍。除此之外，辛亥革命前后的许多报刊专门开辟了相应的翻译专栏，大量翻译日文书籍和文章。辛亥革命前后，随着大批中国学生赴日本留学，通晓日文的学生组织成立了多个译书社对日本书籍进行翻译。1900—1910年，随着日文翻译书籍数量和种类的不断增长，中国所译外文书籍中，日文书籍占总量60%以上。据有关数据统计，辛亥革命后至抗日战争前，中国境内翻译的日本书籍种类约1760种。[①]

辛亥革命前后，中国翻译的日文书籍大多为日本学者翻译的西方社会科学著作，尤其是应用科学和自然科学书籍最多。大量日本翻译书籍的出现，不仅将科学文化知识传播到中国，还对中国语言产生了深远影响。日本文字是在中国汉字的基础上演化而来的。明治维新后，日本大量翻译西方著作，吸收西方新事物和新思想，在翻译时使用了音译法和意译法两种方法，其中用音译法翻译时大量使用假名书写，而用意译法翻译时则大量使用汉字书写，由于西方语言与汉语并不完全对等，当遇到汉语中没有的词汇时，日本翻译者便借用汉字造新词，创造了许多新词汇。

日本翻译者借用汉字创造新词主要使用了三种方法。一是借助中国原有词汇，在原有词汇基础上赋予词语全新的意义，例如，文学、革命等词语原本即存在于汉语之中，其中，"文学"一词出自《论语》，该词语在《论语》中的原意为"文章博学"，日本翻译者在翻译时将该词的含义扩展，赋予了该词语全新的含义。二是依照汉语语法新造词。例如，哲学、背景、互惠、交流、解放、说明、断交、动员等，均为日本翻译者依照汉语语法创造的词

---

① 谭汝谦.中国译日本书综合目录[M].香港：香港中文大学出版社，1980：64.

语。三是使用汉字构字法创造新汉字。例如，腺、癌、码、吨等均为新造汉字。这些新造词语和汉字随着辛亥革命前后日文书籍的大量翻译而被引进中国。此外，日本翻译的西方文学中，有的词语的译法与中国原有词语译法不同，开始时是多个同义词语混用，后来随着日本翻译文学越来越多，逐渐以日本翻译词语为准，例如，经济学、哲学、财政学、社会学等词语。

除日本翻译文学中的大量汉语造词外，辛亥革命前后，在翻译日本书籍时，翻译者还使用直译或意译的方法将大量日语词汇引入汉语中。例如，工艺美术、反射、内分泌、手续、不景气、公债、公证人、主席、主观、生产关系、出版、市场、立场、申请、交易、交涉、自治、地质、共产主义、印刷品、仲裁、企业、列车、作物、投资、投机、判断、判决、局限、系统、放射线、命题、玩具等均为日语词汇。根据我国学者高名凯、刘正琰所著《现代汉语外来词研究》的初步统计，在现代汉语1270个外来词中，来自日语的外来词占459个。根据实藤惠秀和谭汝谦的进一步统计，来自日语的现代汉语词汇达844个。[①] 大量日语词汇进入汉语，极大地丰富了汉语语言文化。

（二）近代日本的中国语教育与研究

明治维新后，日本大力发展外国语教育，起初主要重视英语、德语和法语的翻译。1871年中日两国缔结《中日修好条规》后，建立了稳定的外交关系，日本外务省设立了专门的汉语学校培养翻译人才。这所汉语翻译学校是日本第一所中国语学校，1873年并入东京外国语学校。1885年，东京外国语学校的汉语专业并入东京商业学校。1886年，东京帝国大学文科大学博言学科开设中国语课，称为"俗语"，而将中国文言称为"雅语"。1889年，日本汉文科开设了中国语课程。20世纪初，日本早稻田大学、庆应大学等私立大学以及高等商业学校均开设了中国语课程。除此之外，辛亥革命前后，日本派遣了大量人员到中国开办的学校中实习，以学习中国语言。

辛亥革命前后，日本开展汉语教育和研究其主观目的是满足日本军国主义的侵华政策，但是在客观上推动了中国语言文化在日本的传播。

---

① 孙承.近现代中日文化交流概说(1840—1990)[M].北京：中国政法大学出版社，2017：113.

二、民国时期马克思主义思想传播

日本明治维新后，大量西方学说和文化被翻译并引进日本。1882年，日本学者西川通彻翻译了《俄国虚无党》一书，在这本书中首次谈到了马克思学说。19世纪末20世纪初，随着日本工农运动的发展，以社会主义和马克思主义为代表的无产阶级文化在日本传播开来。1898年，日本成立了社会主义研究会，1900年更名为社会主义协会。1901年5月，日本社会主义民主党成立。1904年，《共产党宣言》片段被译介和引进日本。1906年，日本的《社会主义研究》刊物全文翻译了《共产党宣言》和《社会主义从空想到科学的发展》等，进一步推动了马克思主义思想在日本的传播。

社会主义和马克思主义作为西方崭新的社会思潮，引发了中国留日学生的关注。梁启超是中国最早对马克思主义进行论述和介绍的学者。1902年，梁启超在改良派报纸《新民丛报》上首次发表名为《进化论革命者颉德之学说》的文章，对马克思进行了介绍："麦喀士（即马克思），日耳曼国社会主义之泰斗也。"[①] 1903年和1904年，梁启超再次在《二十世纪之巨灵托拉斯》和《中国之社会主义》等文章中提到马克思。除梁启超外，其他留日学生或学者也开始关注马克思主义。1903年，留日学生马君武在《译书汇编》上发表《社会主义与进化论比较》，对马克思本人及其主要观点和著作进行了介绍。1906年，朱执信以笔名在《民报》上发表了《德意志社会革命家小传》，集中对马克思、恩格斯等德国社会主义革命党人的生平和主要观点、著作进行了介绍，尤其对马克思所作的《资本论》进行了评述，成为我国首位对社会主义学说和思想进行系统介绍的学者。同年，朱执信又撰写了《论社会革命当与政治革命并行》一文，其中再次谈到马克思。

除了留日学生的翻译和介绍外，这一时期，日本学者翻译的一些社会主义和马克思主义日文著作也被翻译成中文，其中包括《二十世纪之怪物帝国主义》《社会主义广长舌》《社会主义精髓》《近世社会主义》等。

这一时期，虽然留日学生或学者对马克思主义进行了介绍，然而从总体上来看，这种介绍还相对简单。1919年五四新文化运动时期，李大钊、陈独

---

① 孙承.近现代中日文化交流概说(1840—1990)[M].北京：中国政法大学出版社，2017：45.

秀等中国共产党的创始人及其带领的一批青年知识分子开始积极组织传播马克思主义，宣传马克思主义学说，马克思主义学说逐渐在中国流传开来。李大钊曾留学日本，在早稻田大学留学时和同学们组织了经济学会，他精通日语和英语，受日本早期工人运动领袖幸德秋水的影响，对马克思主义学说进行研究，并在五四新文化运动时期所撰写的《法俄革命之比较观》《我的马克思主义观》等文章中详细介绍了政治经济学和科学社会主义、马克思主义唯物史观等基本原理。这些著作在中国流传后，有力地推动了马克思主义在中国的传播。除李大钊外，五四新文化运动期间，曾留学日本的李达也对介绍马克思主义的多本经典著作《社会问题总览》《唯物史观解说》《马克思经济学说》等进行了翻译，这些著作和文章较为系统地阐释了马克思主义学说，并且对研究和传播马克思主义起到了较大的推动作用。除此之外，李汉俊等人也对马克思主义进行了介绍。李汉俊通晓英、日、法、德四种语言，辛亥革命后，他在《新青年》《民国日报》等刊物上发表了大量介绍马克思主义的译文和文章。而中国学者所翻译的马克思主义思想的著作大多来自日本。1928年前后，马克思主义和列宁主义在日本的传播达到高潮，有关马列主义的翻译书籍大量出现，为中国留日学生大量接触马克思主义著作以及翻译和传播这些著作奠定了基础。

综上所述，辛亥革命时期，马克思主义思想传入中国，并对中国社会产生了重大影响。中国的马克思主义思想是由日本引进来的，因此，辛亥革命前后，马克思主义思想在中国的传播体现了中日文化交流的成果。

除了语言文化和马克思主义文化交流之外，辛亥革命前后，中日文化交流还体现在多个方面，如教育、文学、音乐、书法、美术以及科学技术等，这些将在下文进行详细阐释，在此不再赘述。

第四章

晚清民国时期中日民间教育交流

第四章　晚清民国时期中日民间教育交流

第一节　甲午战争后的中日民间教育交流

数千年的中日文化交流史上，晚清之前的中国一直处于文化输出国的地位，中日之间的教育交流也是如此。而到了晚清时期，尤其是日本明治维新后，日本引进西方教育制度，对教育实行改革，建立了近代教育制度。在甲午战争后的中日教育关系中，日本成为教育文化输出国。本节主要对甲午战争后至辛亥革命前的中日民间教育交流进行分析和阐释。

一、甲午战争后中日文化教育交流的背景

20世纪50年代，日本明治天皇上台，确定了治国的基本方针，为了寻求先进的国家政治、经济、教育体制等，派出了庞大的考察团，到国外进行考察和交流。中国作为日本的近邻以及数千年来的文化输出国地位，是日本考察的重要国家之一。然而，此时的清政府腐败无能，罔顾西方国家崛起的事实，仍然沉迷在"天朝上国"的美梦中不能自拔，日本考察团对晚清的教育制度进行考察后发现晚清仍然坚持科举制度，而欧美等西方国家则已经建立了近代教育制度，于是日本转而向西方学习，建立近代教育制度。

日本自19世纪60年代明治维新时期开始向西方学习，并引进西方的学校体制，对传统的教育制度进行改革。19世纪七八十年代，日本的近代师范教育制度逐渐建立起来。1872年，日本参照法国中央集权式的教育制度，颁布《学制》，从法律上明确了学校的性质、任务以及人才培养的规格与要求。之后，逐步建立了日本近代教育体制。

甲午战争后，中日文化交流进入高潮期，究其原因，可归纳为以下几方面。

·107·

（一）晚清朝野"以日为师"思想的统一

甲午战争失败后，晚清朝野震惊于日本的崛起，对日本的明治维新改革进行了全面考察，并形成了"以日为师"的思想。其中，康有为在总结日本经验，尤其是日本教育成功经验的基础上，对中国传统教育的失误进行了深刻反思。张之洞为倡导向日本学习撰写了《劝学篇》，其中指出："日本，小国耳，何兴之暴也。伊藤、山县、榎本、陆奥诸人，皆二十年前出洋之学生也，愤其国为西方所胁，率其徒百余人分诣德、法、英诸国，或学政治、工、商，或学水陆兵法，学成而归，用为将相。"[①]康有为指出："日本昔亦闭关也，而早变法，早派游学，以学诸欧之政治、工艺、文学、知识，大译其书以善其治。"[②]康有为认为日本的成功在于，不但善于向西方学习，而且在学习西方的过程中，不追求与西方制度的极致相似，而是能够在学习西方的同时结合国情进行创新，所以才能战胜中国。而中国一味闭关锁国，是输给日本主要原因之一。康有为在对清朝教育进行详细评价后提出了"以日为师"的思想。

甲午战争失败后，晚清政府兴起了对日本教育制度的考察。1877年，晚清政府驻日公使何如璋在出使日本期间，对日本的教育制度进行了详细考察，并向清王朝提交了其考察报告《使东述略》。在这份报告中，何如璋对日本的教育制度进行了概括介绍。1879年，参赞黄遵宪撰写了《日本杂事诗》《日本国志》等，对日本的教育进行了详细介绍。之后的历任驻日公使均十分关注日本的教育制度。除驻日公使对日本教育进行详细考察外，晚清政府还派出了大量政府官员和学者对日本进行考察。这些学者考察归来后撰写了大量考察游记，在这些考察游记中均提出了"以日为师"的思想。

甲午战争以清政府的全面失败而告终，被迫与日本签订了不平等的《马关条约》。这一奇耻大辱使得我国有识之士认识到数十年前同为被西方列强侵略的日本已经通过明治维新运动迅速崛起，于是萌生了向日本学习的想法。在当时的社会上，效法日本和研究日本成为政府和知识分子的热门话题。

[①] （清）张之洞.清末民初文献丛刊 劝学篇[M].北京：朝华出版社,2017：91.
[②] 郑力民.康有为集[M].广州：广东人民出版社,2018：332.

梁启超就曾指出，"今中国人寡知日本，不鉴不备，不患不悚，以至今日也。"① 同时，梁启超提出了"取法东洋""以日为师"的想法。他曾在文章中指出："今吾中国之于大地万国也，譬犹泛万石之木舫，与群铁舰争胜于沧海也。而舵工榜人，皆盲人瞽者，黑夜无火，昧昧然而操柁于烟雾中，即无敌船之攻，其遭风涛沙石之破可必也。况环百数习于出没波涛之铁舰，而柁工、榜人。皆渔户为之，明灯火张旌旗而来攻，其能待我从容求火乎！然今及诸舰之未来攻也，吾速以金篦刮目，槐柳取火，尤不容缓也。然即欲刮目取少以求明矣，而泰西百年来诸业之书，万百亿千，吾中人识西文者寡，待吾数百万吏士，识西文而后读之，是待百年而后可。则吾终无张灯一日也。……日本之步武泰西至速也。故自维新至今三十年，而治艺已成。大地之中，变法而骤强者，惟俄与日也，俄远而治效不著，文字不同也。吾今取之至近之日本，察其变法之条理先后，则吾之治效，可三年而成，尤为捷疾也。"② 在这段文字中，梁启超指出，中国学习西方太过困难，不如向日本学习，距离更近，观察更清晰，而且学习更有效率。

梁启超的这些言论在当时的中国政府和知识分子群体中引发了震动，掀起了晚清与日本文化交流的高潮。"以日为师"的思想提出后，中国政府开始向日本派遣留学生：1896年，第一届留学生到日本学习；1897年，清政府在京师同文馆中设置了东文馆，专门培养日语翻译人才。在清朝政府的鼓励下，20世纪初，中国出现了留日热潮。

（二）清朝科举制度的废除

1900年，以英国、德国、美国、俄国、日本、奥匈帝国等为首的国家组成八国联军对中国发动大规模侵略战争。在这次侵略战争中，八国联军冲进了北京城肆意烧杀抢掠，最终清政府被迫与八国联军签订了不平等条约。经此劫难，清政府为了挽回人心，终于开始变法以求自强。1901年，清政府开始加紧选派留学生赴日留学。1905年，清朝政府废除了国内备受诟病的科举制度，改革教育以开民智。

科举制度的废除，关闭了读书人登科入仕的大门，广大学子不得不另辟

---

① 日本国志后序.转引自迟畅.启蒙与梁启超小说理论[J].名作欣赏,2013(30):30-32.
② （清）梁启超.梁启超全集1[M].北京：北京出版社,1999：128.

蹊径寻找安身立命的门路。当时摆在广大学者面前的主要有两条路：一是在国内新式学堂上学、授课、担任管理者；二是留学。1905年，清朝已开辟了欧美留学和赴日本留学的通道，而留学日本相较于留学欧美费用低廉，因此，1905—1906年，中国留学生纷纷前往日本留学。日本学者青柳笃恒描绘了中国留学生赴日本留学的场景："昨日的科举考试已经被历史湮没，如今门户狭隘，路径险恶，攀登之路艰难，动不动就徒然伫立在学堂门前受风雪之苦。无奈自身没有学贯中西、学富五车，不能济国安邦、挽回国运，未立寸功，因而无脸向左（朝廷）求取一官半职，于是乎学子们从学堂退学，相约'向右转'。买舟东去，不远千里，北至天津，南自上海，如潮涌来。每遇赴日便船，必制先机抢搭，船船满座。如若有幸搭乘便船，即便只剩立锥之地，也欣喜若狂，终获赶赴东京之机会。学子们心心念念前往东京，热情高涨、万分期待，全然不顾及东京各学校可能因既定的学期和学年计划而拒绝他们中途入学。"① 从这段描绘中可以看出，科举制度废除后，中国民间广大学子留学日本的兴盛场面。

（三）日本官方和民间对留学教育的拉动

甲午战争后，日本官方和日本学者出于不同目的对中国留学生赴日留学进行了拉动。我国学者余子侠在《民族危机下的教育应对》一书中指出："无庸讳言，在甲午以降的中日教育交流活动中，日本社会中确有一些友好人士怀有'报恩'之情，但也有一些人物存有'施惠'之心，而更占主导地位的思想却是深藏'征服'之谋。"② 日本政府与晚清政府达成接受中国留学生的意向后，在国内大肆鼓吹、营造日中亲善的舆论，日本政府要员频频出访晚清政府，并且与晚清朝廷和各省地方政府洽谈教育合作事宜。日本政府的宣传吸引了一些对中国怀抱友善之意的民间教育家和学者。例如，日本东京高等师范学校的校长嘉纳治五郎曾于1902年到中国考察，并拜访了张之洞等支持中国教育改革的官员，听取了中国官员对留学教育的意见。回国后，嘉纳治五郎积极支持中国留学生教育，并且随着中国留学生的增多，而不断增

---

① 「支那の子弟は何故に我邦に遊学せざる可からざる乎」,『早稲田学報』第141号, 转引自阿部洋『中国の近代教育と明治日本』, 龍溪書舎, 2002:69-70.

② 余子侠.民族危机下的教育应对[M].武汉：华中师范大学出版社,2001：63.

设分校，为中国培养了大量师范人才。日本女教育家田歌子，则在上海创建了"作新社"专门出版中文书籍，传播新知识。随着大量中国留学生进入日本，许多日本教师在教学中严格要求和管理留学生，为中国留学生的成才贡献力量。

总而言之，甲午战争后，在多方面因素的共同作用下，晚清朝野兴起了"以日为师"的热潮，为中日教育交流奠定了坚实的基础。

二、中日民间教育理念的交流和传播

甲午战争后，许多中国学生留学日本，增强和促进了中日民间教育理念的交流和传播。中日民间教育理念的交流和传播主要表现在两个方面。

（一）国民教育理念的转变

清朝是中国历史上最后一个封建专制王朝。赴日中国留学生在接受近代日本教育理念后，从西方教育中获得了深刻启示，认识到晚清的教育理念为封建传统教育理念即"忠君尊孔"，是为封建君主服务的教育理念。这一教育理念被中国留学生称为"奴隶教育"。许多留日学生从封建教育的本质出发对其进行批判，指出封建教育是一种"五官不具、四肢不完、人格不全"的教育。封建教育以"忠君"为核心，教导人民柔顺、安分、韬光养晦、升官发财，向国民灌输"君要臣死，臣不得不死"的理念，以确保国民对君主的绝对忠诚。留日学生大声疾呼，"中国无教育，有之旧教育，非新教育，奴隶教育，非国民教育"；"柔顺也，安分也，韬晦也，服从也，做官也，发财也，中国人造就奴隶之教科书也"。[①]

留日学生对传统的封建教育理念进行否定的同时，提出了国民教育理念。留日学生所倡导的国民教育理念与封建传统教育理念相比，具有以下特点，即所培养人才应有自治能力、独立性质、参政权力、幸福自由，无论从事什么样的行业，均为完全之人。国民教育以培养学生具备这种国民素质和能力为宗旨，其具体内容包括民族精神的培养、贵我思想和通今意识三个方面。其中，民族精神的培养是国民教育的主要内容，留日学生认为，没有民族精神的教育不足以称之为教育，国民教育中的民族精神，即培养学生的民

---

① 王桂. 中日教育关系史 [M]. 济南：山东教育出版社，1993：371.

族自尊心和爱国思想，用民族英雄的事迹鼓舞学生的民族自豪感，用民族耻辱历史刺激学生的知耻心，并培养学生的反帝爱国思想。贵我思想，是指教育学生平等、自由的意识，培养学生自尊自重的精神、责任担当的观念以及判断是非的知识，提倡蔑视皇权，反对专制主义。通今意识，是指培养学生具有政治法律观念、独立自营的能力，能够跟上历史发展潮流。

留日学生所提出的国民教育理念及其内容体现了现代教育的基本要求。留日学生对国民教育改革的提倡对近代教育改革产生了较大影响。

（二）教育刊物的创办和教育文章的发表

留日学生为了宣传国民教育的理念创办了许多刊物，如《浙江潮》《江苏》《湖北学生界》《豫报》《民报》《国民报》《游学译编》《直说》《二十世纪之支那》《醒狮》等。这些刊物为留日学生宣传国民教育理论提供了良好的平台。留日学生撰写了大量讨论新旧教育、介绍西方教育经验、倡导国民教育理念的文章，如《泰西教育家语录》《盎格鲁索逊人种之教育并中国今日教育之方针》《国民教育》《公私篇》《说国民》《教育泛论》《权利篇》《革命军》《二十世纪之中国》《劝同乡父老遣子弟航洋游学书》《教育泛论》《民族主义之教育》《国魂篇》《民族主义论》《法古》《教育通论》《读革命军》《道统辨》《论中国教育之主义》《三纲革命》《铁血主义教育》等。在这些文章中，对中国传统封建教育进行了批判，并对国民教育进行了详细阐释，从多个角度倡导国民教育理念。

除此之外，留日学生还大量翻译西方教育书籍。甲午战争后至辛亥革命前，在中国留日热潮中，出现了大量翻译西方教育思想、教育学说和教育著作的现象。留日学生所翻译的西方教育著作多为日本版本。例如，西方著名教育家卢梭的《爱弥尔》等教育书籍。这些书籍传播至中国，极大地促进了国内教育的改革和发展。

从甲午战争后中日教育理念交流来看，留日学生在推动中国教育理念的转变等方面发挥了积极作用。甲午战争后，在日留学生的数量激增，这些日本留学生深受日本文化的影响，归国后化身为中日文化交流的使者，为中日文化交流做出了较大贡献。

三、中日民间师范教育交流和传播

甲午战争后，晚清政府兴办了多所新式学堂，然而教师数量却严重短缺，为此，各省在派遣日本留学生时，均十分注重师范类留学生的培养，而民间留学日本的学子中也有许多选择了师范科。早期日本为了适应中国留学生的需求，创建了许多师范类院校，如弘文学院、早稻田大学清国留学生部、实践女学校等均为师范类院校。随着1886年《师范学校令》和1897年《师范学校规程》的相继颁布，日本确立了两级师范教育制度。无论是清政府派遣的留学生，还是中国民间自行出国留学的学生群体，在日本学习时，均重点学习日本各式各样的教育制度，并且翻译引进了大批日本教育书籍，对日本教育进行系统研究，同时以聘请日本教师来华任教的方式学习日本的教育制度。在此期间，中国赴日学生大量进入日本的师范学校，学习日本的师范教育，并逐渐改变了中国传统的教育观念。这些留学生归国后，不仅将日本师范学校的教育思想和教育理念大量介绍到中国，还亲身实践日本的师范教育，为中国师范教育的萌芽和师范教育体制的建设做出了重大贡献。这一时期，中日民间师范教育的交流与传播主要表现在以下几个方面。

（一）留日学生协助制定中国师范教育学制

1901年是我国近代教育的一个转折之年，这一年清政府无奈之下，被迫宣布实施新政，教育改革是新政的重要组成部分。新式教育制度在坚持儒家传统教育的同时，也开始引进资本主义教育理念。1902年，管学大臣张百熙主持拟定了《钦定京师大学堂章程》《钦定高等学堂章程》等一系列学制系统文件，史称"壬寅学制"。"壬寅学制"是我国晚清时期的重要师范教育学制，为之后中国师范教育制度的改革与发展奠定了基础。而在"壬寅学制"的制定中，留学生发挥了较大作用。晚清管学大臣张百熙在制定"壬寅学制"时，留日学生陆宗舆不仅负责"拟大小学章程"，还建议在京师大学堂中开设师范馆。陆宗舆的这一建议得到了张百熙的采纳。除陆宗舆外，许多留学生也参与了晚清师范院校学制的制定。例如，《奏定学堂章程》的起草者大多为留日学生。蒋维乔曾言："当时学制起草者，皆日本留学生。"① 王国维谈到《奏定学堂章程》时曾称："今日之《奏定学堂章程》，草创之者黄陂陈君毅，而南皮张尚书实成之。"② 1905年，清政府仿照日本文部省设置了学部，学部的管制草案即由留日学生陈毅起草，陈毅在起草书中明确了优级师范学堂、初级师范学堂、盲哑学堂、女子师范学堂的教课规程、设备规则及关于管理员、教员、学生以及学堂与地方行政财政等管理权。留日学生严修和陈宝泉还于1907年参与制定了《女子小学堂章程》与《女子师范学堂章程》，为中国师范教育体制的完善做出了贡献。

除上述提及的几位留日学生外，更多的留日学生归国后，参与到各省的地方教育中去，并且为中国地方师范教育的建设做出了较大贡献。许多留日学生归国后，通过创办师范学校的方式，传播师范教育理念，为中日两国的教育交流做出了一定贡献。

综上所述，留日学生不仅将日本师范学校的教育思想和教育理念大量介绍到中国，还亲身实践日本的师范教育，为我国师范教育的萌芽和师范教育体制的建设做出了重大贡献。

（二）日本教习对中国师范教育的发展

甲午战争后，随着晚清朝野形成"以日为师"的热潮，日本政府和民众出于不同目的，积极投身于促进中国教育近代化的浪潮中来。一方面，日本逐渐扩大中国留学生的名额，吸引中国学生到日本留学；另一方面，日本派遣了大量教习前来中国，支持中国的师范教育。1902年京师大学堂总教习吴汝纶访日期间，清政府正式向日本提出招聘教习的要求，随后聘请了多位知名日本学者担任教习。之后，清政府聘请日本教习成为定例。1904—1907年我国大量留日学生归国，他们受日本教育模式的影响，十分推崇日本教习，且在这一时期日本对华派遣教师政策支持日本学者在华担任教习。曾在天津北洋师范学堂担任总教习的中岛半次郎在其所创作的文章《日清间的教育关

---

① 璩鑫圭，唐良炎.中国近代教育史资料汇编学制演变[M].上海：上海教育出版社，2007：1093.

② 清华大学国学研究院主编；方麟选编王国维文存[M].南京：江苏人民出版社，2014：50.

系》中指出，截至 1909 年 11 月，在中国担任教习的日籍学者共 311 人，仍占当时清朝外籍教师的绝大多数。辛亥革命前后，随着中国赴日留学生的大量归来，日本教习的数量才大大减少。晚清时期，大量日本教师来华，虽然晚清和日本官方在其中起着直接的推动作用，然而，日本教习在中国进行教学期间的教育理念、教学方法和教学课程等教学行为均属于个人行为。从这一角度来看，日本教习客观上推动了中日民间教育交流。

晚清末年的日本教习中，不乏日本知名学者或教师。晚清之前，日本文化长期受中国文化的哺育，而晚清以来，中国却饱受西方欺凌，一些日本学者出于对中国文化的喜爱以及报答之情，前来中国担任教习。这些日本教习来到中国后，不仅参与中国新式师范学堂的建设，而且参与编辑新式师范教育的教材，引进先进的教学方法，创设教育学科课程，在客观上起到了较为积极的作用。然而在认识日本教习为中国师范教育所作的贡献时，还应了解到大量日本教习进入中国后，还对中国师范教育起到了一定的消极作用，例如，增加师范教学的课堂负荷，延缓教学周期，尤其是师范学堂的教育管理权归日本教习掌握，中国丧失了师范学堂的教育管理权等。

除了留日学生和日本教习对晚清师范教育的发展起到推动作用外，中国师范学堂的学生也在中日民间教育交流中发挥了较大作用。例如，南洋公学师范院是中国较早成立的师范学校，其成立拉开了中国师范教育的历史帷幕。南洋公学师范院参考了日本师范教育的经验，当时所用教科书大多为日本教习翻译的教科书。南洋公学院学生在学习之余，成立了南洋公学师范院译书院，大量翻译西方教育书籍和教材，其中大多为日本教材。除此之外，南洋公学师范院所培养的学生在当时极具创新精神，他们通过在实践中摸索，结合所学知识，编撰了一批中小学课本，并利用所学，翻译国外中小学教材，成为我国近现代教科书编撰的第一群体。这些中国学生编撰的教材大多参考西方教材，其中即包括翻译自日本的教材。从这一角度来看，中国师范学校学生也为中日民间教育交流做出了较大贡献。

第二节　辛亥革命后的中日民间教育交流

辛亥革命后，大量留日学生归国，进一步带动了中日民间教育交流。本节主要对1910—1937年阶段的中日民间教育交流进行分析与阐释。

一、辛亥革命后留日学生的教育思想与实践

辛亥革命后，留日学生归国后，纷纷投入中国近代教育事业中，或创办学校，或走上教师岗位，不同程度地推动了中日两国教育文化交流。甲午战争后的留日学生大都抱有强烈的"以日为师"的思想，这些学生中的佼佼者归国后即走上了创办学校、改革教育、传播近代教育思想的道路。辛亥革命后留日学生的教育思想与辛亥革命前相比更加成熟。这一时期，留日学生不再盲目接受西方的教育思想和教育理念，而是将其与中国教育的实际相结合，从而形成了独具特色、符合中国国情的教育思想。

这里主要介绍陈独秀、鲁迅、王拱璧等人的教育思想和教育实践。

（一）陈独秀教育思想及实践

1901年10月，陈独秀首次赴日，先在东京高等师范学校补习日语，就读于东京专门学校（早稻田大学前身）；1902年9月，陈独秀进入日本成城学校（日本陆军士官学校的预备学校）陆军科学习；1906年，陈独秀第三次留学日本，入东京正则英语学校学习，后入早稻田大学学习英语。1909年陈独秀回国后，在杭州浙江陆军学堂任国文史地教师。1915年，陈独秀在上海创办《新青年》，从而拉开了中国新文化运动的序幕。1916年，蔡元培出任北京大学校长，聘请陈独秀担任北京大学文科学长一职。1919年陈独秀离开北京大学，之后曾任广东省教育委员会委员长。

陈独秀的教育思想是对封建礼教的批判，源于西洋教育思想。五四新文化运动后，陈独秀重点关注教育与社会的关系，逐渐形成了以文兴国的教育思想，倡导教育为社会改革而服务。陈独秀的教育思想主要表现在以下几个方面。

其一，陈独秀倡导受教育者德、智、体、美、劳全面发展，以实现个性解放。1917年，陈独秀提出了三大教育方针，即教育是自动的而非被动的，是启发的而非灌输的；教育是世俗的、直观的，而非神圣的、幻想的；教育是一种全身教育，而非只限于脑力教育。陈独秀对中国传统的封建礼教进行批判，认为传统的封建礼教严重地禁锢了人的思想，抹杀了人的个性。陈独秀认为教育的目的即是最大限度地促进人的全面发展，从而造就一代生理和心理全面发展的新青年和新国民。其二，陈独秀倡导爱国主义教育和社会主义教育。陈独秀一生三次赴日本留学，1901年，首次赴日留学时，即怀抱着强烈的爱国主义思想，立志报国。陈独秀认为，教育是强国之路。此后，陈独秀以各种方式倡导爱国主义教育。同时，他还倡导社会主义教育，坚持教育为社会主义而服务。其三，陈独秀倡导平民教育，多次呼吁打破贵族式教育，实行社会上人人都能享用的平民教育。此外，陈独秀还倡导教育应为社会改革而服务，倡导教育的民主化、科学化和现代化。

陈独秀的这些教育思想通过教育实践、教育文章以及教育演讲等途径得以传播。

陈独秀于1917年受北京大学校长蔡元培的邀请担任北京大学文科学长一职。在担任这一职位期间，陈独秀将其教育理念融入教学实践中传播给学生。此外，早在1915年，陈独秀就在上海创办了《新青年》，此后即依托《新青年》宣传其教育思想。他在《新青年》创刊后发表了《敬告青年》《今日之教育方针》《近代西洋教育》《新教育是什么》等文章，阐释了德、智、体全面发展的教育思想。陈独秀在1918年的《欧战后东洋民族之觉悟及要求》和1920年的《马尔塞斯人口论与中国人口问题》中均大力倡导爱国主义教育。同年年底，陈独秀发表了《社会主义批评》《教育与社会》《如何才是正当的人生》《女子问题与社会主义》等文章，并在实践中建立起社会主义教育思想。作为20世纪初叶中国的教育家和思想家，陈独秀还常常被邀约参加各种活动，到多所学校进行教育演讲，他借助这些演讲或活动进一步传播了其教育思想。例如，1920年年初，陈独秀应邀在武昌高等师范学校座谈教育问题时，即强调了德、智、体全面发展的教育理论。1921年，陈独秀在广东高等师范学校发表了《新教育是什么》的演讲，在这一演讲中，陈独秀强调新旧教育之间的区别不仅在于教育形式和教材的新旧，更在于改良社会和培养现代人才等方面的功能的不同，他呼吁教育应朝着民主化、科学化和现代化的方向发展。

（二）鲁迅教育思想及实践

鲁迅是中国著名现代文学家，同时还是中国近代思想家，其国民教育思想对20世纪20年代前后的中国社会产生了较为深刻的影响。

鲁迅早年接受的是中国传统私塾教育，其求学时期，正值清朝末年中国传统教育走向没落之际，鲁迅强烈的求知欲无法从私塾教师处获得满足，之后转至南京矿路学堂，在这里接触到西方近代科技。1902—1909年鲁迅留学日本。留学日本期间，正值日本从效法英美等国的实验主义和实证主义向效法德国的理想主义和形而上学理念的变化时期，这为鲁迅提供了学习德文并接受德国进步思想影响的良好时机。当时日本文学界正在进行"美的生活"论战，在这场论战中，日本学者对尼采十分青睐，引用尼采的理论进行论述。这为鲁迅接触和了解尼采的思想提供了契机。鲁迅接受了尼采等人的非理性主义和超人哲学，为其独特的批判思想的形成奠定了理论基础。

鲁迅留学期间，受日本政治文化转型的影响，以及西方近代文明的冲击，对中国文化与日本文化进行对比和观察，开始对中华民族的劣根性进行反省，逐渐形成了独立的国民教育思想。除了日本教育界和文学界的西方学术思潮对鲁迅教育理念的形成产生影响外，鲁迅教育思想的形成还受到其在日本期间对中国国民性的关注的影响。鲁迅留学日本期间，中国人的痛苦、麻木的精神面貌和日本军国主义教育的嚣张气焰，以及其本人在考试中取得及格成绩却饱受日本学生质疑的事件，使鲁迅改变了求学方向，弃医从文，走上文化启蒙的道路。

鲁迅国民教育思想的形成与鲁迅在日本的经历有着千丝万缕的关系，鲁迅的国民教育思想主要表现在以下方面，即对中日儿童教育的文化反思、对中国封建传统教育的文化批判、教育的国民性改造思想。

其一，鲁迅对中日儿童教育的文化反思。鲁迅认为中国传统教育以父权压制孩子，以温文尔雅、不苟言笑和不大动弹为标准，对儿童进行培养。然而，日本儿童教育不仅不以父权压制孩子，还允许孩子对父亲进行批评。鲁迅认为，中国传统的父权教育造成了中国儿童的萎靡状态，因此他对这种教育思想进行了批判，倡导对中国封建传统教育进行改革。鲁迅对中日儿童教育的文化反思和对中国传统儿童教育的批判是出于对祖国深沉的爱，希望对儿童教育进行改革，以此实现民族文化的强盛。其二，鲁迅对中国封建传统教育的文化批判。鲁迅认为中国封建文化中的"静"与"顺"，将学生培养成低眉顺眼、唯唯诺诺的人，极大地压抑了学生的个性，限制了学生的发展，扼杀了人的生命力，阻碍了社会发展。此外，鲁迅还对中国封建传统教育方式进行了批判，并指出中国封建传统教育无论从规格、内容还是方法上均存在导致国民劣根性的弊病。总之，鲁迅对中国封建传统教育进行了深刻而无情的鞭挞，坚持对国民性进行改造的意见。

鲁迅国民教育思想的传播主要通过其文学作品，例如，《药》《狂人日记》《孔乙己》《阿Q正传》《从百草园到三味书屋》《祝福》《采薇》《故乡》《社戏》等文学作品即对中国的国民性进行了无情揭露和批判。除此之外，鲁迅还撰写了大量教育杂文，如《我们怎样做父亲》《从孩子的照相说起》《娜拉走后怎样》《论雷峰塔的倒掉》《中国人失掉自信力了吗》等。

（三）王拱璧教育思想与实践

王拱璧，1917年冬入日本早稻田大学研究生院攻读教育，1920年春从日本早稻田大学研究生院教育专业毕业。回国后，王拱璧并没有接受北洋政府教育部的职务，而是回到了家乡河南省西华县孝武营村，在家乡进行教育改革，探索新式中国乡村教育。王拱璧将故乡更名为自治青年村，在乡村中创建了青年公学，进行村治建设和乡村教育实验活动。

乡村建设实验活动早在19世纪前期即出现在美洲大陆，空想社会主义者欧文和傅立叶的门徒就曾进行新村建设实验，在世界上产生了较大影响。20世纪初期，西方的新村建设实验活动传入日本。日本自然主义作家武者小路实笃受其影响提出了新村主义理论，并创办了专门研究新村问题的刊物。武者小路实笃于1918年在日本九州组织了"第一新村"，在日本掀起了新村运动。

曾留学日本的王拱璧，受新村主义思潮的影响，对新村建设实验产生了浓厚的兴趣。王拱璧曾亲自拜访武者小路实笃，归国后还与其保持联系。20世纪20年代初期，王拱璧回到家乡，对家乡的状况进行了详细调查。经过调查，王拱璧发现，受战乱的影响，家乡的贫苦农民大多被迫背井离乡，即便是富有的地主也多进城避难。家乡的青年农民希望在当地生活下去，然而却因缺乏领路人而呈现盲目无助的状态。王拱璧决定从农村入手，对中国农村进行改造，从而探索"救国救民，爱国保种"的道路。

王拱璧的乡村建设实验活动中，乡村教育是极其重要的部分。他认为中国传统教育不符合国情民意，也不能解决实际问题。辛亥革命后所建设的新式学堂大多集中在城市，而中国广大农村则缺学少教，长此以往必将危害中国社会的发展。他认为当务之急应当普及农村教育，为农村的改造和建设培养各种有用人才。为此，王拱璧回到故乡后，即投入乡村教育改造活动中。1920年10月，王拱璧将本村的崇实小学堂更名为"青年公学"，实行"农教合一"的新教育体制，探索新村建设和普及农村教育的道路。青年公学的宗旨为："在全面发展的基础上，以'劳动''健康'为中心，把学校和农村建设成为幸福的乐园。"① 王拱璧强调理论和实际相结合，将室内教学和室外教学结合起来，注重培养学生的独立操作能力。

青年公学成立之初，条件十分简陋，规模较小，只设立了小学部，招收了三个班。1921年，青年公学在小学部之外，增设了农民补习部和职业高等补习部。农民补习部主要针对不识字的农民开办，组成农民夜校识字班，进行扫除文盲教育；职业高等补习部则针对农村知识青年塾师开办，学习期限为半年，专门培养农村初级小学教师、校长和新村干部。1923—1924年，青年公学增设夏令学校和中学部。其中，夏令学校主要为体育、音乐短训班，为期半年，学生毕业后即分配至各村的小学部任教；中学部则招收初中班。青年公学的初中部是河南省最早的农村中学之一。1925年8月，青年公学增设了师范班，并招收了40名学生，师范班学制5年，主要为农村乡村培养教师。经过数年的苦心经营，青年公学形成一所设有幼儿园、小学部、中学部、妇女部、职业高等补习部、农民补习部、师范部等多个年级和不同层次的教学体系，开设了20多个班，学生从开始的100余人，增加到700余人，为农村的建设和发展初步培养了一批实用人才。

1925年，北京《晨报》对王拱璧的青年公学进行了宣传和报道，立即引起了社会有关方面的关注，前往青年公学参观的人员络绎不绝，不仅吸引了

---

① 王拱璧著；窦克武编.王拱璧文集[M].郑州：河南大学出版社,2014：354.

民国政府的考察团,还吸引了美国和日本两国学者前往参观。一时间,社会各界对青年公学进行了大量报道,王拱璧的教育理念得以广泛传播。然而,正当王拱璧踌躇满志之时,1926年,王拱璧建立的青年村和青年公学遭遇土匪的烧杀劫掠,王拱璧改良中国的梦想就此破灭。

之后,王拱璧被河南大学聘为教授,在此期间,王拱璧讲授"乡村宝贵""农村社会学""农村问题"三门课程,继续传播农村教育思想。王拱璧的青年公学乡村教育实践将日本的新村主义思想传播到中国,为中国农村教育探索进行了有益实践,并为20世纪30年代中国出现的乡村教育提供了借鉴。

二、辛亥革命后留日学生教育书籍翻译

辛亥革命后,大量留日学生归国,极大地充实了我国教育翻译力量。民国时期,私人或翻译机构成立了大量翻译社,其中较有代表性的翻译社包括进化译社、群谊译社、河北译书局、湖南译编社、政学译社、支那翻译社、觉民编译社、东大陆译印局、东亚译书会、东华翻译社、世界译书局、上海译书局、新民译印书局、励学译编社、杭州译林等。这些民间译书社大量翻译并引进西方国家的教育书籍及教材等,其中也包括大量的日本教育书籍。与晚清时期的教育书籍翻译相比,这一时期教育书籍翻译的动机、书籍翻译的数量、翻译方法等均产生了较大变化。

(一)翻译动机的变化

晚清时期,洋务派倡导"中学为体,西学为用",中国翻译人员翻译日本书籍的动机多为"国家兴亡,匹夫有责"。这一时期,晚清政府通过大量译介西方国家的科技文献及教材等,达到了"富国强兵"的目的。甲午战争后,洋务派意识到仅仅依靠"中学为体,西学为用"的方法已经无法解决中国的问题,只有"开民智,新民德"才能救中国,从而达到救亡图存的目的。这一时期,中国的翻译即为了这一目的而努力。通过进行书籍译介,国外有利于启发民智的教育书籍被引进中国,而洋务派根本目的即是通过翻译活动,将国外有利于中国发展和革新的教育思想引进中国,以达到教育救国和教育强国的目的。

甲午战争后,西方列强掀起了瓜分中国的狂潮,中华民族面临着十分严

峻的考验，为了尽快崛起，晚清朝野上下统一了"以日为师"的思想，大量中国学生留学日本；与此同时，中国国内建设了一批新式学堂，大批日籍教师进入中国执教。这一时期的教育翻译以启发民智和教育为主，不仅包括各种教育思想，还包括各种适用于新式学堂的新兴教科书。这一时期，留日学生成立了许多翻译机构，这些翻译机构的宗旨和目的都是满足应急教科书和课外书的需要。例如，晚清时期南洋公学院成立的译书局，其主要为了满足南洋公学院的教学需要而翻译教材和课外读物；上海商务印书馆的办馆宗旨即是组织编译大量的儿童读物、大中小学教科书等以满足学校的教学需求。而伴随着大量教科书以及课外读物被引进中国，大量教育管理类的书籍也被译介到中国，涉及教育学、学校管理法、教育行政、教育史、儿童教育、教育原理、教学论、课程论、德育原理、社会教育、职业教育、中等教育等内容。这些书籍的译介，极大地满足了我国当时的需要。

  辛亥革命后，随着封建统治在中国被推翻，各种西方思潮涌入中国，而基于辛亥革命前的教育译介，人们对教育的认识逐步深入，教育科学化的需要随之产生。辛亥革命前，在教材方面，一些教育者发现译介而来的教材难以适应中国的教学需要，因而开始根据西方相关教材，结合中国的实际情况编辑教材。辛亥革命后，更多教育者在译介教材的同时开始编辑适合中国国情的教材。这一时期，随着中国教育者和留学生群体对教育认识的深入，中国教育者和教育翻译者开始认识到教育是一门独立的学科，而其辅助学科心理学和伦理学也十分重要。因此，这一时期，中国教育翻译的动机开始朝教育研究的方向转变。教育翻译不再仅为满足实际教学需要而服务，中国教育翻译的视野逐渐拓宽，为教育科学进行辅助。受这一动机的影响，中国教育翻译的范围开始扩大。甲午战争前，中国教育翻译在译介和引进教育书籍时，多是选取其中的一部分进行翻译，译介书籍的范围仅限于教材和教育书籍；辛亥革命后，中国教育翻译则朝着全面、完整译介西方教育书籍的方向发展，引进了大量西方教育书籍。除此之外，心理学、伦理学等教育专业关联学科的著作也被大量译介并传播到中国，其中不乏译介自日本的教育著作。

（二）翻译方法和成果展现的变化

除了翻译内容之外，中国译介书籍的翻译方法在辛亥革命后也产生了较大变化，最典型的表现在从节译到全译、从自由变通的翻译到忠实于原文的严格翻译等方面。甲午战争后的晚清教育翻译，由于其目的是对中国的教育进行启蒙，因此在翻译时采用节译的方法十分普遍。例如，教育小说《馨儿就学记》即为包天笑节译自法国作家埃克多·马洛的小说的日译本；《妖怪学讲义录》是蔡元培节译自日本哲学家井上圆了的著作。辛亥革命后，随着中国国内教育实践的发展，教育书籍翻译逐渐从节译向全译发展。尤其进入20世纪20年代后，欧美留学生大量归国，带来了西方最新的教育思想，推动中国教育翻译朝着全面引进西方教育学说的方向发展。受这一趋势的影响，辛亥革命后中国翻译者对从日本翻译和引进的教育书籍也开始使用全译的方法，这就将西方学者的译著完整地介绍到了中国，有利于中国教育者更加全面、系统地学习和借鉴各国的教育经验。

从翻译方法来看，辛亥革命前的晚清教育书籍翻译大多为自由翻译。这种翻译方法是由当时的中国国情决定的。甲午战争前后，中国人刚刚"睁眼看世界"，其思想受固有的中国传统思维的影响，在向西方寻求强国道路时，受国人的现实需要和理解能力的影响，他们有目的、有选择以及有取舍地摄取西方文化思想以达到良好的传播效果，实现救亡图存、教育救国的目的。因此，这一时期的教育书籍和教材翻译大多采用自由翻译的方法，即根据译者理解进行增译、编译和改译等。而辛亥革命后，为了实现服务于教育实践和教育研究的双重动机，教育翻译开始朝着直译的方向发展。

除了教育翻译的方法之外，辛亥革命后教育翻译的成果展现形式也更加多样化。辛亥革命前的教育翻译成果往往以报刊连载的方式出现，这种翻译成果的表现形式较好地满足了当时晚清社会急需了解和学习国外先进的教育成果的需求。然而这种教育翻译成果的展示方式却不适合大部头教育书籍的完整译介。辛亥革命后，教育翻译成果在原有的报刊连载方式的基础上开始朝着多样化的方向发展，出现了大量西方教育书籍的单行本和系列丛书。例如，日本学者吉田熊次编著的《新教育学》，日本学者大濑甚太郎编著的《实用教育学》等即在辛亥革命后出版了单行本。从教育翻译书籍的种类来看，这一时期，从日本翻译和引进的教育书籍大多为教育学专著和教育学教科书，内容涉及教育学、教授法、学校管理法、教育史、学校卫生学等方面。

除了单行本之外，这一时期许多出版社有的将之前连载于报刊的教育书籍或已出版的单行本进行重新整理后，出版教育理论丛书；有的重新组织人员翻译并出版教育丛书。与教育翻译的单行本相比，教育翻译丛书的学术性更强，更便于保存。尤其是辛亥革命后，国内印书馆按照内容或主题出版了大量专题类教育翻译丛书。例如，大学丛书、教育丛书、师范丛书、社会教育丛书、职业教育丛书、比较教育丛书、现代教育哲学丛书等。这些丛书覆盖了教育学科的各个方面。除此之外，一些印书馆还与各个大学或学术机构的翻译社合作，出版各种翻译丛书。这一时期，译自日本学者的教育类书籍也常常作为教育丛书的一部分得以发行和流传。

综上所述，辛亥革命后，随着我国教育的深入发展，对教育翻译提出了更高要求，大量留欧或留美学生归国后将欧美等西方国家的教育理论介绍到中国，打破了晚清以来教育书籍和教材大多译自日本的现象。然而，辛亥革命后的教育翻译中仍然不乏日本学者翻译或创作的教育书籍。这些翻译自日本的教育书籍对于中日教育思想和文化的交流起到了重要作用。

民国时期，中国对外教育考察与交流的范围进一步扩大，然而在这一时期，日本教育仍然是中国教育考察与学习的重要对象之一。辛亥革命爆发后，中国赴日教育考察与交流活动由于晚清政府的覆灭而暂时中断。民国时期中国赴日教育考察活动重新兴起。这一时期的赴日教育考察与交流活动既包括官方组织的赴日教育考察与交流活动，也包括民间教育团体或个人的赴日教育考察与交流活动。

第三节　抗战前后的中日民间教育交流

1937年，日本侵华战争全面爆发后，日本帝国主义展开了以灭亡中国为企图的全面侵华战争，中国的文化教育事业在此期间遭受了极为严重的破坏：大量校舍、图书馆被炸毁，大量中国学生失学，各级各类在校生和毕业生人数锐减。战争不仅对国内的教育环境造成了极大破坏，而且给中国的留学事业带来了较大摧残。全面抗战爆发前,中国公费和自费出国的学生数量一直呈现稳定发展的趋势,而战争破坏了中国大力发展留学教育的和平环境,赴各国留学的学生数量呈现大幅度下降的趋势。这一时期的公费留学生除国家特派外,一律暂缓派遣;自费留学生除已获得国外奖学金的学生外,一律暂缓出国。1937年,中国在日留学生5000多人。当战争全面爆发后,留日学生纷纷回国。据《大公报》记载,1937年7月末留日学生除100多人大都回国。抗战的全面爆发对中日民间教育交流产生了较大影响,这一时期的中日民间教育交流主要体现在日本留学教育方面。

一、全面抗战前后的民间留日趋势变化

全面抗战爆发前,日本仍然是中国留学生首选的国家之一。1931年九一八事变后,日本军国主义加剧了侵华的步伐。受中日两国关系的影响,自1930年以后中国留日学生的数量屡有变化和起伏。据有关数据统计:"截至七七卢沟桥事变,从平津、沪粤、武汉等地云集东京的中国留学生约五六千人。"[①]然而,相关资料显示,官方统计的这一人数远非中国留学生的实际在日数量。全面抗战爆发前,由于日本军国主义思想作祟,日本并不是留日学生学习和生活的天堂,中国留学生普遍受到日本人的歧视,一些学校拒绝接受中国留学生,还有一些中国留学生甚至被迫害致死。

20世纪30年代后,随着日本侵华事件的不断发生,留日学生在爱国心的驱使下纷纷在日本开展抗日救亡运动。1930年,中国进步文化组织左翼作家联盟(简称"左联")在上海成立,并在日本东京成立了分部,成为留日学生抗日救亡运动的领导中心。九一八事变后,部分拥有强烈爱国心的留日学生纷纷回国。1932年,一二八事变后,日本的留学生再次掀起了抗日救亡运动的高潮。1935年华北事变,北平一二九学生运动爆发。一二九学生运动在国内迅速演变为一场全国性的抗日救亡洪流,消息传到日本后,留日学生再次掀起抗日救亡的高潮。日本东京的中国留学生迅速行动,以各种名义召开座谈会,对国内时局的变化进行分析,并且在日本秘密开展各种救亡活动。

1937年,卢沟桥事变爆发,中日两国正式开战。随着祖国的召唤,大部

---

① 中国人民政治协商会议全国委员会,文史资料研究委员会.文史资料选辑(第9辑)[M].北京:中国文史出版社,1989:122.

分在日留学生纷纷回国,加入中国抗战的洪流中,也有少数留学生选择留在日本继续完成学业。1941年《国民杂志》刊载的《中国留日学生的现状》显示:"自三月以后,中国赴日留学生,顿呈激增的趋势,从天津、上海、香港等处来的每一条商船上,都有十几名的留学生上岸。并且这些学生大都经神户乘火车直抵东京。因东京不仅为日本的政治、经济、军事等的中心,同时较有名的大学也都集中在东京。"① 根据这一记载,1940年4月至1941年4月中国留学日本的学生人数出现了反弹,在日本各级各类学校学习的中国留学生人数达到1204人。② 这种反弹与中国国内教育环境有较大关系。1938年,由于中国人民的强烈反抗,日本企图迅速灭亡中国的意图没有达成,中国抗战进入持久阶段。自1937年抗战全面爆发至1941年,战争已持续了4年,而距离抗战胜利仍然遥遥无期。因为战争,中国的各级各类教育遭受了较大破坏,而日本的学习费用低于国内费用,赴日留学无须任何手续,这使得一些学子产生了"以强敌为师"的想法,为战胜日本而研究日本,因而赴日学习。除此之外,这一时期的汪伪政权和伪满洲国政权也向日本派遣留学生以进行奴化教育。

二、抗战后民间留日学生的动机

抗战爆发后,中日两国的关系急速恶化,呈对立趋势,然而这一时期,中国民间仍然不乏到日本留学的学子,纵观其原因,中国学子赴日留学大多出于爱国主义和"以强敌为师"的心理。

"以强敌为师"是晚清以来赴日留学生所抱持的普遍心理。甲午战争后,面对日本的侵略,晚清朝野上下形成了"以日为师"的思想,试图通过学习日本而救中国。辛亥革命后,面对日本帝国主义的侵华意图,一些学者发出了反对赴日留学的呼吁,对此一些留日学生表达了留学日本的意图。20世纪20年代中期,中九在《日本留学问题》中指出:"我不赞成留学日本,并不是根据狭义的爱国主义,因为反对日本的侵略主义;我是立脚在学艺上的。日本的侵略主义,我哪有不反对之理。但是我们不该因噎废食,并他们的学艺而反对之。学艺本不该有什么国界的。即使是已在交战中的敌国,假

---

① 杨晓.中日近代教育关系史[M].北京:人民教育出版社,2004:436.
② 杨晓.中日近代教育关系史[M].北京:人民教育出版社,2004:438.

使他的学艺远过于我，我有非向他学习不可之势，我也不该因为敌忾而和他隔绝。退一步讲，我也该含垢忍辱而向他学习。不留学不但不是反对侵略的好方法，而且自己只增加了许多损失，因为学艺方面失了指导，长进更会迟缓。反对侵略主义，一方面须宣布侵略者罪恶，并且加以抵抗，一方面须充实自己的学艺上社会上各方面的实力，而充实的第一步功夫，就是学习于胜于我者。"[①]

抗战期间，留日完成学业的学子和民间仍然赴日留学的学子大多也出于这一心理。例如，朱绍文，1934年赴日留学，1935年考入东京第一高等学校。在赴日留学前，他从日本留学归来执教的老师建议他，应为了中国的百年大计，卧薪尝胆到日本读书。在老师的建议下，朱绍文产生了到日本去把日本的本领学到手、把日本的情况了解透彻的想法。在去日本之前，他还特意在笔记本上写道："不入虎穴，焉得虎子。"抱持着这种卧薪尝胆的想法，全面抗战爆发后，在日留学生纷纷归国，朱绍文却留在日本继续完成学业。1939年，朱绍文考入东京帝国大学经济学部，1941年，朱绍文毕业并升入经济学部研究生院，攻读博士学位。1943年，朱绍文完成了20余万字的博士论文《李斯特国民生产力理论研究》，并在东京《扬子江杂志》上发表。1944年，朱绍文因在中国学生中宣传抗日，被捕入狱，遭受严刑拷打，致右耳失聪，在日本友人和社会舆论的施压下才得以释放。1945年春，朱绍文回国，先后在上海沪江大学、复旦大学、光华大学等校任教，教授西洋经济史、经济思想史等课程。

除了抱持着向强敌学习以救国图强的心理外，抗战期间，民间赴日留学学子有的还受到家庭的影响。有的中国留日学生祖上或亲戚与日本人有过来往，受其影响，再加上报国心理即赴日留学。例如，贾克明1943年入日本东京帝国大学医学部学习。谈及在抗战时期赴日留学时，贾克明指出，其受家庭的影响较大，父亲早年间曾留学日本，母亲则为在日华侨，后进入东京的女子大学学习。贾克明的两位舅舅则毕业于东京帝国大学法科和医科。受家庭影响，贾克明认为到日本学习医学知识有利于国家，因此赴日留学。1945年他选择回国并从事医学工作，为中国医学研究做出了一定贡献。

汪向荣，在抗战期间赴日留学也受到家庭的影响。汪向荣祖籍上海，在

---

① 杨晓.中日近代教育关系史[M].北京：人民教育出版社，2004：439.

上海接受了较为完整的学校教育，其曾祖父曾与日本人有交往。受家庭影响，汪向荣对明治维新前后日本对待中国的态度发生了巨大变化的原因产生了较大兴趣，想到日本进行探索。1941年汪向荣赴日求学，先在东京的东亚学校学习语言，后入日本京都帝国大学史学科。在进入日本京都帝国大学历史部时，日本老师向汪向荣提问："第一你为什么要到日本来留学？你知不知道中日之间正在战争中？第二为什么要考我们学校？第三你对将来有什么抱负？你从我们学校出来之后想干什么？"汪向荣回答："我想第一，中国和日本，不能永远打仗。战争停止之后，中国一定要建设自己的国家，我们要效法日本的建设方面很多。当年中国为什么变法会失败？日本维新为什么会成功？我想了解。第二，我的性格和家族关系，我不适合搞法律经济，适合搞比较内向的研究工作，搞教育工作也好。所以我报考历史学，想研究中日关系史，如果不行，我是想搞职业教育问题。"[1]汪向荣在日本留学期间曾于1942年短暂回国，1943年再次返回日本完成了《中国人留日学生史稿》，还完成了《中日交涉年表》和《中国人留日教育史》等论文和书籍。回国后，汪向荣始终坚持研究中日关系历史，成为中国中日关系史研究领域的著名学者，为我国的日本古代史和中日关系史研究做出了突出的贡献。

综上所述，日本帝国主义侵华战争期间，中日民间教育交流依然延续。抗战时期，怀抱向强敌学习以救国图强思想的一些中国学子，跨洋东渡到日本学习，最终学成归国，以所学报效国家，为抗战后的国家建设做出了一定的贡献。

---

[1] 钟少华.早年留日者谈日本[M].济南：山东画报出版社，1996：159.

第五章

晚清民国时期中日民间文学交流

第五章　晚清民国时期中日民间文学交流

第一节　晚清民国时期中日文学的译介与交流

纵观中日两国数千年的交流史，晚清之前，在中日两国的文化交流中，中国均保持着文化输出国地位，中日两国文学间的交流以译介中国文学向日本传播为主。当时，中国国内对日本文学的译介和传播屈指可数。晚清末期，中日两国文化输出国地位发生了逆转，日本文化大量进入中国。然而，由于中国文学博大精深，晚清民国时期，在中国加强对日本文学的译介与传播的同时，中国文学也源源不断地传入日本。因此，晚清民国时期的中日文学译介和交流呈现较强的互相影响的特点。

一、晚清民国时期日本文学在中国的译介及特点

日本明治维新后，短短数十年，国家实力大增，并在甲午战争中打败中国，成为国力强盛的资本主义国家，这使得中国知识分子对日本刮目相看，在"以日为师"的统一思想下，中国出现了留学日本、学习日语和翻译日本书籍的高潮。

（一）晚清时期日本文学在中国的译介与特点

1897年，京师同文馆设立了东文馆；1898年，罗振玉在上海设立了东文学社；1900年，留日学生组织了译书汇编社，成为第一个翻译日本书籍的团体。在这些翻译社和团体的带动下，中国出现了翻译日本书籍的热潮。据我国学者谭汝谦在《中国译日本书综合目录》中统计，1896—1911年，日文书籍的中译本共计958种，几乎是前300年中译本的80倍，其中语文类有133

种，这133种就包括日本文学及东方文学56种。①

1898年，梁启超翻译了日本政治小说《佳人之奇遇》，开启了日本小说在中国翻译和传播的先河。1898年，中国戊戌变法失败，清政府大肆迫害变法的参与者，作为戊戌变法的重要参与者，梁启超离开中国逃往日本，在逃往日本的轮船上读到了日本小说《佳人奇遇记》并大受触动，他将这部小说翻译为中文，并于1898年12月在《清议报》创刊号上开始连载。与此同时，梁启超在《清议报》上发表了《译印政治小说序》。在《译印政治小说序》中，梁启超首次提出了"政治小说"的概念，并指出："在昔欧洲各国变革之始，其魁儒硕学，仁人志士，往往以其身之所经历，及胸中所怀政治之议论，一寄之于小说，……往往每一书出，而全国之议论为之一变。彼美、英、德、法、奥、意、日本各国政界之日进，则政治小说为功最高焉。"② 梁启超在这里将政治小说作为欧美各国改革的先行军，阐明了政治小说在社会改革中的重要作用。梁启超翻译日本政治小说并非出于文学或文化交流的目的，而是将其视为一种启迪民智的手段，为了让民众更好地理解其政治主张，甚至牺牲原文的内容和形式。这一时期翻译类的有政治小说《东洋之佳人》，矢野龙溪的《经国美谈》《极乐世界》，大桥乙羽的《累卵东洋》，末广铁肠的《雪中梅》《花间莺》《哑旅行》，佐佐木龙的《政海波澜》等。

1902年11月，梁启超发表了《论小说与群治之关系》。在这篇文章中，梁启超提出了"小说界革命"的口号，他指出："欲新一国之民，不可不先新一国之小说。……何以故，小说有不可思议之力支配人道故。"③ 表达了文学救国的功利主义小说观。梁启超对政治小说的翻译及其"文学救国"的思想影响了我国一批近代作家的小说观，在带动中国近代政治小说创作的同时，极大地带动了西方政治小说在中国的翻译。我国学者王向远在其所著的《二十世纪中国的日本翻译文学史》中指出："日本政治小说翻译的出现，是近代中国对日本文学译介的肇始，也是中国近代翻译文学高潮到来的标志。"④

---

① 谭汝谦.中国译日本书综合目录[M].香港：香港中文大学出版社,1980：49.

② 梁启超.梁启超全集(1)[M].北京：北京出版社,1999：172.

③ 转引自李群.近代中国文学史观的发生与日本影响[M].长沙：湖南大学出版社,2016：309.

④ 王向远.二十世纪中国的日本翻译文学史[M].北京：北京师范大学出版社,2001：12.

这一时期，中国翻译的日本政治小说可划分为两类。一类是日本人翻译的欧美等西方国家的小说，被转译为中文，并在中国流传开来，如《十五小豪杰》《黑奴吁天录》等。另一类则为日本人创作的政治小说，如《佳人之奇遇》等。

除政治小说外，晚清时期，中国译介的日本文学主要包括科学冒险、侦探、军事等类型的小说。其中，冒险小说包括押川春浪的《空中飞艇》《千年后之世界》《秘密电光艇》，樱井彦一郎的《朽木舟》《航海少年》《澳洲历险记》等；侦探小说包括《离魂病》《忏情记》《女海贼》《地中秘》；军事小说包括《旅顺实战记》等。除此之外，社会小说《不如归》等也被翻译到中国。

纵观晚清时期，日本小说在中国的翻译突出地表现出三个特点。其一，"文学救国"思想印记明显。晚清时期，中国翻译文学表现出鲜明的为政治变革和社会救亡而服务的思想，所翻译的大多为社会科学著作。这一时期，在梁启超的呼吁和带动下，政治小说由于功利色彩浓厚而被作为"文学救国"的工具被大量翻译到中国。其二，通俗性和娱乐性较强。晚清末年，中国翻译和引进的日本小说除政治小说外，以科学冒险小说、侦探小说为主，这两类小说均为通俗小说，具有较强的娱乐性。而日本近代纯文学水平较高的著作则均没有被翻译引进中国。其三，翻译的个人因素突出。小说翻译较其他种类书籍的翻译难度更大，而小说的翻译者在翻译书籍的选择上表现出鲜明的个人化色彩，大多选择个体感兴趣的小说进行翻译。除此之外，在小说内容和词语的翻译上也呈现出鲜明的个人化色彩。例如，梁启超在翻译《佳人之奇遇》时，根据自身的观点及需要对小说原文进行了大胆删改，这种在翻译小说中任意增删的行为被称为"豪杰译"。

（二）民国时期日本文学在中国的译介与特点

中国新文化运动是一场划时代的文化启蒙运动，开启了中国现代文学的新序章。以新文化运动为转折点，中国现代小说翻译呈现出新的面貌。民国时期，日本小说在中国的翻译可分为两个阶段：第一阶段为1915年新文化运动至1937年日本全面侵华战争爆发，在这一阶段，日本文学在中国的翻译逐渐达到高峰；第二阶段为1937至1945年，这一时期受中日两国战争的影响，日本文学在中国的翻译和传播呈衰弱趋势。这里重点对1919—1937年日本文学在中国的翻译与传播进行详细分析。

这一时期,随着大量留日学生归国,大量日本文学被翻译中国,日本小说迎来了在中国翻译的高峰。根据我国学者王向远的统计,1920—1937年,中国翻译界共翻译日本文学160余种译本,其中个体作家的作品集约40种,中长篇单行本约40种,各家各类题材的综合译本约80种。[①] 这些日本文学均为小说。这一时期,日本文学在中国的翻译与晚清时期相比发生了重大变化,主要体现在两个方面。

其一,文学翻译题材的变化。

晚清时期,在梁启超的影响下,中国翻译日本文学时从政治功利的角度出发,表现出较强的"文学救国"的思想,因此政治小说在晚清时期的日本文学翻译中占比较大,但过于注重文学的功利性,往往在一定程度上忽略了文学的艺术价值。辛亥革命后,中国在翻译日本文学时的目的和动机发生了变化,不再将文学翻译作为一种救国的工具,开始注重文学的艺术价值,这就使得晚清时期启蒙性、功利性、通俗性的政治小说与科学冒险小说等翻译文学题材,朝着更广泛的方向发展,尤其是加强了对日本纯文学的翻译和介绍。

辛亥革命后,尤其是新文化运动后,大量留日学生归国,他们根据自己的兴趣和爱好翻译日本文学作品,使日本文学作品的题材较晚清时期更加丰富。这一时期,中国翻译的日本文学以小说为主,除了科学冒险小说、侦探小说、社会小说等通俗小说外,大量纯文学被翻译和介绍到中国。例如,日本近代小说家夏目漱石、森鸥外等人创作的纯文学作品。同时自然主义、白桦派、耽美派、新思潮派等小说也被大量翻译到中国。这一时期短篇小说翻译是主流,其规模远超中长篇小说翻译。夏目漱石是日本近代纯文学的代表,也是日本批判现实主义的代表。作为日本近代文坛的领袖,民国时期,夏目漱石的文学作品被大量翻译到中国。例如,鲁迅即十分喜爱夏目漱石的作品,并率先翻译了夏目漱石的短篇小说《挂幅》和《克莱喀先生》,收录在其《现代日本小说集》中。除了鲁迅之外,中国大量文学翻译家和作家也对夏目漱石的小说进行了翻译,例如,1932年章克标即翻译并出版了《夏目漱石集》,崔万秋、夏丏尊、杨骚、林雪清等均曾翻译夏目漱石的小说。除了夏目漱石,日本近代小说的另一位代表森鸥外的小说作品经鲁迅、冯雪

---

① 王向远.二十世纪中国的日本翻译文学史[M].北京:北京师范大学出版社,2001:86.

峰、林雪清等人的翻译被介绍到中国。

20世纪初期，自然主义文学思潮对日本文学产生了较大影响。这一时期，日本涌现出了大量自然主义小说家，如国木田独步、田山花袋、岛崎藤村等，他们创作了大量自然主义小说，这些自然主义小说在20世纪末期开始陆续被翻译到中国。白桦派是近代日本文学的代表派别，白桦派所倡导的人道主义和理想主义在20世纪二三十年代契合中国文学的理想，因此，日本白桦派小说在新文化运动后被大量翻译到中国，如白桦派代表武者小路实笃的戏剧和小说，以及志贺直哉等小说家的大量作品等。日本新思潮派代表作家芥川龙之介和菊池宽等人的小说在20世纪早期，最早被鲁迅翻译到中国。1927年芥川龙之介自杀，引发了日本文坛的极大震动并迅速波及中国文坛，掀起了中国翻译新思潮派作品的高潮。20世纪20年代末30年代初，日本耽美派小说也被翻译到中国。

1937年，日本帝国主义发动了全面侵华战争，中日文学交流受此影响，一度停滞不前，中国近现代小说的翻译陷入了空前低潮。

其二，文学翻译方法的变化。

民国时期日本文学翻译的方法与晚清时期日本文学翻译的方法相比产生了较大改变。晚清时期，梁启超在翻译日本文学时主要采用了"豪杰译"的方法，这种翻译方法对20世纪初期的文学翻译产生了较大的影响。新文化运动时期，文学翻译活动十分繁荣，这一时期的许多文学家同时也是翻译家，如鲁迅、周作人、茅盾、周立波等。新文化运动时期是我国翻译理念的发展期。在民国时期的日本文学翻译中，鲁迅和周作人在推动文学翻译题材和方法的转变中做出了重要贡献。鲁迅和周作人在20世纪初期进行文学翻译时，受梁启超的影响采用了"豪杰译"的方法。1909年前后，鲁迅和周作人不再使用"豪杰译"的方法，开始使用文言文对日本文学进行直译。新文化运动中，白话文运动兴起，鲁迅和周作人开始用白话文直译的方法进行日本文学翻译。1918年6月，周作人使用白话文在《新青年》上发表了其翻译的日本文学作家江马修创作的小说《小小的一个人》。1919年，鲁迅使用白话文翻译了日本作家有岛武郎的《与幼小者》。这一时期，我国许多学者提出了在翻译界具有重大影响的翻译理论。例如，茅盾提出文学翻译必须讲究"神韵"；鲁迅等则提出了"直译"和"硬译"的观点，这一翻译方法对20世纪二三十年代的日本文学翻译产生了深远影响。

二、晚清民国时期中国文学在日本的译介与传播

晚清民国时期，在中国对日本文学进行大规模译介和传播的同时，日本对中国文学也在进行译介和传播。在中日两国交流的历史上，日本文化深受中华文化的影响，中国文化传入日本后，被统称为"汉学"。明治维新时期，汉文化的影响几乎渗透到古代日本社会的方方面面。明治维新前，中国文学在日本的翻译和传播十分兴盛。明治维新后，日本效仿西方制度进行改革，中国文学在日本的翻译逐渐呈下降趋势。晚清民国时期，随着日本国内文化环境的变化，以及中国文学变革活动的推进，日本文学家和学者开始对中国文学史进行研究，并对中国近代文学进行翻译和传播。

（一）日本对中国文学史的研究

1877年，日本西南战争结束后，自由民权主义兴起，出现了一些过激言论，倡导全面欧化。1883年，日本的欧化主义达到极端，日本出现了废除国语、采用西语的倡导，更有人提出了改良人种的倡议。为了遏制过度的欧化主义，日本文部省作为教育主管部门，开始对明治维新以来的西洋式认知方式和功利性教育方式进行改革，发扬日本国学、佛学文化和汉学文化。1886年，西村茂树发表了《日本道德论》，提倡以皇室为中心的国民道德，成为国粹主义的先驱。1887年，日本民族主义和国粹主义抬头，日本发起了保存国粹的运动，成立了多个倡导国粹的团体。1889年日本颁布了《大日本帝国宪法》，确定了基本国体。1890年日本颁布《教育敕语》，规定了基本教育方针。在这些政策的倡导下，日本的民族意识逐渐加强，在学习西洋文化的同时，也开始建立东洋文化，在学术界构建西洋学和东洋学（日本学）的二元体系。西洋文化的源头在古希腊和古罗马，而日本文化的源头在中国。随着日本学术界对东洋学术思想的大力宣传，日本社会重新兴起了一股"汉学热"。

19世纪末期，随着西方史学观传入日本，日本学者开始运用西方史学观对中国文学史进行研究，出版与发表了大量中国文学史书籍或文章。日本学者创作的中国文学史集中出版和发行，导致了日本新汉学者的产生，掀起了

日本学者对中国文学研究的热潮。

1877年,东京大学成立,成立之初即设立了汉文学科,1886年东京大学改制成为日本唯一的一所帝国大学;1882年,东京大学设立了古典讲习科;1885年,东京大学文学部设立了哲学科、文学科和汉学科。1890年,东京专门学校开设了以中国小说、戏曲为特色的文学科,开始将中国文学纳入日本大学学科体系中。1889年,日本学者森槐南受聘于东京帝国大学,在东京帝国大学开设了中国小说、戏曲课程。1906年,日本京都大学文科大学正式设立,1908年,文学科设立。随后,京都大学文科大学进行课程调整和改革,史学科内设置了"东洋史学"讲座。这一时期,"日本的中国文学研究是小说、戏曲的全盛时代,那时候大体的风气是,谁都不会把诗文作为研究对象,要研究的话必须是研究作为新领域的戏曲、小说。"① 由此可见,日本高校所研究的中国文学主要为中国通俗文学,即小说和戏剧。

除在高校中设置中国通俗文学的相关专业外,日本还创立了研究中国文学的专门的学术期刊和出版物。1881年,日本学术杂志《斯文一斑》创刊,后更名为《斯文》,是日本近代著名的汉学杂志。1891年《早稻田文学》创刊,成为研究中国文学的重要阵地。《早稻田文学》以纯粹的文学刊物而闻名,日本学者森槐南等人在这一刊物上发表了大量研究中国文学的文章,如《<红楼梦>论评》等。此外,在19世纪末期,日本还创立了《帝国文学》《江湖文学》《城南评论》《文章世界》刊物等。进入20世纪后,日本研究中国文学的学术期刊和杂志进一步专业化、规范化和稳定化。除了专业的学术期刊,19世纪末20世纪初,日本还出版了多部中国文学史专著。

(二)民国文学在日本的译介与传播

民国时期,随着新文化运动的开展,中国文学开始展现出全新的风貌。从语言上来看,使用白话文进行创作,与中国古典文学的文言创作产生了较大区别;从文学体裁和创作手法上来看,较之古典文学更加丰富,更具创新性。

20世纪20年代,中国以新文化运动为标志,掀起了中国新文化革命的浪潮,这对明治维新中形成的日本汉学产生了较大刺激,引发了日本自由主

---

① 张真.狩野直喜与日本的中国俗文学研究[J].国际汉学,2018,(4):68-75.

义派知识分子的关注。早在1919年,日本学者青木正儿即发表了《觉醒中的中国文学》一文,对中国五四新文学进行关注。1920年8月,日本学者青木正儿、小岛祐马等向日本读者介绍中国新文化运动旗手鲁迅及其作品。同年9—11月,日本学者青木正儿发表了长篇论文《以胡适为中心的汹涌澎湃的文学革命》。在这篇论文中,青木正儿详细介绍了胡适的《文学改良刍议》及陈独秀的《文学革命论》,以及中国新文化运动中的代表学者和作家,并就中国五四运动前后文学革命的问题进行了严肃探讨。除青木正儿外,日本其他学者也开始关注中国新文化运动以及五四新文学,并对部分中国新文学作家的作品进行译介和传播。

自20世纪20年代以来,中国五四新文学作品陆续被翻译到日本,其中以鲁迅的文学作品最具代表性。鲁迅作为中国新文化运动的旗手,不仅在中国现代文学的建设和发展中起着举足轻重的作用,还在中日文学交流中起着十分重要的作用。鲁迅于1902年2月赴日本留学,1909年6月回国,在日本生活、学习了7年。在此期间,鲁迅对日本文学进行了较为深入的研究,并在20世纪初的日本文学翻译浪潮中起着领袖作用。1918年,鲁迅发表了我国现代文学史上第一篇白话小说《狂人日记》,随后创作了《孔乙己》《药》《阿Q正传》等多部小说和大量杂文、随笔、评论,是中国新文化运动的先驱和中国现代文学的奠基人。鲁迅一生创作了800多万字的著译,他的《呐喊》《彷徨》《野草》《朝花夕拾》等作品一版再版,被翻译成英、俄、德、法、日等多种文字,饮誉全球。

日本文学界对鲁迅十分关注。1922年8月,日本《读卖新闻》以《中国当代新人物》为题,对中国新文化运动中涌现出来的代表性作家和作品进行了为期一个月的报道。1923年,丸山昏迷以《周树人先生》为题,对鲁迅及其作品进行了介绍。之后,日本出现了大量专门介绍鲁迅的文章,如1930年泽村幸夫的《周树人·宋子文》、1931年大内隆雄的《鲁迅与他的时代》、1932年增田涉的《鲁迅传》等。1924年至1928年,日本学者小田岳夫在日本驻杭州领事馆任职,在此期间,他收集了大量研究中国新文学、中国作家的素材,并创作了短篇集《漂泊的中国作家》和长篇小说《义和团事件》,对中国新文化运动的作家和作品进行介绍。小田岳夫尤其关注鲁迅的创作与翻译,在20世纪30年代发表了《中国作家与人生的热情》《鲁迅与翻译》《鲁迅的文学生涯》《漂泊与鲁迅》《中国作家的备忘录》《鲁迅与林语堂》等文章，其中，《中国作家与人生的热情》《中国作家的备忘录》等文章对鲁迅、郁达夫、茅盾、冰心等作家的作品进行了介绍。1940年，小田岳夫在日本《新潮》杂志连载其创作的《鲁迅传》，对鲁迅及其作品的创作进行了深度解读。

鲁迅文学作品在日本的翻译和传播主要包括日本学者对鲁迅文学作品的翻译和鲁迅本人对其文学作品的自译。

20世纪20年代，鲁迅在进行文学创作以及翻译日本小说的同时，还将自己的文学作品翻译成日文并在日本的期刊上发表。1922年，鲁迅创作了小说《兔和猫》。1923年，鲁迅将其创作的《兔和猫》翻译成日语，并在日本人创办的日文刊物——《北京周报》上刊登。除此之外，20世纪30年代，鲁迅还翻译了自己创作的多篇文章，这些小说和文章除刊登在《北京周报》上外，还在日本的《朝日新闻》《文艺》《普罗文学》等刊物上发表。

在日本学者青木正儿等人的介绍和传播下，日本兴起了对鲁迅文学作品进行译介的热潮。1922年，鲁迅的小说《孔乙己》被翻译成日文，并且在日文刊物《北京周报》上发表。1928年，日本学者井上红梅将鲁迅的《阿Q正传》翻译并介绍到日本，井上红梅还在鲁迅《阿Q正传》的译作附言中指出："鲁迅小说《阿Q正传》是中国文艺复兴时期（新旧文化交替时期，笔者注）的代表作。作品描述了辛亥革命的牺牲品———一位农民悲惨的一生。……鲁迅用一流的写作手法辛辣地讽刺了辛亥革命当时的状况。像阿Q那样无辜地成为革命牺牲品的小人物的生活状况，就是当时中国的实际国情。……虽说是奇人传，却也真实地反映了当时中国民众的真实生存现状。"[①] 由此可见，井上红梅对鲁迅文学作品具有较为深刻的理解。

1923年，鲁迅小说集《呐喊》出版，这是鲁迅的第一本作品集，包括其于1918—1922年创作的14篇作品，即《药》《明天》《风波》《故乡》《阿Q正传》《一件小事》《鸭的喜剧》《兔和猫》《社戏》《孔乙己》《头发的故事》《狂人日记》《端午节》《白光》。《呐喊》出版后，引起了日本学者的关注，并引发了日本学者的翻译热情。1932年，日本学者井上红梅率先翻译并出版了鲁迅的《呐喊》。1935年，由增田涉、佐藤春夫等人合译的《鲁迅选集》出版，

---

① 鲁迅.阿Q正传[M].井上红梅,译.日本：風呂で読める文庫100選,2006(4)：193.

1937年日本学者翻译的《大鲁迅全集》出版。

综上所述，新文化运动后，中国五四新文学的发展引发了日本学者的关注和翻译，其中，鲁迅作为中国五四新文化运动的旗手，其文学作品获得了日本学术界的重点关注。

第二节　晚清民国时期中国文学对日本文学的影响

纵观晚清民国时期中日两国文学的交流，主要以翻译文学为主要交流方式。新文化运动前，在梁启超所发起的"小说界革命"的影响下，中国知识分子和作家掀起了翻译日本文学的热潮，而这一热潮在新文化运动后逐渐达到高峰。新文化运动后，随着中国新文学的发展，日本学者开始对中国新文学的改革和作家、作品进行关注，并将以鲁迅为代表的中国五四新文学作家的作品翻译到日本。因此，晚清民国时期的中日两国文学互有交流和影响。这一时期中国文学对日本文学的影响主要体现在以下两个方面。

一、清朝通俗文学题材对日本文学的影响

早在西方文学传入日本之前，中国文学即通过官方或民间渠道广泛传入日本。19世纪后半叶，日本民间对中国文学典籍的翻译与研究之风仍然十分兴盛。

19世纪末至20世纪初期，中国清代通俗小说《聊斋志异》《红楼梦》等传入日本，引发了日本学者对中国通俗小说体裁的模仿与创作。中国古典小说《水浒传》《醒世恒言》《三国演义》《今古奇观》《警世通言》《金瓶梅》等相继传入日本，并在日本流传开来。清朝小说《聊斋志异》传入日本后，与其他小说的命运不同，当时并未流传开来。进入明治时期后，《聊斋志异》才开始被较大范围地翻译与传播，并对日本近代文学的题材和内容产生了较大影响。

《聊斋志异》具体传入日本的时间和方式不详，据有关学者研究考证，《聊斋志异》传入日本的时间为江户时期，大约在成书不久即传入日本。然而直到1890年左右，日本学者翻译的《聊斋志异》才传播开来。1890年，

日本学者森鸥外之妹小金井喜美子翻译了《聊斋志异》中的《画皮》一文，并在日本期刊上发表，这一版本的开头和人物介绍较为简单，内容基本忠实于原著。继小金井喜美子之后，日本诗人和小说家国木田独步对《聊斋志异》进行了翻译。国木田独步对《聊斋志异》十分痴迷，对其语言和奇幻志怪题材大感兴趣，指出该小说的形式是日本小说所没有的，语言丰富而新鲜，同时具有较强的凝练的特点。国木田独步对《聊斋志异》中的《黑衣仙》《王桂庵》《石清居》《胡四娘》进行了翻译，并刊登在《东洋画报》上。1905年，日本诗人蒲原有明对《聊斋志异》中的7篇文章进行了翻译。除以上早期翻译外，日本学者柴田天马、木下杢太郎以及日本小说家佐藤春夫、田中贡太郎等均对《聊斋志异》进行了长达数年甚至数十年的研究，并翻译了其中的多部作品。这些日本学者翻译的《聊斋志异》译本，或单独刊登于期刊上，或各自结集出版，或与其他中国短篇小说一起结集出版。

自19世纪后半叶《聊斋志异》传入日本至今，日本历代学者对《聊斋志异》进行了多种版本的译介和研究。这些翻译作品在日本流传开来后，对日本近代小说的创作产生了极大影响。

《聊斋志异》于江户时期传入日本后，日本学者在对《聊斋志异》进行翻译的同时，还对《聊斋志异》中的故事进行了改写，使其更符合日本民众的接受习惯。例如，日本学者都贺庭钟于1786年对《聊斋志异》中的《恒娘》进行了改写；1792年，日本学者森岛中良对《聊斋志异》中的《画皮》《酒友》《凤阳人士》《促织》等7篇小说进行了改写；1797年，日本学者曲亭马琴对《聊斋志异》中的《书痴》进行了改写。18世纪日本作家对《聊斋志异》的改写为19世纪末20世纪初期日本文学家创作灵异奇幻题材的作品奠定了基础。

明治时期，日本著名小说家芥川龙之介受《聊斋志异》中《酒虫》《诸城某甲》《鼠戏》《雨钱》《崂山道士》等小说的影响，创作了《酒虫》和《仙人》。其中，芥川龙之介明确指出《酒虫》取材于《聊斋志异》。蒲松龄的《酒虫》是一篇短篇小说，而芥川龙之介改写时，则对情节和人物进行了较大改动。此外，芥川龙之介的《仙人》则取材于《聊斋志异》中的《鼠戏》《雨钱》《崂山道士》等小说。除了芥川龙之介，日本作家太宰治等人也从《聊斋志异》中获得灵感，并对其中的一些短篇小说进行了改写。改写后的小说中增加了大量景色描写及诗词作品，为小说增添了新的魅力。

除对日本近代小说家创作灵异和奇幻题材小说产生较大影响外，蒲松龄的《聊斋志异》还对日本儿童小说的创作产生了较大影响，为日本儿童文学提供了丰富的素材。例如，日本儿童作家小山内薰于1918年以《聊斋志异》中的《偷桃》一文作为素材创作了儿童文学作品。除《聊斋志异》外，中国传统古典小说《西游记》也对日本儿童文学和奇幻文学的创作产生了较大影响。

二、清朝通俗文学对日本浪漫文学的影响

19世纪初期，继18世纪传入日本的中国通俗小说后，《西厢记》《窦娥冤》等文学作品相继传入日本。19世纪末至20世纪初期，随着中国学者如黄遵宪、王国维等赴日，中国古典文学《红楼梦》等传播至日本，引发了日本学者对中国古典文学史的关注与研究热潮。日本学者盐谷温在《中国文学概括讲话》中指出："王氏游寓京都时，我学界也大受刺激，从狩野君山博士起，久保天随学士、铃木豹轩学士、西村天囚君士、亡友金井君等都对斯文造诣极深……呈万马骈镳而驰骋的盛况。"① 由此可见王国维等学者赴日对日本学者的影响。

清朝通俗文学对日本女性文学和浪漫主义文学的影响主要通过《红楼梦》等文学作品表现出来。日本有关资料显示，1793年，中国古典主义文学作品《红楼梦》传入日本。之后，《红楼梦》的不同版本通过各种途径源源不断传到日本。甲午战争后，中国学者黄遵宪作为晚清驻日使臣的参赞赴日，受到了日本汉学家的极大欢迎。黄遵宪在与日本汉学家进行交流时，极力推荐《红楼梦》，并称其为"古今第一小说"，引起了日本汉学家的关注。之后，《红楼梦》还曾作为日本的外国语学校教材使用。

《红楼梦》传入日本后，引发了日本学者的翻译热潮。1892年，日本汉诗人森槐南开始对《红楼梦》进行翻译。之后，日本学者长井金风、幸田露伴等均对《红楼梦》的部分章节进行了选译。1940年，日本学者松枝茂夫对《红楼梦》全文进行了翻译并出版。尽管19世纪末20世纪初期日本学者对《红楼梦》的翻译大多为选译，然而这仍然对日本近代文学创作产生了较大

---
① 转引自詹征征.近代留日学生与中日文化交流研究[J].北方文学，2016(4)：199-200.

影响，主要表现在对日本浪漫主义文学的影响上。

《红楼梦》被翻译为日文后，对日本学者、诗人和小说家岛崎藤村产生了重要影响。1887年岛崎藤村考入明治书院后，开始对文学产生浓厚兴趣，并于1906年发表了第一部批判现实主义长篇小说《破戒》，这部小说被日本作家夏目漱石誉为"明治时代的第一部小说"。岛崎藤村从明治学院毕业后，创办了《女学杂志》，并开始在这本期刊上发表译作和诗作。1892年，岛崎藤村在《女学杂志》上发表了其翻译的《红楼梦》中的第十二回。之后，岛崎藤村等人借助《女学杂志》和《女学生》两大平台团结了一批青年文学家，这批青年文学家在日本发起了浪漫主义文学思潮。有关学者研究指出，岛崎藤村等人的浪漫主义精神在一定程度上受《红楼梦》中贾宝玉和林黛玉的叛逆精神的影响。

综上所述，19世纪末至20世纪初期，日本学术界对中国以《聊斋志异》和《红楼梦》为代表的一批文学作品的翻译和研究，在一定程度上推动了日本近代文学题材的变革和文学思潮的产生，对日本近代文学的发展产生了重要影响。

第三节　晚清民国时期日本文学对中国文学的影响

晚清民国时期，日本近代文学在中国的翻译和传播，不仅促进了中国近代文学的成熟与繁荣，还对中国文学的语言、题材、创作等产生了重要影响。

一、语言影响

晚清民国时期，日本文学的翻译对我国文学语言的变革产生了一定影响。中国古典小说的语言为文言，文言作为中国传统古典文学的重要文学语言，是在长期的历史发展中形成的。文言作为一种文体，最早产生于先秦时期，其后在历朝历代的发展中，经历了多次变革，导致我国不同时期文言体裁的风格稍有差异，然而整体风格却大致相同，具有词汇丰富、表述精练的特点。

（一）客观上推动中国文学白话语言的发展

1840年鸦片战争后，受西方政治、经济、军事和教育的影响，清政府开始实施洋务运动，试图向西方学习，实现富国强兵的目的。甲午战争失败后，晚清政府进行反思的同时，开始通过外派留学生和翻译大量西方书籍来引进西方先进的科学文化知识成果，以全面提高国内民众的知识水平。在引进西方科学文化知识的过程中，文言文由于无法适应传播先进思想的需要，成为社会变革和发展的重要障碍，因此清朝末年的一些学者呼吁废除文言文，倡导白话文，以实现言文合一，从而普及西方科学文化知识，适应社会变革的需要。为此，晚清学者发起了白话文运动，社会上出现了用白话文写作和用白话文办刊的风潮。1905年，清政府废除科举制度，文言在社会中的地位和影响力极大下降，使用白话文的呼声越来越高。五四运动时期的新文化巨擘陈独秀也曾就统一语言的必要性进行阐述。1920年4月，民国政府教育部全面废除文言书，开始采用统一的白话文，肯定了白话书面语在现代国家作为统一标准语的合法性地位。

在此过程中，白话文翻译小说也成为五四运动前后白话文文学实践的重要组成部分，为白话文通俗小说的发展带来全新生机。白话文通俗小说翻译实践在白话文文学创作中起着十分重要的作用。从语言角度来看，白话文通俗小说翻译让中国近现代小说家进一步认识到了使用白话语言创作小说的优势。早在1905年，一些翻译家在使用白话语言翻译外国侦探小说时即指出："这种侦探小说，不拿白话去刻画他，那骨头缝里的原液，吸不出来，我的文理，够不上那么达。"[1] 由此可见，小说翻译家在使用白话语言进行文学翻译时，逐渐认识到了白话语言与文言相比在文学表达方面的独特优势，这在一定程度上有助于当时的学者了解和认识、探索白话语言表达。日本文学翻译作为20世纪初期中国文学翻译的重要组成部分，客观上对推动中国白话文运动产生了一定的积极作用。尤其是自鲁迅、周作人等人率先使用白话文直译的方式翻译日本小说后，中国学者和作家纷纷开始使用白话文进行文学翻译。

晚清民国时期的日本文学翻译一方面在客观上推动了中国的白话文运

---

[1] 潘超青，邹红.语言选择与中国现代话剧文体嬗变研究[M].北京：中国电影出版社，2018：88.

动,另一方面对中国文学的语言产生了较大影响,主要表现在丰富中国文学语言词汇和推动中国文学语言欧化倾向等方面。

(二)引进了大量外来词语

晚清民国时期对日本文学的翻译使日语词汇大量进入我国,客观上丰富了我国现代文学词汇。中国学者高名凯在其所著的《现代汉语外来词研究》中指出:"日语词汇对现代汉语词汇的影响很大,是现代汉语词汇中的外来词的主要来源之一,甚至可以说是最大的来源,许多欧美语言的词都是通过日语转入现代汉语词汇里的。"① 日语词汇进入中国的途径主要包括两条,一是留日学生对日语的广泛应用,二是日本翻译书籍的传播。而日本翻译书籍中即包括日本文学翻译。晚清民国时期,日语词汇通过日本文学翻译进入中国与鲁迅等人倡导的直译观有着直接关系。

早在 20 世纪 30 年代初期,以鲁迅、瞿秋白等为主的一批学者即提出了从文学翻译中创造新的中国现代语言的观点。1931 年,瞿秋白在写给鲁迅的信中指出:"翻译——除能够介绍原本的内容给中国读者之外——还有一个很重要的作用:就是帮助我们创造出新的中国现代言语。中国的言语(文字)是那么贫乏,甚至于日常用品都是无名氏的。中国的言语简直没有完全脱离所谓'姿势语'的程度——普通的日常谈话几乎还离不开'手势戏'。自然,一切表现细腻的分别和复杂的关系的形容词,动词,前置词,几乎没有。宗法封建的中世纪的余孽,还紧紧地束缚着中国人的活的言语,(不但是工农群众!)这种情形之下,创造新的言语是非常重大的任务……翻译,的确可以帮助我们造出许多新的字眼,新的句法,丰富的字汇和细腻的精密的正确的表现。因此,我们既然进行着创造中国现代的新的言语的斗争,我们对于翻译,就不能够不要求:绝对的正确和绝对的中国白话文。这是要把新的文化的言语介绍给大众。"②

鲁迅指出:"这样的译本,不但在输入新的内容,也在输入新的表现法。中国的文或话,法子实在太不精密了,作文的秘诀,是在避去熟字,删掉虚字,就是好文章;讲话的时候,也时时要词不达意,这就是话不够用……

---

① 高名凯,刘正埮. 现代汉语外来词研究 [M]. 文字改革出版社,1958:158.
② 《瞿秋白文集》编辑委员会. 瞿秋白文集 (2)[M]. 北京:人民文学出版社,1953:232.

要医这病，我以为只好陆续吃一点苦，装进异样的句法去，古的，外省外府的，外国的，后来便可以据为己有。"①

从鲁迅等人倡导的翻译观点来看，鲁迅等新文化运动先驱为了推动中国白话文的发展，有意识地通过翻译活动引入外来词汇并充实到中国现代汉语中。在这一翻译思想的指导下，近代中国的日本文学翻译丰富了现代汉语词汇，促进了现代汉语的复音化和现代化，使现代汉语表达更加精准，从语言层面促进了中国文学的发展。

在肯定近代中国日本文学翻译推动了中国文学语言发展的同时也应看到，由于日本近代文学受西方近代文学的影响较大，在语言和句式表达上不可避免地受到西方近代文学的影响，因此，直译的翻译方法所形成的翻译语言也相应地具有欧化风格。翻译文学的欧化风格对我国20世纪三四十年代的文学创作产生了深远影响，在一定程度上影响了中国文学的大众化发展。

由于国外语言表达习惯与中国语言表达习惯不同，因此，在这些外国文学的翻译中存在大量欧化句式、语法和大量外来词语，长此以往，西方语言词汇、语法、句式和修辞等逐渐内化为新文化运动后的中国文学作家的文学创作语言特色，影响了一大批五四后成长起来的中国青年作家。五四运动时期白话文运动的代表几乎均为具有留学经验的精英知识分子，他们在推动文言文向白话文语言转变的过程中，借用了较多西方文学语法及词语，创造出了一种既具有欧化句式特点，又带有较强的古典特点的混合式语言，这种文学语言与当时社会上文化水平较低的普通大众的语言存在一定的差距。除此之外，新文学的表达技巧和表现手法等方面也表现出较强的欧化特色。例如，使用倒叙、插叙等多种叙事手法，在人物描写中注重人物的心理描写而较少对人物的动作进行描写等。这些特点均表明五四新文学运动的语言具有较强的文人色彩，导致五四新文学的语言无法被当时的大众所接受，有脱离大众的倾向。

二、文学观念的影响

晚清和民国时期，中国知识分子对日本文学的大量翻译，对中国知识分子的文学观念产生了较大影响，扭转了中国知识分子将小说视为末流和轻视

① 长庚.几条"顺"的翻译[J].北斗（上海1931），1931(4)：105-106.

日本文学的观念。

晚清和民国时期，中国翻译的日本文学作品大多为日本小说。小说作为一种文学体裁，早在中国古代即已出现。"小说"一词最早见于我国《庄子·外物》："饰小说以干县令，其于大达亦远矣。"《庄子》中所说的"小说"并非现代意义上的文学种类的名称，但这篇文章指出小说是"小道"，与"大达"相对立，远远比不上"大达"。从这句话中所表现出来的对"小说"的态度可以看出，"小说"这一概念从它刚刚被命名的那一刻起即受到了一定程度的轻视。尽管《庄子》中所表达的含义与现代观念中的"小说"含义相去甚远，但这种观念却深刻地影响了中国传统文人的观念。受这一观念的影响，中国传统文人认为诗词为文学正统，而小说则为文学末流。小说自古以来就受到中国文人的轻视。这一观念在晚清时期仍然存在。

晚清时期，梁启超等人将日本的政治小说作为一种政治改革的工具引进中国，并大力推荐，带动了中国政治小说的创作。尤其是梁启超在翻译日本小说时意识到小说的社会功能而发起了"小说界革命"，对小说的地位和功能进行强调，以其创办的刊物《新小说》作为阵地大力宣传"小说"这一文学体裁在开民智方面的重要作用，否定小说是末流的观念，极大地提升了小说的地位。之后，随着晚清和民国时期中国翻译日本小说高峰的来临，各种题材的日本小说大量进入中国，极大地撼动了古典诗词在中国的地位。由于小说较之诗词具有通俗性强的特点，加之新文化运动前后，大量白话翻译小说的出现，小说这一文学体裁在中国被广泛接受，中国传统的文学观逐渐改变，小说在中国文学中的地位也逐渐提高。

新文化运动后，中国知识分子将日本翻译小说作为政治改革工具的观念得到改变，中国知识分子不再一味强调日本翻译小说的政治功能，而开始注重日本翻译小说文学本身的艺术功能。因此，中国翻译日本小说的类型逐渐增多，除政治小说外，通俗文学和纯文学成为翻译的重点。日本各种思想和流派小说被翻译和介绍到中国，对推动中国文学观念的改变产生了重要作用。例如，日本白桦派小说主张新理想主义为文艺思想的主流，因此也被称为新理想派。白桦派的创作主题是反对战争、反对压迫、追求和平、反对旧道德对自我的束缚、同情弱小者、具有强烈的自我意识。白桦派的这一小说创作观念表现出较强的人道主义精神和理想主义，契合了中国近代知识分子的心境。随着中国知识分子和作家对日本白桦派小说的翻译，一些中国文学作家开始模仿白桦派小说的思想进行创作，推动了中国近代文学的发展。除了白桦派外，对日本左翼文学作品的翻译也促进了中国文学作家意识的觉醒。

总而言之，中国对日本近代小说的翻译，极大地促进了中国近代小说的发展，改变了中国文人视小说为末流的观念，推动了中国小说体裁地位的上升，以及小说艺术的发展和成熟。

晚清之前，在中日两国数千年的文化交流中，中国一直是文化输出国，这就导致中国传统文人不能正视近代日本文学的发展。甲午战争后，晚清朝野虽然形成了"以日为师"的思想，然而由于长期以来的文化输出国地位，以及"天朝上国"的思维所限，中国知识分子并不能清楚地了解日本文学的发展。

晚清民国时期大量日本翻译小说进入中国，使得中国知识分子和文学作家真切地意识到日本文学的崛起。尤其是新文化运动以来，中国知识分子和作家所翻译的日本小说的种类和体裁越来越丰富并具多样化，这使得中国知识分子逐渐改变了轻视日本文学的观念，从而推动中日两国文学在平等的条件下开展交流。

三、小说题材的影响

晚清时期，中国已出现通俗小说，然而这些通俗小说大多延续了明清小说的题材，范围较为狭窄。而晚清民国以来翻译的日本小说题材十分广泛，不仅包括政治小说，还包括理想小说、侦探小说、科幻小说、教育小说。这些题材丰富的小说被引入中国，极大地推动了中国小说题材的丰富化。

1902年，戊戌变法失败后，梁启超在日本横滨创办了《新小说》期刊，1905年，《新小说》期刊迁至上海。《新小说》不仅刊登各种题材的日本翻译小说，还刊登大量中国知识分子和作家创作的多种题材的小说。根据《新小说》刊载的内容可以发现，图画、论说、历史小说、政治小说、哲理科学小说、军事小说、冒险小说、侦探小说、写情小说、传奇体小说以及世界名人逸事等均可在《新小说》上刊登和发表，这在一定程度上促进了中国小说题材的多样化发展。

晚清时期，梁启超等知识分子翻译了多部日本政治小说。这些政治小说进入中国并在中国流传开来后，促进了中国政治小说的发展。其中较为有名的有梁启超译、柴四郎著的《佳人之奇遇》，周逵译、矢野龙溪著的《经国美谈》，忧亚子译、大桥乙羽著的《累卵东洋》等政治小说。在翻译日本政治小说时，梁启超从政治小说的社会功用出发，将其视为一种推动社会改革的利器。梁启超认识到政治小说的功用后，不仅大力呼吁和宣传政治小说，还亲自创作政治小说《新中国未来记》。受梁启超政治小说的影响，蔡元培创作了《新年梦》，陈天华创作了《狮子吼》等。政治小说的发展还带动了晚清谴责小说的发展。

晚清时期，日本侦探小说、科幻小说的翻译与传播引了中国相应题材小说的创作。例如，1904年的《绣像小说》杂志上，连载了一篇名为《月球殖民地小说》的科幻小说，这篇小说被认为是我国近代第一篇科幻小说。之后，晚清涌现出了一大批科幻小说，如《新法螺先生谭》《电世界》《女娲石》《乌托邦游记》《新石头记》《世界末日记》《空中战争未来记》《光绪万年》等。

中国最早的教育小说为翻译自日本作家山上上泉的《苦学生》。该小说在中国流传开来后，引发了中国教育小说创作的高潮，直接带动了19世纪末期中国知识分子对西方教育小说的翻译和中国近现代教育小说的创作热潮。中国知识分子翻译的日本侦探小说如黑岩泪香的《离魂病》和江见水荫的《女海贼》《地中秘》等，带动了我国侦探小说的发展。

此外，新文化运动前后，中国知识分子对日本白桦派、理想主义、耽美派、新思潮派等多种流派小说的翻译和介绍均带动了中国相应思潮流派的发展，极大地丰富了中国小说的题材。

综上所述，晚清民国时期的许多文学翻译家同时也是文学作家，他们对日本文学的翻译实践有助于小说翻译家、作家、读者学习和借鉴日本通俗小说及纯文学艺术的创作经验，学习日本小说的叙述方式和情节结构，并在此基础上创作出相应题材的小说类型，推动我国小说题材的丰富和繁荣。

四、文学创作手法的影响

晚清民国时期对日本小说的翻译也影响了中国文学的创作手法。

中国传统文学以古典诗词为正统。明清时期，中国的通俗小说逐渐走向繁荣，然而受当时中国传统文学观念的影响，通俗小说虽然倍受广大人民群众的喜爱，却并不为中国传统知识分子所接受。因此，中国古典小说的代表作品，如《水浒传》《红楼梦》等虽然取得了较高的艺术成就，但中国小说的文学创作手法仍然较为单一。晚清民国时期中国学者大量翻译日本小说，不仅促进了中国文学观念的转变，推动了中国文学语言的发展，丰富了文学题材，还直接影响了中国文学创作手法。

日本近代文学的发展受到了西方文学的重要影响，不仅表现在创作思潮上，还表现在创作手法上。中国晚清民国时期翻译的日本小说既包括日本文学作家创作的文学作品，也包括日本文学作家或翻译家翻译的西方国家的文学作品。这些文学作品被译介到中国，同时将西方文学的创作手法传播到了中国，对中国作家的文学创作手法产生了较大影响。例如，日本小说《雪中梅》使用了倒叙手法，梁启超在创作政治小说《新中国未来记》时受其影响也使用了倒叙手法。

除倒叙手法外，近代日本翻译小说对中国现代文学创作手法上的影响，还表现在第一人称叙事、景物描写和心理描写等方面。中国古典小说，如《红楼梦》《水浒传》《三国演义》《西游记》等所使用的叙事角度均为第三人称全知视角。日本翻译小说将西方的第一人称叙事手法介绍到中国后，中国文学作家也开始使用第一人称进行文学创作。例如，郁达夫的《沉沦》，借鉴了日本"私小说"的影响，使用了第一人称进行叙事，具有强烈的主观性和抒情性，侧重作家的自我暴露和个人私生活与心理的描写，开创了中国"自叙传"抒情小说的先河。第一人称叙事与第三人称全知叙事手法不同，其从主人公的视角出发，增强了小说的真实性和可信性。除郁达夫外，郭沫若、鲁迅等现代文学作家均曾使用第一人称的叙事手法进行创作。

中国传统古典小说中较少进行景物描写和人物心理描写，这在一定程度上影响了我国知识分子和文学作家的艺术审美能力。晚清早期的翻译小说中，常常将大段景色描写和心理描写删除，仅保留故事情节。新文化运动前后，随着中国的日本翻译小说逐渐走向繁荣，尤其是鲁迅等知识分子在翻译中提倡使用白话文直译的方法后，越来越多的知识分子和作家在翻译日本小说时对景物描写和心理描写进行保留。随着外国小说翻译的增多，中国小说家也开始改变固有的文学艺术审美方式，逐渐适应这些描写技巧，并开始进行模仿。例如，鲁迅的小说《阿Q正传》中就使用了大量心理描写，鲁迅的散文《故乡》《社戏》等作品中，即存在大量景色描写。景色描写和心理描写的使用，丰富了中国近现代文学的表现手法，增强了文学的艺术感染力。

晚清民国时期，日本翻译小说对中国文学的影响除以上几点外，还包括中国知识分子和文学作家对日本近现代文学的研究。新文化运动前后，以鲁迅、周作人等为代表的中国知识分子和作家除进行日本文学翻译外，还发表了关于日本小说的多篇文章。例如，周作人创作了《日本近三十年小说之发达》《现代日本小说集》等文章，开创了中国人研究日本近现代小说的风气。

第六章

晚清民国时期中日民间艺术交流

第六章 晚清民国时期中日民间艺术交流

第一节 晚清民国时期的中日书法交流

书法在我国传统文化中是一朵奇葩,具有极其独特的美学意义。中国书法作为中国传统文化的核心组成部分,早在中国古代即传播至日本。日本书法家和学者在中国书法的基础上进行创新,形成了具有独特民族特色的日本书法。

一、古代中日书法交流史

汉字是世界上起源最早的文字之一,其在中国传承了数千年的时间,从未中断,创造了世界文字史上的奇迹。中国的汉字是一种以象形文字为主的文字,是由点画组成的。书法在中国产生较早,一般认为,中国书法艺术始于汉字产生初期,伴随着汉字的发展而逐渐发展和完善。在中国数千年的历史中,汉字书写成为一种极具表现力的艺术形式,并形成了许多不同的书法艺术表现手法。书法点画的结构不同,点画间距不同,则书法的形态也不相同。孙过庭在《书谱》中说:"一画之间,变起伏于锋杪;一点之内,殊衄挫于毫芒。"[①] 点画在极其微小的距离中便发生了变化。书法作为一种以汉字承载的文学艺术,既具有艺术的一般特性,又具实用性。在中国书法文化史上,著名的书法作品同时也是一种记载着重要文化或事件的作品,与中国传统文化之间存在着千丝万缕的关系,蕴含着十分丰富的传统文化。

---

① 范桂觉. 与古今书家的二十场约会 论其对中国书法的历史贡献 [M]. 广州:岭南美术出版社,2018:150.

（一）晚清前中日书法艺术交流

中国书法的发展经历了多个阶段。先秦时期，中国汉字最早的形态为甲骨文，甲骨文上的汉字初步具备书法的布局。秦汉时期，小篆字体成为中国第一个也是唯一一个官方规定的标准汉字形态。篆体书法艺术随之发展起来。汉朝时期，篆体、隶书、草书、行书、楷书等字体均已出现，推动汉朝的书法艺术走向高峰。汉朝时期的人们在重视书法的实用价值的同时，也认识到了书法的审美价值，这一时期，涌现出了一大批书法家，例如，曹喜、杜度、王次仲、崔瑗、崔寔、张芝、蔡邕、师宜官、刘德升、梁鹄等，他们推动了中国书法艺术的进一步发展。魏晋时期，草书、楷书和行书三种字体获得了空前发展，涌现出了一大批杰出书法家，如钟繇、王羲之、王献之等。南北朝时期，在继承和发展魏晋以来书法成果的同时，南北朝书法形成了独特的风格，王僧虔、范晔等是当时的书法大家。隋唐时期，中国书法迎来了新的发展高峰，在楷书、草书、行书、篆书等书法艺术方面均涌现出一批名传后世的书法艺术家，如虞世南、褚遂良、欧阳询和薛稷、颜真卿、柳公权、张旭、怀素等，他们共同促成了隋唐书法艺术高峰的到来。宋朝时期，由于朝廷实行重文轻武的政策，宋朝书法艺术达到新的辉煌，并呈现出与唐朝书法艺术不同的特点。这一时期的代表性书法艺术家为蔡襄、苏轼、黄庭坚、米芾等人。元朝时期的代表书法家为赵孟頫，其书法被称为"赵体"。明朝时期也同样出现了一批造诣较高的书法家，然而这一时期的书法艺术却并没有较大突破和创新，代表性书法家包括董其昌、文徵明、祝允明、唐伯虎、王宠、张瑞图、宋克等。清朝时期，书法艺术经历了艰难蜕变，突破了宋、元、明以来帖学的樊笼，开创了碑学，特别是在篆书、隶书和北魏碑体书法方面取得了较高成就，呈现出一派兴盛局面，代表性书法家包括王铎、傅山、朱耷、许友、王时敏、朱彝尊等。

有关资料显示，中日两国早在汉朝时期即已产生文化交流，数千年中历朝历代的中国书法艺术通过多种途径传播到日本。公元5世纪前后，在日本大和时代，中国书法即以百济书法的形式传播至日本。到了日本飞鸟时代，随着日本频繁派遣使者前来中国，中国王羲之、王献之、欧阳询、柳宗元、褚遂良、颜真卿等书法家的作品随之传播到日本。镰仓时代，随着禅宗文化在日本兴起并兴盛，宋元书法传播到日本。江户时代，僧侣黄檗宗来到日本，也把中国明朝时期的书法传播到了日本。明治时期，清朝碑学派被传播到日本。从晚清之前中日两国书法艺术的交流可以看出，中国书法一直处于输出状态，日本单方向引进并研究中国书法。

（二）晚清时期中日书法艺术交流

明治维新时期，日本开始全面转向西学，迎来了"西学东渐"时期。在这一时期，日本上层知识分子大力学习和推广西方科技知识，而将日本的汉籍和汉学视为保守和落后的象征，许多珍贵的汉籍被廉价出售。此时的日本书法艺术呈现出保守不前、日益沉寂的局面。

然而，在这一时期，日本书法家仍然保持着与中国书法艺术的交流。这一时期的中日书法交流主要有两种方式。一种方式为日本书法家来到中国拜中国书法家为师，学习中国书法艺术；另一种方式为中国书法家到日本传播中国书法艺术。

其一，日本书法家来中国学习书法艺术。

从《近代中日书法交流大事年表》①中可以看出，1868—1912年，甚至甲午战争时期，均有日本书法家前来中国学习中国书法艺术。如1878年，日本圆山大迁前来中国拜徐三庚、杨岘为师；1882年，中林梧竹拜潘存为师；1897年，山田寒山拜访吴昌硕；1901年，河井荃庐拜吴昌硕为师；等等。这一时期，日本书法家来中国的目的是拜中国书法大家为师，向中国书法家学习并进行交流。

其二，中国书法家学习日本书道。

晚清时期，在大量日本书法家前来中国学习中国书法的同时，一些中国书法家东渡日本学习日本书道，如杨守敬。杨守敬为湖北省宜都市陆城镇人，是清末民初杰出的历史地理学家、金石文字学家、目录版本学家、书法艺术家、泉币学家、藏书家。1880—1884年，杨守敬以清朝驻日本国使馆一等秘书的身份驻日。作为晚清一代书法大家，杨守敬赴日时，已在金石方面取得了卓著的成就，不仅在书法艺术上有着较高造诣，还形成了独特的书法理论体系。杨守敬前往日本时随身携带着汉、魏、六朝、隋、唐碑帖13000

---

① 浅野泰之.民国时期中日书法交流[D].中国美术学院,2019.

多册。到达日本后,杨守敬与日本书法家松田雪珂等人来往密切。在日本期间,杨守敬所带来的中国大量的碑帖、佳拓、汉印和古钱币等作品古迹使日本书法界大为震动。通过这些作品古迹,日本书法家较为系统地了解了中国书法的发展与历朝历代的艺术成就。杨守敬对日本书法艺术的影响主要表现在以下几个方面。

1. 大力传播碑学

杨守敬赴日期间携带了万余册碑帖、印章等研究六朝书法的资料,引发了日本学者的极大关注。自江户时期,日本实行锁国政策后,中日两国之间大规模的书法交流几乎中断,杨守敬是中日两国书法交流历史上少数携带大量资料进入日本的学者。日本书法家日下部鸣鹤在1957年出版的《书道全集》中指出:"杨守敬来日本,对于当时我国书坛人来说,就如晴天霹雳一般。他所讲的那些话语,全是我国书坛人前所未闻的事实。"[①] 由此可见杨守敬在日本书道史上尤其是近代书道史上产生的重要影响。

杨守敬的卓识,为日本书道界带来了新风。杨守敬还在日本广收门徒,将清朝乾隆至嘉庆年间的金石学派的学术体系和书法理论体系带到日本,培养和扶植了一代日本书法的学风。杨守敬所带来的书法艺术思想促进了日本书法艺术思想的变革,对日本书法艺术的发展产生了重要影响。杨守敬在日本不遗余力地倡导碑学,为明治时期沉闷的日本书坛带来了巨大震动。在杨守敬的影响下,日本书道界开始对楷书、行书、草书假名、篆书、隶书、六朝楷书、隋唐楷书等进行广泛研究,出现了多元书法共同发展的新局面,书法理论研究也开始活跃起来。杨守敬因此被尊为"日本近代书法之父"。

2. 学习和研究日本书法历史

杨守敬在日本大力传播中国六朝书法、倡导碑学的同时,还对日本书法的历史进行了研究和考察,他指出:"日本书家,自以空海为第一,殊有晋人风;小野道风次之;行成卿、鱼养又次之,皆唐时人也。"[②] 除此之外,杨守敬还对日本存留的金石文物进行了广泛的考察与研究。他还将在日本收集的

---

① 转引自孟磊.杨守敬对日本近代书风影响[D].杭州:中国美术学院,2014.
② 转引自王传峰.中日近现代书法交流比较研究[D].杭州:中国美术学院,2012.

古代珍贵书籍全部带回中国并进行了列目整理，对之后的目录学研究有一定的促进作用。

1884年，杨守敬回到中国后依然与日本书坛保持着密切联系，并收日本书法家日下部鸣鹤、岩谷一六、松田雪柯等为徒，经常书信指导。杨守敬在日本传播碑学，激发了日本书法家对中国清朝书法的兴趣，并且吸引了大量日本书法家前来中国学习和交流书法艺术，为晚清时期中日书法文化的交流做出了极大贡献。

纵观晚清时期中日两国的书法艺术交流，仍然以中国向日本输出书法艺术为主。值得注意的是，对于杨守敬带到日本并大力提倡的六朝书法和碑学，一些日本书法家在抱持着浓厚兴趣的同时，受"西学东渐"的时代影响开始重视本国的假名书法，并且将中国书法的长处与本民族文化的个性元素相融合，这为民国时期中日两国书法艺术的交流奠定了重要基础。

二、民国时期中日书法艺术交流

1905年9月，袁世凯、张之洞、岑春煊、端方等大臣上《奏请废科举折》，提出了停办科举和兴办学校的号召。同年，清政府下令废除了延续上千年的科举制度。科举制度要求使用馆阁体进行答卷，因此，在科举制度废除前，中国书法教育主要以馆阁体教育为主，注重书法艺术的实用价值。这在一定程度上制约了古代学生的艺术个性，但也在一定程度上起着弘扬书法教育的作用。科举制度废除后，书法教育不再是科举制度的附庸，逐渐从讲究实用性的习字教育中划分出来，成为一个独立的艺术门类，开始突出书法的艺术价值。民国时期中日两国书法艺术的民间交流更加频繁。这一时期中日两国之间的书法艺术交流大体可划分为两类，一类为日本书法家来华交流，一类为中国书法家赴日交流。

（一）日本书法家来华交流

民国时期，大批日本书法家来华进行书法艺术考察、调查和交流。这一时期来华的日本书法家根据其目的可划分为两类群体：一类是以会见中国书法家为目的，一类则是以到中国进行书法艺术考察为目的。这里将其划分为来华日本书法家的交往与来华日本书法家的考察两部分进行阐释。

其一，来华日本书法家的交往。

晚清民国时期，中国书法艺术的代表人物为吴昌硕和王一亭，二人均在书画艺术上造诣较高，许多日本书法家慕名前来，拜访二人，并与之交流书法艺术。吴昌硕，以诗、书、画、印"四绝"开创吴派，并于1904年参与开创了西泠印社，1913年出任西泠印社首任社长。据日本学者统计，晚清民国时期与吴昌硕直接交往，或请吴昌硕作书作画的日本人共有90余人。[①] 其中的代表人物有河井荃庐、长尾雨山、北大路鲁山人、冈仓天心、松崎鹤雄、犬养毅、水野疏梅、桥本关雪、内藤湖南等。其中，河井荃庐为吴昌硕的日本弟子，与吴昌硕交往密切。吴昌硕对前来的日本书法家或日本友人十分友好，常常应他们所求创作书法作品并赠送友人。一些日本友人出于对吴昌硕书法艺术的喜爱在日本大力推广吴昌硕的书法艺术。1912年，田中庆太郎在日本刊印了《昌硕画存》，吸引了更多的日本书法家来华与中国书法家进行交流。

王一亭也是晚清民国时期的书画家，受吴昌硕艺术影响较大。王一亭具有日清汽船会社买办的身份，与日本书法家交往十分频繁。王一亭积极支持和参与中日一起创立的书画社团活动，并且大力推广吴昌硕的书法艺术，为促进民国时期中日书法交流做出了一定贡献。除吴昌硕和王一亭外，民国时期来华的日本书法家还拜访中国书法家杨守敬、罗振玉等人，并与之进行书法艺术交流。

其二，来华日本书法家的考察。

除拜访中国书法家并与之交流书法艺术外，民国时期，许多日本来华书法家还到中国进行古迹考察活动。清末民初以来，我国考古发掘取得了重大进展，殷墟卜辞、西北简牍、敦煌晋唐写经等出土，为中国的书法研究带来了新的研究资料，同时也吸引了日本书法家的关注。"二十世纪初期，日本学者为了研究中国古代的文化艺术，来了不少人，他们勤力，一本又一本著做出版。"[②] 日本许多学者对中国的甲骨文感兴趣，抱持着怀疑的态度收集中国出土的甲骨文并对其进行研究，其中以大村西崖、西川宁等人为代表。大

---

① 西泠印社.世界图纹与印记国际学术研讨会论文集(下)[M].杭州：西泠印社，2018：822.

② 王伯敏.大村西崖故居的访问[J].美术观察，中国艺术研究，2008(3)：99-103.

村西崖先后五次赴华进行考察与交流，大村西崖仅第一次到中国期间就观摩古代书画作品五六千幅，并拜访数十位中国收藏家，与中国当地书画家进行交往。大村西崖来华期间还参与创立了西湖有美书画社，并在北京大学举办讲座，为中日民间书画交流做出了较大贡献。类似大村西崖的日本学者在民国期间还有很多，这些日本书画学者来华后，通过与中国书画家的交往，对中国文物进行考察与研究，学习和传播中国书法艺术，同时还传播日本书法文化，为民国时期中日两国的书法艺术交流做出了较大贡献。

（二）中国书法家赴日交流

晚清以来，中国赴日留学生络绎不绝，高峰时期每年万余人赴日。这些赴日留学生大多以学习西洋先进的科技文化为主。1911年，辛亥革命爆发后，一批中国学者东渡日本学习考察的同时，还进行书法艺术交流，其代表人物有康有为、罗振玉、王国维、郭沫若、董作宾等人。

早在辛亥革命爆发前即有一批中国书画学者流亡日本，其中有革命失败的流亡者，有清朝的遗老，有文人学者，也有书画家，还有青年学生等。以康有为、梁启超等人最为著名。这些革命者既是社会改革的倡导者，在书法上也取得了一定造诣，他们在日期间的革命活动与交流客观上推动了中日书法艺术的交流。辛亥革命后，除了革命家外，还有一批清朝遗老出逃日本寻求复国之法，其中最为人们关注的便是罗振玉和王国维。

罗振玉终身致力于搜罗海内外珍本书籍，1901年冬和1909年曾两次赴日考察，在此期间搜集了多本中国失传已久的珍籍异书，此外，罗振玉在金石学上也取得了较高造诣。晚清时期，多位日本学者赴华拜访罗振玉。辛亥革命爆发后，罗振玉的许多好友去世，罗振玉与王国维则准备以身为晚清殉国，经日本的内藤虎次郎、狩野直喜、富冈谦藏、藤田丰八等人说项，他们渡海前往日本。罗振玉前往日本时，携带了其数十年来所收集的古玩字画，并将这些收藏交由京都大学保管，有资料记载："罗氏携二十年来所搜集之各种古玩宝物，离去北京……乃将一切尽行搬运日本，托京都大学为之收藏。"① 日本友人为罗振玉提供了较为安定的居住环境，使其得以投入较大的

---
① 洪再新.自立于国际艺术市场上的"遗老"——试论罗振玉流亡京都期间的学术建树与艺术交易[J].新美术，2010,31(1)：14-25.

精力在学术研究上。早在1899年，中国甲骨文就经学者王懿荣鉴定为古文字，然而由于中国时局动荡，甲骨文研究并没有引起人们的重视与关注，反而引发了西方学者和日本学者的关注和研究。罗振玉定居日本京都后谢绝了一切交往，集中精力研究甲骨文。1913年，罗振玉编印了其所藏甲骨文手拓本《殷墟书契前编》八卷，1914年编印《殷墟书契菁华》，1915年编印《铁云藏龟之余》。1916年，为了对甲骨文进行更加深入的考察，罗振玉回国前往河南安阳考察，并在当地收集甲骨文，之后编印了《殷墟书契待问编》。这些研究成果的发布为我国甲骨文研究奠定了坚实的基础。除甲骨文研究外，在日本期间，罗振玉还托人以邮寄的方式搜寻碑文精拓并编印了《恒农冢墓遗文》《芒洛冢墓遗文》《邺下冢墓遗文》《襄阳冢墓遗文》《广陵冢墓遗文》《吴下冢墓遗文》《三韩冢墓遗文》《六朝墓志菁英》等资料，并对其他石刻资料进行了整理，将结果进行了编印，内容涉及符牌、玺印、封泥、瓦当、石鼓、古砖、泉币、古俑、古镜、壁画等多个方面，开拓了金石考古的多个领域。此外，罗振玉还于1917年编印了《鸣沙石室佚书续编》和《鸣沙石室古籍丛残》，这些书籍中收录了数十种敦煌文献资料，为我国敦煌研究做出了贡献。罗振玉在日期间，迫于生计将其收藏中的一部分转让给日本学者，并大力收集散落在日本的各种珍贵书籍，其中包括大量古代书帖，他将书籍和书帖进行了影印。1919年，罗振玉回国。在日本期间，罗振玉虽然与日本书坛少有交流，然而其研究成果却对日本书坛产生了较大影响，而罗振玉收藏的部分珍贵文物碑帖等流入日本，他又将散落在日本的古书帖等影印并传播到中国，为中日两国之间的书法文化交流做出了较大贡献。

与罗振玉一同赴日的王国维曾于1901年赴日本留学，1902年回国后先后在南通师范学校、江苏师范学校任教并进行文学研究，著有《人间词话》等。1911年，王国维与罗振玉一同东渡日本。王国维在日本期间，一边协助罗振玉进行古文字研究和整理工作，一边以文会友与日本学者进行密切交往，广泛参与日本学术界举行的文化联谊活动。在日期间受生活所迫，王国维为《盛京时报》撰写了大量文章，其中涉及甲骨钟鼎、秦权汉简、唐宋古尺、敦煌遗书、齐鲁封泥、历代碑帖、诗词戏曲等内容。1916年，王国维回国后还与许多日本友人保持着良好交流，为促进中日书法艺术的交流做出了较大贡献。

第六章 晚清民国时期中日民间艺术交流

除罗振玉和王国维外，郭沫若在日本期间也为促进中日两国书法艺术交流做出了较大贡献。郭沫若1914年曾赴日留学，1918年就读于日本九州帝国大学医学部，1924年回国后即参加到中国轰轰烈烈的革命中。1928年，郭沫若逃亡日本，并在日本生活长达十多年。郭沫若到达日本后从事古文字研究活动，出版了《中国古代社会研究》《甲骨文字研究》《殷周青铜器铭文研究》《两周金文辞大系》《金文丛考》《金文余释之余》《卜辞通纂考释》《古代铭刻汇考》《古代铭刻汇考续编》《两周金文辞大系图录》《两周金文辞大系考释》《殷契粹编》等大量学术著作，这些学术著作不仅对古文字研究十分珍贵，也是金石研究的重要著作，对中日两国的书法交流意义重大。

综上所述，民国初年，一批中国学者东渡日本后，通过与日本书法界人士的交往，以及在日本出版古文字和古书法著作或书籍的方式，促进了中日书法文化之间的交流。除此之外，民国时期中日学者还共同创办了多个书画协会，以组织笔会和举办书画展览的方式进行书画艺术交流，这一点将在本章第二节进行详细阐释。

第二节 晚清民国时期的中日绘画交流

中国绘画艺术具有数千年的发展史，是中国传统艺术的重要组成部分。中国绘画艺术还是日本绘画艺术的源头，日本学者中村不折曾指出："中国绘画是日本绘画的母体。"[①] 晚清民国时期，中日绘画艺术受"西学东渐"的影响迎来了新的转折，中日两国民间绘画交流呈现出新的特点。

一、晚清民国时期中日民间绘画交流的背景

日本早期绘画主要为佛教绘画，自中国传入日本。公元6世纪，一些中国艺匠自朝鲜渡海到达日本，将中国的雕刻、绘画、刺绣等手工艺术传播到日本。隋唐时期，中国文化空前繁荣，日本多次派出遣隋使和遣唐使赴中国，大量留学生和学问僧等到隋唐学习绘画艺术，并将隋唐的绘画艺术传播

---

① 转引自王佳蒵.中国近代美术教育的开端——论二十世纪初期日本美术教育对中国的影响[D].长沙：湖南师范大学，2014.

至日本，发展成为日本"大和绘"。13世纪，宋元文人画传播至日本后逐渐演变为水墨画风行日本，日本由此涌现出一批杰出的水墨画家。明清时期，明清绘画传入日本，推动了日本文人画的发展。1731年，清朝画家沈铨来到日本长崎并居留一年，沈铨擅长花鸟画，其在日本居留期间对日本画坛产生了较大影响。清朝同治、光绪年间，一批中国画家渡海赴日，在日本以卖画为生，他们不仅对日本的绘画界产生了一定影响，还在自己的绘画中融入了些许日本画因素，为推动中日绘画艺术交流做出了一定贡献。纵观古代中日两国间的绘画艺术交流，日本绘画与中国绘画之间存在着强烈的依赖关系。这一现象在晚清之后产生了较大变化。

日本在明治维新后，开始全面学习西方艺术，由于西方现代绘画艺术的冲击，日本的传统绘画艺术受到强烈冲击，各种传统绘画种类，诸如大和绘、浮世绘、文人画、狩野派、圆山四条派等无一例外地呈现出一派衰败之象，日本画家纷纷改换门庭学习现代绘画。而日本传统绘画艺术家为了区别西洋画提出了"日本画"的概念，他们对日本传统绘画艺术进行革新，汲取西方现代绘画艺术的优势，兼容日本本土绘画流派的精髓，从而使日本画走上现代发展的道路。为了对日本画进行革新，日本成立了东京美术学校、工部美术学校等开展现代美术教育，运用现代绘画思想指导创作实践，推动日本画朝着现代画的方向全面发展。

反观晚清，鸦片战争前，晚清画坛呈现出一派衰微景象。在此之前，清朝的绘画秉承了明朝的余绪，以"四王"为首的传统派继承了董其昌所梳理的文人画传统，重视寄乐于画，追求平静、安闲、宽泛、清贵的精神境界。然而，清朝末年，由于清政府长期采取闭关锁国政策，我国传统绘画的风格逐渐朝着规范化和程式化的方向发展，画家大多因循守旧，一味追求"复古""摹古"之风，使晚清整个画坛呈现出一派衰微景象。为了改革晚清绘画艺术，康有为提出了"师法西学"的呼吁："中国画学至国朝而衰弊极矣。岂止衰弊，至今郡邑无闻画人者。其遗余二三名宿，摹写四王、二石之糟粕，枯笔如草，味同嚼蜡，岂复能传后，以与今欧美、日本竞胜哉？"[①] 康有为的倡导得到了部分中国书画艺术者的赞同。

晚清政府在内政外交双重困顿之下，为了寻求突破，特选派一批学生出

---

① 王伯敏．中国绘画通史 下[M]．北京：生活·读书·新知三联书店，2018：328．

国留学，学习西方的政治、经济、文化和艺术。早在 1862 年，清政府在北京建立的同文馆即聘请了中西教习以培养翻译人才和制造业人才，不久全国各地成立了各种各样的新式学堂，这些新式学堂的教学多为实业而服务。例如，1866 年，福建马尾船政局所设的课程不仅包括数学、物理、天文学、地质学等科学类课程，还有画学、船图、机器图以及几何画法和西方焦点透视等与绘画技法相关的课程。1867 年，马尾船政局开设了绘事院以培养绘图人才，并称其为图画生。清朝末年，为了兴办实业教育而在新式学堂中开设的新式美术教育在一定程度上推动了我国现代美术教育的萌芽，在我国美术教育课程现代化方面起着重要的里程碑式的作用。然而，这一时期的美术教育着重于美术的实用性，而对美术的艺术性功能涉及较少。

二、中日两国民间绘画交流方式及特点

纵观晚清民国时期，中日两国民间绘画交流的方式主要可细分为留学生群体传播、中日合办书画社团、中日联合绘画展览等多种方式。

（一）留日学生推动中日绘画交流

日本明治维新后，全面引进西方美术体系，并成立了专门的美术学院，教授西方美术理论。晚清民国时期的留日学生中有大量书画艺术学生，这类留日学生在日本学习了西方现代美术理论与技法，他们回国后到各个学校任教，将西方美术理论传播到中国，极大地推动了中国现代美术教育的发展。

李叔同是中国第一个留学日本学习绘画的中国画家，1905 年他东渡日本并考入东京上野美术学校，跟随日本洋画的开山大师黑田清辉学习西洋画，并得到了日本多位书画艺术家的指导。1911 年，李叔同学成回国，先后在天津的直隶模范工业学堂、浙江两级师范学堂、南京高等师范学校等担任美术教师。李叔同最早在中国美术教学中提倡学习西洋画的人物画，在教学中采用西方现代美术理论，并编写了《西洋美术史讲义》，组织了"洋画研究会"，极大地推动了中国现代美术教育的发展。李叔同的多位学生，如曹聚仁、吴梦非、刘质平、丰子恺均成长为中国著名书画家，为中国美术教育的发展做出了重要贡献。

郑锦也是清末民初留日学生之一，于 1908 年进入京都绘画专门学校日

本画科学习，专攻人物画。1914年归国后，他创立了国立北平美术专门学校，即中央美术学院前身，并于1918年担任北平美术学校校长，对推动中国现代美术教育的发展做出了较大贡献。郑锦在担任校长期间采用了日本教学模式，还聘请了大批留日画家到学校任教。潘天寿曾说："到中土画家，受欧西画风之影响，而成折中新派者，民国初年间，在上海则有洪野等，全以西画为本，而略参中法者。在北平则有郑锦等，略带欧西风味，全为抄自日本者。力量均不强，无特别注意之必要。"[1] 尽管郑锦的这种执教方法受到当时国内书画艺术家的诸多诟病，然而不可否认，郑锦在促进中日美术教育交流方面做出了一定的贡献。

清末民初留日学生中的美术学生，归国后大多从事美术教育，在中国传播西方现代美术思想。例如，陈抱一，自日本留学归来后，受聘于上海图画美术院，在教学中极力推行西画的写生方法，并从日本订制石膏模型用于课堂教学。汪亚尘在《四十自述》中写道："民国四年春，陈抱一由日本归来，讲给日本人学洋画的方法，须用石膏模型为练习初步。另外又组织一个研究所，定名叫'东方画会'。"[2] 1925年，上海中华艺术大学创立，陈抱一受聘担任西画科主任委员，其在教学中大力推行素描教育和油画色彩教育，并编写了《油画法之基础》一书作为教材。

在留日学生的参与和推动下，我国美术学校相继成立，并纷纷设置西洋画系。1912年11月上海图画美术院成立，1918年国立北平美术专门学校成立，1920年武昌美术函授学校成立，1922年广州市立美术学校成立，这些学校的成立极大地推动了南方美术教育的发展。广州市立美术学校先后设立了西洋画、专业油画、解剖学、透视学和色彩学、中国画科、艺术师范科等科系，经过几年的发展，广州市立美术学校成长为一所颇具影响力的学校，吸引了一大批著名美术家来校任教，并培养了一大批高素质美术生，为中国现代美术教育的发展做出了巨大贡献。

民国留日学生除促进了西方现代美术艺术的发展外，还推动了日本绘画艺术与中国传统艺术的结合，并因此创造出全新的画风。1919年丰子恺从浙

---

[1] 蔡晓妮.清末民初留日画人学人对中国近代美术的影响[D].南京：南京艺术学院，2004.

[2] 汪亚尘.汪亚尘艺术文集[M].上海：上海书画出版社，1990：55.

江省立第一师范学校毕业，师从李叔同学习美术。丰子恺毕业后与同学吴梦非、刘质平共同创办了上海专科师范学校，并发起创办中华美育会。1921年春，丰子恺赴日本留学主修美术音乐，同年冬即回国。丰子恺在日本留学的时间虽然短暂，然而其在日本学习期间深受日本画家竹久梦二的画风影响，回国后，丰子恺将古诗意境、儿童生活以及社会现实结合起来创造了具有鲜明个人风格的丰氏漫画，并推动漫画成长为一种独具艺术魅力的画种。

（二）中日合办书画社团和中日联合绘画展览

民国时期，随着中日民间学者来往越来越频繁，中日学者共同发起成立了多个民间书画社团，如中日美术协会、西湖有美书画社、解衣社、东方绘画协会、中日艺术同志会等。

中日美术协会于1922年在上海成立，1923年改为会员制，该协会会长由康有为担任，副会长为刘海粟和正木直彦，评议员包括中日两国的书画人才王一亭、黑田清辉、伊集院彦吉、潘琅圃、吕万、彭沛民、唐熊、陈抱一等。中日美术协会的会员共计1322名，这些会员并非均在中国，其中日本会员大多居住在日本。中日美术协会成立不久即创办了《中日绘画月报》，后又更名为《中日美术》，该刊物使用中日两种语言编辑和出版，以月刊形式发行，后因关东大地震于1924年5月改为季刊。中日美术协会不仅通过发行书画刊物和组织笔会的方式进行艺术交流，还通过举办展览的方式进行艺术交流。中日美术协会成立后共举办了五次"中日（中华）绘画联合展览会"，其中四次在中国举办，一次在日本东京和日本大阪举办。《申报》对"中日（中华）绘画联合展览会"进行了相关报道。有关资料显示，在第一至第四次的"中日（中华）绘画联合展览会"上，中日著名书画家几乎均参加了展览。除了会内组织的大规模书画艺术展览外，中日美术协会还为多位有影响的书画家举办了个人展览活动。中日美术协会是民国时期会员最多、规模最大、社会影响最大的中日合办书画社团，在促进中日绘画艺术交流方面起到了重要的推动作用。

西湖有美书画社由吴昌硕、王一亭、大村西崖等中日著名书画家于1923年发起，书画社设立在中国杭州。成立之初，日本《大阪朝日新闻》即对其进行了报道。大村西崖一生曾多次前来中国，考察中国书画，拜访中国的书画名人，并产生了在中国建立中日书画家俱乐部的想法。西湖有美书画社与中日美术协会不同，它于1924年前后在大村西崖的筹建下建立了固定的会馆建筑，"俱乐部建设的土地由唐吉生氏提供，临西湖，西面三层五间、南面二层客厅三间、厨房浴室二间，其他房间均为榻榻米，为方便日本友人起居而建……发起方将根据西湖有美书画社的业绩，更有意在天津、北京等地做同等目的建筑"①。西湖有美书画社成立后，在《申报》发布了征求会员的信息，接纳中日书画家并提供免费住宿，以便于中日书画家的交流。此外，西湖有美书画社还通过举办展览活动、赈灾筹款义展活动，以及为上海图画美术院等国人专门美术学校提供写生住宿等方式为国内外书画艺术家和书画爱好者提供服务，并以这种方式为中日两国绘画交流提供便利。

除了中日美术协会和西湖有美书画社之外，民国时期的中日合办书画社还有解衣社、东方绘画协会、中日艺术同志会等。这些民间书画社常通过创设内部刊物、举办书画展览等方式进行艺术交流。1931年4月28日至5月19日，中日艺术同志会在日本东京举办展览会，所展出的画作不仅包括中日艺术同志会成员的绘画作品，还包括清朝、元朝和宋朝古画，极大地促进了中日两国的绘画艺术交流。

综上所述，中日两国书画艺术家合办社团大多集中在上海、北京等地，多到北京、上海、天津、东京等地举办书画展览，表现出自东南沿海向全国辐射的趋势。民国时期，中日两国书画艺术家共同合办的书画社团，在推动中日书画家友好交流以及两国文化艺术的传播方面发挥了重要作用。1937年日本侵华战争全面爆发后，中日合办书画社团受政治环境的影响逐渐消失。总之，晚清民国时期的中日两国民间书画艺术交流呈现出互相影响的特点。

---

① 浅野泰之.民国时期中日书法交流[D].杭州：中国美术学院，2019.

第三节　晚清民国时期的中日戏剧交流

戏剧是一门兼具听觉和视觉的艺术，从祭祀性的舞蹈中产生，经过数千年的发展，成为一门极具魅力的综合的艺术形式。中日两国的戏剧交流源远流长。古代中日戏剧交流不仅促进了中日双方戏剧艺术的发展，还增进了双方的了解和友谊。晚清民国时期，由于政治经济环境的变化，中日戏剧交流呈现出全新的特点。

一、古代中日戏剧交流与影响

古代中日戏剧交流较具代表性的有两个阶段，即隋唐时期和宋元明清时期。

（一）隋唐时期中日戏剧交流

戏曲艺术，最初是在歌舞的基础上衍变而成的。原始社会时期，歌舞伴随着人民的劳动而兴起，随着时代的发展，衍变出了将歌、舞、音乐融于一体的艺术形式，如《鲁颂》中祭祀时所表演的歌舞等。汉魏时期出现了问答形式的歌舞戏，到了唐朝时期，戏剧艺术逐渐形成。隋唐时期，政治统一，社会安定，为中国文化的空前发展营造了稳定和平的社会环境，尤其是唐朝采取了开明的政策，吸引了周边国家的使者和商人纷纷前来寻求发展。乐舞作为戏剧的早期形式在隋唐时期十分流行。根据《隋书》记载，日本乐舞曾被隋朝列为宫廷音乐之一。日本乐舞传入中国时，隋唐乐舞也传入了日本。根据《日本书纪》记载，公元612年，"百济人味摩之归化，日学于吴，得伎乐舞。则安置樱井，而集少年，令习伎乐舞"[①]。"吴"是古代日本对中国南方地区的统称，"伎乐"则是指中国南方地区的乐舞。由此可见，唐朝初期，中国乐舞已传播到了日本。中国南方乐舞传入古代日本后被称为"吴乐"。日本圣德太子将伎乐定为佛教祭仪，由于佛教在古代日本十分盛行，伎乐随之兴盛。

---

① ［日］舍人亲王.日本书纪[M].成都：四川人民出版社，2019：143.

公元 8 世纪初期，唐朝在原有"教坊"的基础上扩大规模，创设了中国古代最早的皇家乐舞学院"梨园"，专门培养戏曲伶人，唐玄宗亲自担任总管兼教习，弟子达千人。由于朝廷的提倡，唐朝兴起了乐舞之风，盛况空前，唐朝乐舞由此名扬海内外。唐朝乐舞通过日本遣唐使等传入日本，日本司政者将唐朝乐舞作为佛教的重要组成部分进行传播和接受，从而在形式上保持了其丰富性和完整性。随着唐朝乐舞传入日本，唐朝的乐舞理论著作以及相应的音乐和戏曲道具也源源不断地传入日本，对日本戏剧艺术的发展产生了重要影响。公元 8 世纪初期，日本宫廷中设立了"雅乐寮"，将日本和乐、新罗音乐、百济音乐、高句丽音乐、唐乐作为宫廷乐舞蹈进行教习，唐乐从而成为日本乐舞的重要组成部分。日本仁明天皇时代，日本乐舞文化进行了改革，将唐朝乐舞与高丽乐分开，并且重新进行伴奏乐器调配和曲调改革，创作了一批具有日本民族特色的乐舞作品，日本雅乐随之问世。

唐乐传入日本前，散乐即已传入日本。散乐又称百戏，是曲艺、魔术、木偶剧、动物杂耍、滑稽表演的总称。散乐传入日本后备受庶民欢迎，在日本下层社会得到广泛传播，逐渐演变为日本的猿乐。南北朝时期，日本观阿弥与世阿弥父子将文学与猿乐、田乐等融为一体，创造了日本最早的戏剧"能"，之后"狂言"也随之诞生。

（二）宋元明清时期中日戏剧交流

宋朝时期，随着资本主义的萌芽，中国商品经济发达，市民阶层形成，民众渴望更丰富的艺术形式的出现，以卖艺为生的职业艺人应运而生，戏曲开始走向成熟。公元 12 世纪，南方浙江一带出现了南戏，而北方的山西、河北一带则出现了杂剧。元朝时，北方杂剧盛行，推动了中国戏曲的进一步发展。到了明清时期，民间开始流行六大演戏习俗。其一为人生礼仪类习俗，凡小孩出生、满月，结婚，寿诞和葬礼时，皆有请戏班唱戏祝贺之礼。其二为光宗耀祖的喜事，凡是读书、士大夫人家科考得中、升官晋爵等喜事，更需有戏班恭贺。其三为年内的祭祀活动，几乎农历的每个月古代民间均有祭祀活动，例如，一月祭谷神、二月祭土神、三月祭雹神和花神、五月则需送瘟神、七月扫墓祭祖并开"盂兰会"祭鬼、十一月祭祖扫墓、十二月祭灶，民间士大夫、贵族对这些祭祀十分重视，往往会请戏班唱戏酬神祭祖。其四为民间节日，清末民初民间流行许多节日，以清末保定为例，农历正月的节日有春节、元宵节、立春节日，农历二月则有二月二、祭文昌帝君节日，农历三月有寒食节、清明节，农历四月有"浴佛"节，农历七月有"乞巧"节，农历八月有中秋节，农历九月为重阳节，农历十月有寒衣节，农历十一月有冬至节，农历十二月有腊八节。民间对这些节日十分重视，即使是在乡村，节日期间也会集资请戏班唱戏。其五为民间庙会，明清时期资本主义经济萌芽，乡间庙会十分盛行。以北京通州为例，一年中各种名义的庙会不胜枚举，而有庙会则必有戏曲演出方才热闹。其六为农闲聚会，明清时期农闲时节，乡村民众常在聚众娱乐时请各类戏曲班子演唱。

由于民间旺盛的戏曲艺术的需求，明清的各种戏曲文化十分繁盛，这一时期，元杂剧迅速衰落，而南方戏曲兴起，以昆山腔和弋阳腔为代表，整合了元杂剧的特点，逐渐发展起来，并取代元杂剧在全国流行起来。清朝中后期，民间地方戏兴起，梆子和皮黄两大声腔剧种逐渐取代了昆山腔和弋阳腔在中国戏曲中的主导地位，使戏曲艺术更加丰富。乾隆十五年，四大徽班进京，各大剧种相互融合，集各剧种之长，创造了京剧。

宋元明清时期，中国戏曲艺术传入日本，使日本戏曲艺术的种类更加丰富，日本由此产生了木偶戏等戏曲形式。17世纪初期，日本歌舞伎在吸纳日本多种戏曲形式的基础上诞生并逐渐发展成熟。明末清初，随着《西厢记》等戏曲剧本传入日本，日本学界开始对中国戏曲进行研究。

综观古代中日戏剧艺术，其主要以戏曲文化为主。从文化流向来看，表现为中国戏曲文化流向日本文化。

二、晚清民国时期中日戏剧交流与特点

晚清民国时期，在"西学东渐"的大环境下，中日戏剧交流大体可划分为两类。一类为中国戏曲文化在日本的传播与影响，另一类为日本戏剧文化对中国的影响。

（一）中国戏曲文化在日本的传播

其一，日本学术界对中国戏曲文化的研究。

日本明治维新后，全面引进西方科学文化，日本汉学被视为传统文化遭

到冷落。而此时西方史学文化传入日本，日本新一代汉学家开始从科学视角出发对中国文化发展史进行梳理和研究。1897年，日本学者开始对中国戏曲和小说进行研究，并陆续出版了一系列著作。同年，日本学者所著的《中国小说戏曲史》出版，成为世界上最早对中国传统戏曲进行研究的著作，而中国学者王国维所著的《中国戏曲史》也在其之后出版。1907年，日本学术界以东京帝国大学和京都帝国大学为中心开始将中国戏曲纳入高校学术研究领域。20世纪初期，日本的中国戏曲研究进入丰收期，涌现出一大批中国戏曲相关著作，如森槐南的《作词法讲话》、狩野直喜的《元曲的由来与白仁甫的〈梧桐雨〉》《以〈琵琶行〉为题材的中国戏曲》《复刻〈元刊古今杂剧三十种〉跋》《读曲琐言》、盐谷温的《中国文学概论讲话》、久保得二的《中国戏曲研究》、今关天彭所著的《中国戏曲集》等。这些中国戏曲艺术研究成果的出现，表现出日本对中国戏曲艺术的重视。

日本学者对中国戏曲艺术的研究受到中国学者的较大影响。1910年，我国学者王国维出版了《曲录》《戏曲考原》，传到日本后，引发了日本学者的极大关注。1915年，王国维的《宋元戏曲史》问世，对日本学者青木正儿产生了较大影响，促使其对中国戏曲文化进行研究，进一步推动了中国戏曲文化在日本的研究与传播。

这一时期，日本学者对中国戏剧文化的研究以西方史学文化为准则，将中国戏曲置于中西文化背景上进行研究，具有较强的客观性，初步建立了相对宏观的国际视野。这种戏剧研究方法，对中国戏曲研究产生了较大影响。

其二，中国传统戏曲演出在日本的传播。

晚清民国时期，中国传统戏曲曾多次到日本演出。1908年，"清国戏剧改良演艺会"曾在日本表演京剧；1914年，"光黄新剧同志社"赴日演出。然而这两次演出并没有在日本引发大规模轰动，只是在当地华侨中产生了一定影响。20世纪20年代前后，中国京剧表演艺术家梅兰芳多次到日本演出，引发了日本戏曲界的巨大轰动，为中日两国戏剧文化的交流做出了较大贡献。

梅兰芳出身京剧世家，其祖父梅巧玲即为晚清时期的著名花旦。梅兰芳10岁登台，20岁即名满京城。梅兰芳不仅是一位著名的京剧表演艺术家，还是一位戏剧理论家，其一生都在学习和钻研中国戏剧，在继承传统的同时，勇于尝试和创新，从多部经典剧目中积累经验，创立了独特的艺术流派——

梅派，从而形成了中国京剧独具艺术审美的艺术形式。梅兰芳在中国盛行文明新戏和时装新戏时，积极创演时装新戏，受到众多戏迷的欢迎。梅兰芳于20世纪前后在世界各国积极推广京剧艺术，曾多次赴日演出和访问，为促进中日两国戏剧文化的交流做出了重要贡献。

1919年，中国国内军阀割据，在国际上则饱受西方列强的欺凌，在巨大的压力下，中华民族开始痛苦的觉醒，并进行了一系列改革。此时中国的传统戏曲文化受到西方文化的冲击，在这一社会文化背景下，梅兰芳在积极进行戏曲革新的同时，还积极传播中国传统戏曲文化。1919年，梅兰芳一行到达日本，日本民众竞相欢迎，5月1日到12日，梅兰芳在日本帝国剧场连续表演12天，与日本帝国剧场的演员共同表演了中国传统戏曲中的《御碑亭》《黛玉葬花》《贵妃醉酒》《天女散花》《虹霓关》等剧目，演出取得了巨大成功。日本《大阪日报》《关西日报》《东京日日新闻》等媒体对这次演出进行了详细报道。之后，梅兰芳又受邀到日本大阪的中央公举堂公演，演出了《御碑亭》《琴挑》和《天女散花》等剧目，之后，梅兰芳又受邀到神户演出。梅兰芳此次到日本演出，持续公演17天，上演了10个主要项目。除了演出，梅兰芳还与日本的歌舞伎演员等艺术家进行了会谈交流，极大地促进了中日两国的戏曲艺术交流。

1923年，日本关东发生了大地震，引发了大火和海啸，造成了巨大的人员和财物损失，梅兰芳得知消息后在中国组织了多场义演，筹款捐赠日本红十字会。1924年10月，日本学者大仓喜八郎为了感谢梅兰芳捐助日本的义举，再次邀请梅兰芳赴日并在东京重新修建的帝国剧场演出。此次演出为私人演出，并未进行公演，然而却引发了日本公众的极大关注。日本媒体对梅兰芳的演出进行了详细的报道和评论。此次赴日，梅兰芳共停留21天，参加了21场演出。在演出的同时，梅兰芳还对日本戏剧进行观摩，并且积极与日本戏剧界的艺术家进行交流，从日本戏剧艺术中汲取营养，同时积极将日本文化和艺术融入中国戏曲艺术。梅兰芳在第二次访日时即指出："以舞蹈为主的中国戏曲，有的新戏取材于妇女问题，有的则以改编日本小说为主。我将来也想在这些方面做出努力。"①

---

① 吉田登志子,细井尚子.梅兰芳1919、1924年来日公演的报告(再续)——纪念梅先生诞辰九十周年[J].戏曲艺术,1987(3)：79.

梅兰芳的两次赴日演出，成为中国近代推动中日两国戏剧文化交流的重要活动。之后，梅兰芳拍摄了多部戏曲电影，录制了多张唱片，这些唱片流传至日本后，进一步推动了中国戏曲文化在日本的传播。

（二）日本戏剧文化对中国的影响

日本戏剧文化对中国产生影响的媒介主要是留日学生。中国留日学生在日本学习和生活期间，不可避免地受到日本文化的影响。日本自明治维新以来，全面引进西方的戏剧形式，日本的西洋剧主要为话剧等类型。中国的传统戏曲以唱为主，艺术造型十分丰富，按照角色来划分，中国戏剧中的艺术角色可分为生、旦、净、末、丑，不同戏剧角色演员的妆容和造型也不相同："生"大多饰演忠诚耿直的正面人物，造型呈现豪放美；"旦"大多扮演大家闺秀或中年妇女，造型呈现优柔美；"净"大多饰演谏臣名将，造型多呈现忠义美；"末"大多饰演年老的帝王、宰相、高官、学士等正面人物，造型多呈现正义美；"丑"一般是指插科打诨比较滑稽的角色。其中，除生角和旦角外，净、末、丑等行当通常需佩戴面具。西方话剧艺术则以台词为主，艺术造型较为简单。然而话剧艺术与中国传统戏曲艺术均具有较强的通俗性，易为大众接受，是对民众进行新思想宣传的重要方式。

晚清时期，日本戏剧运动爆发，新派剧在日本十分盛行，与日本传统戏剧相抗衡。新派剧强调戏剧的宣传和教育功能，题材贴近现实，形式上融合了西方戏剧和日本传统戏剧，十分新颖。留日学生受日本新派剧的影响，从中寻找到启蒙民众的精神宣传最通俗的形式，因此开始通过成立新派戏剧社团的方式，对中国传统戏曲艺术进行改革。1906年，留日学生李叔同与曾延年一起在东京成立了名为"春柳社"的新式话剧社团，这是中国话剧社诞生的重要标志。春柳社成立后，积极在日本进行戏剧演出，其中《巴黎茶花女遗事》《黑奴吁天录》等话剧在国内和日本都获得了较大成功，尤其是《黑奴吁天录》的演出在日本引发了极大轰动。辛亥革命后，春柳社社员相继归国，并组织了新剧同志会和春柳剧场在中国展开演出。随着新剧同志会的成立，西方话剧艺术被传播到中国，促进了中国传统戏剧文化的革新。新剧同志会成立初期，从日本翻译和改编了多部戏剧，这些戏剧大多有着完整的戏剧情境和文学形式，获得了良好的演出效果。继春柳社之后，1910年留日学生任天知成立了进化团,进化团的话剧表演极具日本特色。除了进化团,清末新民社也受到日本新派剧的艺术影响。这些中国早期新派剧社团为中国培养了大量话剧人才。民国初年的话剧人才大多为留日学生或到日本进行过短期考察的学者,如李叔同、成仿吾、任天知、田汉等,这些话剧人才均曾受日本话剧艺术和日本剧作家话剧理论的影响。1919年新文化运动开始后,随着广大中国留日学生的参与和推动,中国话剧艺术逐渐成熟。

综上所述,晚清民国时期,中日两国之间的戏剧艺术交流呈现出互相影响的特点。

第四节 晚清民国时期的中日音乐交流

《礼记·乐记》中指出:"凡音之起,由人心生也。人心之动,物使之然也。感于物而动,故形于声。声相应,故生变;变成方,谓之音;比音而乐之,及干戚,羽旄,谓之乐。"①

音乐活动是人类最原始、最自然的行为之一。早在原始社会时期,人类即使用叫喊、敲击木棒或石块等行为自发地创作音乐来宣泄情感。音乐作品通常以声音和旋律来打动人,能够生动地表达作者的思想和情感,使人们在聆听音乐时,被其中所蕴含的真情和意境所打动,从而产生与作者同呼吸、共命运的共鸣感。中日两国人民的音乐交往早在数千年前即开始,晚清民国以来,呈现出新的特点。

一、古代中日两国音乐文化交流

中国音乐的历史源远流长。早在原始社会,文字发明之前,古代先民就已经用声音来表达情绪了。这时候的声音还没有太强的节奏性,就如同动物的吼叫和呼喊。慢慢地,人们懂得了用音乐和舞蹈来抒发感情。例如,《尚书》中有"予击石拊石,百兽率舞"的记录,描绘了古代先民化妆成野兽伴随石磬的节奏翩翩起舞的生活场景。《吕氏春秋》中记载的原始歌曲——《候人歌》,为中国较早的歌曲。商周时期,中国音乐已发展成熟,《诗经》记载

---

① 转引自徐元勇.中国古代音乐史研究备览[M].合肥:安徽文艺出版社,2015:192.

了先秦时期的音乐。秦汉大统一为文化繁荣提供了机遇，音乐文化也酝酿着巨大变革。西汉中期以后，随着统一多民族封建国家形成，域内少数部族与域外异国音乐纷纷传入，龟兹乐、西凉乐、疏勒乐、鲜卑乐等部族音乐，以及高丽乐、天竺乐等各国音乐在中原广泛流行，出现了相和歌。

关于中日两国音乐文化交流的源头，历史上缺乏文献资料记载，然而却可以从某些历史迹象中进行探索。关于中日两国交流的最早文献资料，学术界普遍认为《后汉书·东夷传》中记载的汉光武帝于中元二年（公元57年）赐"汉委奴国王"的金印这一资料可信。该印于1784年在日本福冈县志贺岛出土，根据学者考证，"委奴国"即"倭奴国"。在日本山阴、北陆等地的考古挖掘中，出土了铜铎之类的乐器，日本考古学家认为这类铜铎和中国古代的编钟极为相似，是模仿中国古钟而制造的，并且结合日本的民族风格进行了发展，铎身的图案和花纹呈现出日本风格。

魏晋南北朝时期，社会动荡，中国音乐酝酿着新的发展，两晋时期，吴声与西曲脱颖而出，成为新的流行趋势。由于国内战争频繁，征伐不断，一些魏晋南北朝的人民为了躲避战争开始向朝鲜半岛迁移，并将中国的文化带到了朝鲜半岛。公元562年，古代日本侵略朝鲜半岛劫掠了许多朝鲜半岛上的人民，随之进入日本，其中即包括大量魏晋南北朝时期的人民及其后裔，以及大量中国文化器具。有资料记载："吴人智聪赍儒释方书、《明堂图》百六十卷、佛像、乐器，相随俱来。"① 此处所说的"吴人智聪"即为中国僧人，智聪带去日本的除了乐器还有伎乐面，即舞蹈所使用的面具。

隋唐时期中国的文化获得了空前发展，走向新的高峰。大量的少数民族乐曲，如西凉乐、龟兹乐、疏勒乐、高昌乐、天竺乐、朝鲜乐，迅速融合，被时人称为"新声奇变，朝改暮易"。江南音乐中出现了"竹枝词"，而北方音乐则出现了"洛下新声"等音乐新形式。隋朝时期，为了促进音乐的发展，朝廷还设置了太乐署、清商署、鼓吹署等音乐机构。隋朝初年，在宫廷中设立了七部伎，即国伎、清商伎、高丽伎、天竺伎、安国伎、龟兹伎、文康伎，除此之外，"又杂有疏勒（今新疆喀什噶尔）、扶南（今柬埔寨）、康国（今中亚撒马尔罕）、百济（在今韩国）、突厥（中国北部少数民族）、新

---

① 刘德有，马兴国.中日文化交流事典[M].沈阳：辽宁教育出版社，1992：61.

罗（在今韩国）、倭国（在今日本）等伎"①。由此可见，当时日本音乐已传入中国。隋朝时期，继吴人智聪经朝鲜半岛赴日之后，百济人味摩之到日本传播伎乐舞蹈，被圣德太子定为佛教祭仪，并逐渐兴盛起来。唐朝时期在隋朝音乐机构设置上又有所发展，由太常寺管辖太乐署、清商署、鼓吹署等音乐机构，并在宫廷中设置了教坊。唐玄宗时期，除在宫廷设置教坊外，还在西京长安和东京洛阳各设教坊两所，由宫廷指派内官为教坊使进行管理。除此之外，各个贵族豪门以及各州郡等均培养了大批乐人伶工，音乐文化十分繁盛。唐朝时期的音乐随着遣唐使、学问僧、留学生和渡海商人等传入日本，推动了中日两国的音乐文化交流。例如，日本音乐家藤原贞敏曾任遣唐使准判官，他出使唐朝时跟随刘二郎学琵琶，"未几，殆参其妙。二郎重授谱数十卷，以女妻之，女亦善琴筝。……二郎赠以紫檀、紫藤琵琶各一张。贞敏持归，终为朝廷重器"②。公元839年，藤原贞敏回国，在日本担任"雅乐助""雅乐头"等职，对传播唐朝音乐起到十分重要的作用。日本的古物陈列馆中至今还保留着许多古代音乐演奏和舞蹈表演所使用的服装器具，其中就包括公元752年使用的乐器和服装等器具，这些器具是中日两国音乐文化交流的见证。许多在中国已失传良久的音乐史料，在日本还保存完整。日本音乐史家曾指出："从中国传入的隋唐音乐，多少按日本风格改变了形式，缩小规模，称为雅乐，以后世世代代在宫廷中相传至今。"③

宋朝时期，随着资本主义的萌芽，市民阶层的出现，中国音乐进一步发展。元朝时期，疆域广阔，推动了各民族、各区域之间的文化交流与碰撞，这一时期少数民族的音乐文化均取得了较大发展，呈现出空前繁荣的景象。宋朝时期出现了使用大曲演唱故事的形式，称为杂剧。南宋时期，杂剧兴盛。到了元朝时期，随着各民族大融合，杂剧的形式和诸宫调的形式相结合，形成了结构完整的杂剧，称之为元杂剧。明清时期，随着社会经济的发展和资本主义的萌芽，城市经济日益兴旺，全国各地出现了备受市民阶层喜爱的吴地音乐、江南小曲。明清时期，中国戏曲艺术逐渐趋于成熟，而

---

① 王勇，[日] 上原昭. 中日文化交流史大系 7 艺术卷 [M]. 杭州：浙江人民出版社，1996：284.

② 汤重南. 日本史籍善本合刊两种：大日本史 日本野史 [M]. 北京：线装书局，2015：14.

③ 赤松纪彦，蔡毅. 中国音乐在日本 [J]. 文史知识，1997 (1)：45-52.

此时日本的歌舞伎也发展起来。中国古代戏曲的发展直接促进了日本戏曲的发展。

综观中日两国的音乐文化交流可以看出，主要是中国音乐向日本流传。晚清民国时期，这一文化流向发生了较大变化。

二、近代中日两国音乐文化交流

晚清民国时期，中日两国音乐文化交流主要表现在日本音乐对中国音乐的影响方面，留学生在其中起着极其重要的作用。下面主要对留日学生在推动中日两国文化交流中的作用进行阐释。

（一）留日学生与音乐社团

鸦片战争后，中国面临千年未有之大变局，一些有识之士发出了"师夷长技以制夷"的号召，倡导引进西方先进文化。日本明治维新时期，日本全面引进西方音乐教育，将音乐作为一门单独学科来教授，在学校中构建了西方近代音乐教育体系。自1986年开始，有学生纷纷渡洋到日本求学，最初到日本求学的留学生大多选择军事、理科、文科等教育，较少选择艺术教育。20世纪初期，一批中国学生怀抱艺术救国的思想留学日本，其中以李叔同、沈心工等为代表。

清朝留日学生在学习音乐时，发现音乐具有启发民智和振奋精神的作用。我国留日学生奋翮生曾指出："日本自维新以来，一切音乐皆模法泰西，而唱歌则为学校功课之一，然即非军歌军乐，亦莫不含爱国尚武之意，听闻之余，自可奋发精神于不知不觉之中。"[①] 爱国留日学生发现音乐的作用后，通过组织音乐社团的方式创作和传播歌曲，以达到团结民众的重要作用。近代留日学生成立的音乐社团主要包括大同音乐会、音乐讲习会、亚雅音乐会、国民音乐会等。

1899年，梁启超东渡日本后，在东京和横滨创立了中国留学生预备学校，即高等大同学校。学校内部设置了留日学生创设的最早的音乐活动团体——大同音乐会。大同音乐会组织会员唱西方歌曲，并创作新的歌曲，通

---

① 张静蔚编选校点. 中国近代音乐史料汇编 1840—1919[M]. 北京：人民音乐出版社，1998：183.

过歌曲鼓舞留学生的爱国热情。大同音乐会的组织在一定程度上提高了我国留日学生对音乐启蒙作用的重视程度。

1902年，留日学生沈心工在日本弘文学院学习时，不满日方的无理要求而退学。同年秋，他在江户留学生会馆成立了音乐活动团体——音乐讲习会。这一音乐团体是专门为普及和传播西方音乐知识，讲授歌唱方法，全面提升留日学生的音乐素质而成立的。沈心工聘请了东京高等师范学校的铃木米次郎先生讲授歌唱和乐理知识。音乐讲习会的开办不仅较好地提升了日本留学生的音乐素质，而且为沈心工积累了经验，为其回国后从事学堂乐歌的创作奠定了基础。

1904年，留学生曾志忞效仿沈心工成立了音乐社团——亚雅音乐会。这一音乐组织制定了详细的规章制度，明确了办会宗旨，凡是参与者在结业时均可获得相应的修业证书。由此可见，亚雅音乐会已经初步具备了音乐学校的雏形。亚雅音乐会在组织音乐培训的同时，还举办音乐演奏会，并根据会员的需求设置了多个不同层次的学习班，还设置了专门的军乐讲习所，在培养会员音乐兴趣、培养音乐人才的同时，也提升了学生的音乐审美水平。亚雅音乐会是晚清时期组织规模最大、最为系统的音乐社团，对增强留学生的凝聚力起到了良好的作用。亚雅音乐会的成功激发了曾志忞组织专业音乐社团的热情。

1905年，曾志忞和朱少屏在东京创立了国民音乐会。国民音乐会设立了歌唱普通科、军乐科和管弦乐科，极大地推动了留日学生音乐社团的正规化。亚雅音乐会与国民音乐会的组织和开展在留日学生群体中起到了较好的普及音乐知识的作用，引发了留日学生的共鸣。留日学生纷纷团结起来兴办音乐演奏会，这些音乐演奏会规模盛大，参与者除中国留日学生外，还有日本学生，甚至他们还举办跨国联合音乐会，以音乐作为桥梁，实现各国留学生的交流和沟通，引发了日本专业音乐媒体的争相报道。留日学生音乐社团的组织对中国国内音乐活动的开展和音乐专门学校的成立产生了积极影响，同时为中日音乐交流做出了较大贡献。

（二）留日学生与学堂乐歌运动

晚清时期，洋务派创办了一系列洋务学堂，然而却并没有开设音乐课程，直到1900年，我国一些地方中小学校才开始开设音乐课程。晚清末年，留日学生归国后，有音乐专长的留学生纷纷投身学校音乐教育，为推动我国近代音乐的发展做出了重要贡献。1903年沈心工回国后，在上海南洋公学附属小学任教，并专门设立了"唱歌"科。之后，上海以及全国各地学校纷纷开设乐歌课程，并聘请沈心工讲授乐歌，在全国掀起了学习乐歌的热潮。曾志忞等人回国后，举办了一系列音乐活动，成为继沈心工之后，倡导乐歌活动的主要力量。

晚清时期，政府为了达到富国强兵、提高国民素质的目的，开始进行教育变革。1901年，清政府开始实施"变法新政"，在全国建立了新式教育制度，并颁布了一系列章程法令。1904年，清政府颁布了《奏定学堂章程》；1907年，清政府颁布了《奏定女子师范学堂章程》，在其中加设了音乐课程，为我国师范音乐教育制度的建立奠定了基础。1909年，清政府又分别颁布了《奏请变通初等小学堂章程折》及《学部奏变通中学堂课程分为文科实科折》，这两个章程对在小学和中学安排乐歌课程以及乐歌上课时间进行了具体规定。此时，学校的乐歌以军国民教育为本，摒弃中国传统文化，带有较强的西化和政治化色彩。

这一时期，对中国音乐发展影响最大的留日学者是李叔同。

李叔同认为，学堂乐歌应当承袭中国传统文化，他对学堂乐歌的军国民教育主题进行了批驳，并于1905年出版了学堂乐歌歌集《国学唱歌集》。《国学唱歌集》中歌曲的歌词选自中国传统典籍《诗经》和《楚辞》，并且配以中外曲调，体现出较强的音乐美学教育特征。李叔同对学堂乐歌的改革使原来崇尚西乐、贬斥传统、畸化为政治工具的乐歌朝着中国古典文化之美与西方乐曲相结合的方向发展，呈现出一派清新之意。

李叔同于1912年到浙江省第一师范学校任教。为了实现音乐的社会功能，他创作了大量学堂乐歌，这些学堂乐歌包括《送别》《春游》《早秋》《忆儿时》《留别》《晚钟》《悲秋》等。李叔同的学堂乐歌使用白话文创作，打破了旧韵文的传统格局，创造性地运用了古代词牌长短句的特点并发展了现代长短句歌词的新品种，体现出民族性和现代性，以及中国传统诗词与西方音乐相结合的特点，将学堂乐歌运动推向高峰，创造了中国现代音乐史上辉煌的一页。

李叔同不仅改革和发展了学堂乐歌,还积极传播音乐教育理念。

1905年,李叔同赴日留学,1906年他在日本创办了《音乐小杂志》,这是我国近代较早的音乐杂志,这本杂志仅有26页,然而内容十分丰富,包括图画、插画、化说、乐史、乐歌、乐曲、杂纂、词府等栏目。《音乐小杂志》从封面设计到内容均为李叔同一人制作。在这本音乐杂志中,李叔同表达了其对音乐教育的理解,指出音乐能够实现培养国民道德、促进社会健全、陶冶性情、以美育来塑造人的精神品质的目的。李叔同以《音乐小杂志》为平台,传达其乐歌理念和音乐教育思想。其在《音乐小杂志》的序言中写道:"粲夫音乐,肇自古初,史家所闻,实祖印度,埃及传之,稍事制作;逮及希腊,乃有定名,道以著矣。自是而降,代有作者,流派灼彰,新理泉达,瑰伟卓绝,突轶前贤。迄于今兹,发达愈烈。云瀚水涌,一泻千里。欧美风靡,亚东景从。盖琢磨道德,促社会之健全;陶冶性情,感精神之粹美。效用之力,宁有极欤。"① 这表达了李叔同对音乐以及音乐社会功能的精辟见解。在《呜呼,词章》一文中,李叔同对中国国内乐歌一味崇尚西学而鄙薄传统表达了强烈的担忧,认为弘扬传统文化是倡导乐歌的初衷。在《昨非录》中,李叔同表达了乐歌在承袭中国传统的同时,还应吸取西洋音乐先进性的观点。《音乐小杂志》中,收录了李叔同所创作的三首乐歌,即《我的国》《春郊赛跑》《隋堤柳》,前两首属于"教育唱歌",后一首属于"仿词体"歌曲。

李叔同的《音乐小杂志》仅出版了一期,然而这期音乐杂志却对中国近代音乐期刊的发展起着重要的奠基作用。1913年,李叔同在浙江省立第一师范学校创办了《白阳》杂志。这并非一本纯粹的音乐期刊,而是一本艺术刊物,强调艺术的社会功用和审美功能。李叔同在《白阳》的创刊号上发表了《白阳诞生词》一文,其中指出:"技进于道,文以立言。悟灵感物,含思倾妍。水流无影,华落如烟。掇拾群芳,商量一编。维癸丑之暮春,是为《白阳》诞生之年。"② 从这篇文章中可以看出李叔同的美学思想。在这本期刊上,李叔同发表了极具学堂代表性的乐歌《春游》。此外,李叔同在《向阳》创刊号上发表了《近世不习惯欧洲文学之概观》《西洋器乐种类概说》《石膏教模型法》等文章,介绍西方艺术。

① 秦启明.李叔同音乐集 修订本[M].苏州:苏州大学出版社,2017:3.
② 陈星.《白阳》:近代中国学校美育的先声[J].美育学刊,2011,2(3):16-23.

1917—1926 年，在蔡元培的"以美育代宗教"的思想引导下，北京大学逐渐将学校内一个学生自发组织的音乐团体变成了一个专业的音乐研究机构。在经历了大学音乐团、北京大学乐理研究会，再到北京大学音乐研究会的发展过程后，这一音乐组织逐渐成长为中国专业音乐教育近代化萌芽的标志，并被誉为"中国现代专业音乐教育的起始点"[①]。而留日学生在中国近代音乐教育的发展与中日音乐文化交流中起着积极作用，直接推动了中国近代音乐美育的发展。

---

① 刘惠敏.中国音乐教育史理论研究现状分析[D].北京：中国音乐学院,2012.

第七章

晚清民国时期中日民间科技交流

第七章　晚清民国时期中日民间科技交流

第一节　中日近代科学技术教育的发展及影响

鸦片战争后，中国一批"开眼看世界"的有识之士认识到了西方科技的先进之处，提出了"师夷长技以制夷"的口号。其中，魏源编撰的《海国图志》等作为中国最早介绍西方的书籍，对西方各国的政治、地理、人口、科技等进行了较为全面的介绍。然而，魏源的《海国图志》在中国却并没有受到重视，反而在日本引发了关注，掀起了日本了解和学习西方科学技术的热潮。19世纪六七十年代中日两国均开始学习西方先进科技，并开展科学技术教育与交流。

一、留日学生在翻译近代科学教科书方面的贡献

1860年，第二次鸦片战争后，晚清政府意识到西方科技的先进之处，发起了"自强求富"的洋务运动。洋务运动时期，洋务派以"中学为体，西学为用"为指导方针，兴建了一批新式学堂。其中以学习西方科技和管理知识为主的实业学堂是其代表，主要有语言学堂、军事学堂，以及包括电报学堂、铁路学堂、商务学堂、矿务学堂、算学学堂、医学堂、农务工艺学堂等在内的专科学堂。纵观这些实业学堂的课程，虽然包含了语言、枪炮、船舰，以及天文、物理、化学等自然科学课程，然而却并无远景规划和战略目标，其发展十分被动，尽管取得了一定的科学技术教育效果，却并未培养出突出的人才。但洋务教育仍然为中国近代社会革新积蓄了力量。

1894—1895年甲午战争中，晚清政府的失败证明了以维护封建统治阶级利益为根本的洋务运动和洋务教育无法彻底改变中国的现状。与此同时，晚清朝野认识到日本明治维新的成功，并形成了"以日为师"的思想，通过赴

日考察、外派留学生等方式向日本学习近代科学文化，推动了中国近代科学技术教育的发展。在此过程中，留日学生群体在推动中日近代科学技术交流中做出了较大贡献，成为中日民间科学技术文化交流的重要力量。

许多晚清留日学生回国后进入政府就职，在晚清政府新学制的制定等方面做出了重要贡献。例如，1903年张百熙在制定"壬寅学制"时就曾招留日学生陆宗舆拟大小学章程，之后，张百熙、张之洞等人起草和制定《奏定学堂章程》时也曾邀请留学生加入。王国维曾说，除学务纲要及国学部分等张之洞起草的章程外，其余部分为留学生陈毅所起草，实业教育的部分也为陈毅所起草。

除了新学制制定上的贡献外，近代留日学生还大量翻译了日本近代科学教科书。1901年，张之洞上奏朝廷，指出："多译东西各国书。……出使日本大臣多带随员学生，准增其经费，倍其员额，广搜要籍，分门翻译，译成随时寄回刊布。缘日本言政言学各书，有自创自纂者，有转译西国各书者，有就西国书重加删订酌改者，与中国时令、土宜、国势、民风大率相近。"[①]张之洞提出，日本学者所编撰的书籍中，除自身创作的外，还包括大量翻译自西方的书籍，这些书籍经过日本学者的筛选和精简后更符合中国的实际需要，因此他鼓励中国学者大量翻译日本书籍。同时，张之洞还提出，教科书的编撰是教育的根本，在编撰和翻译日本书籍时，不能一味依赖从日本传入中国的书籍，还应到日本进行实地考察。在张之洞等人的倡议下，中国掀起了翻译日本书籍作为近代科学教科书的热潮。在中国近代教科书的翻译史上，留日学生群体发挥了重要作用。

留日学生所涉及的学科十分广泛，举凡陆军、警察、海军、法政、师范、工业、商业、蚕业、土木、铁路、测绘、制药、物理、化学、外语、体育、音乐、美术等方面，都有人前去留学。[②] 有关资料[③] 显示，1890—1915年，汉译日本教科书书目共计507种，其中即包括大量近代科学教科书。留

---

① 《中华大典》工作委员会，《中华大典》编纂委员会. 中华大典 理化典 中西会通分典 1[M]. 济南：山东教育出版社，2018：70.

② 丁晓禾. 中国百年留学全纪录[M]. 珠海：珠海出版社，1998：175-176.

③ 毕苑. 汉译日本教科书与中国近代新教育的建立(1890-1915)[J]. 南京大学学报(哲学.人文科学.社会科学版),2008,(03):92-105+144.

第七章　晚清民国时期中日民间科技交流

日学生为了翻译教科书，组织了多个教科书翻译机构，其中包括教科书译辑社、作新社、清国留学生会馆、宏文学院讲义录编辑部、国学社、湖南编译社、科学会编译部、东京同文印刷舍、东京灿文社等。1908年，大量留日学生回国，其中许多人加盟了国内的教育、科研与出版机构，并参与教科书的编辑与出版。伴随着留日学生加入教科书编译队伍，中国近代教育中的自然科学和社会科学各科在中国逐渐确立下来，推动了中国大中小学科学教育体系逐渐建立并完备。

以留日学生编译的日本数学教科书为例。1900年，东京中国留学生为了翻译日本数学和科技书籍，成立了民间翻译团体——译书汇编社。设立之初，翻译会员共14人。1901年，译书汇编社完成了日本数学家和教育家藤泽利喜太郎的《算术小教科书》、长泽龟之助的《初等几何学教科书》、菊池大麓的《平面三角学》、上野清的《代数学》等日本通用数学教科书。1902年，留日学者陆世芬在东京创办了"教科书译辑社"，并且组织翻译了日本学者菊池大麓的《初等平面几何学》、水岛久太郎的《中学算理教科书》等。同年，日本早稻田大学的"清国留学生会馆"创办，并于1905—1906年间翻译了《代数学教科书(上卷)》《数学新编中学教科书》等数学教科书。1908年，京师大学堂首批官派留日学生创办了"北京大学留日学生编译社"，并翻译了《新三角术》《平面几何通论》等数学教科书。此外，留日学生还成立了多个翻译团体，翻译了多种日本数学教科书。20世纪初被翻译成中文的日本数学教科书，包含了自小学初等算术到大学微积分的各阶段数学内容。据不完全统计，在清末民初的十多年间，至少有151本译自日文的教科书，其中1904—1908年间出版的译著有97本之多，可以说平均每年以20本的速度翻译了日文教科书。[①] 1905年，中国废除了科举制度，开始全面推行新式学堂。新式学堂建立后，加强了自然科学教育，其中，数学作为自然科学教育中的主要科目受到各层次教育关注者的重视。而由于当时国内已出版的汉译西方数学著作远远不能满足新学制下数学教学需求，因此留日学生群体翻译的日本数学教科书被大量引进各地新式学堂中，促进了中国近代数学教育的普及和发展。

除数学教材的翻译外，晚清民国时期，留日学生还翻译了大量其他自然

---

① 萨日娜.东西方数学文明的碰撞与交融[M].上海：上海交通大学出版社，2016：320.

科学教科书，为中国近代新的自然科学教育模式的引入、先进自然科学教学理论的宣传起到了极为关键的作用，极大地推动了近代教育中自然科学教育的发展。

二、留日学生在推动自然科学教育方面的作用

留日学生在推动中国自然科学教育方面发挥了重要作用。20世纪初期，晚清政府实行新政改革，确立了"兴学育才"的目标，由于当时国内兴办新式学堂的师资力量极其匮乏，清政府为了在短时间内培养大量教学人才，除聘请国外洋教习外，还向日本派遣大量速成师范生。1901年，清朝《学务纲要》颁布，其中强调"各省城应即按照现定初级师范学堂、优级师范学堂及简易师范科、师范传习所各章程办法，迅速举行。……若无师范教员可请者，即速派人到外国学师范教授管理各法，分别学速成师范科若干人，学完全师范科若干人"。[1] 除公费师范生外，这一时期还出现了大量自费留日学生。这些留日学生回国后大都进入教育行业，成为推动中国近代自然科学教育发展的主力军。

仍以数学教育为例。1905年，中国废除科举后大力推行新式学校，在各地学校中设置了数学课程，包括小学笔算、初等代数，以及简单的平面几何学、立体几何学、三角法、解析几何、微分学、微分方程论等课程。这些课程所使用的大多为留日学生所编译的教科书，课堂上活跃的教员也大多为留日学生群体，在推动中国近代数学教育发展方面发挥了重要作用。例如，留日学生陈榥1899年考入日本第一高等师范学校，毕业后进入东京帝国大学工科大学学习，回国后到京师大学堂担任东文科和理科教员，后至北京大学担任教授，期间翻译了《初等代数学》《物理易解》《小物理学》《中等算术教科书》等数学和物理学等理科教科书。又如，留日学生冯祖荀作为京师大学堂首批派遣进入日本的留学生，1904年赴日留学，进入日本第一高等师范学校理科学习，1908年考入东京帝国大学，毕业后先后到浙江两级师范学堂和北京大学任教，并多次出任北京大学数学系主任。1919年，北京大学数学门改称数学系，冯祖荀出任北京大学数学系主任，同时负责多门数学课程的讲授。除此之外，冯祖荀还在北京师范大学、中国东北大学等高等学校授课

---

[1] 陈学恂.中国近代教育史教学参考资料(上册)[M].北京：人民教育出版社,1986：533.

或担任数学学部主任,为中国近代数学教育的发展做出了积极贡献。

综上所述,留日学生中的理科生在自然科学的教育教学、教材翻译以及推动中国近代自然科学教育体制改革等方面起着十分重要的作用。而晚清民国以来,中国近代自然科学教育的发展,呈现出日本自然科学文化向中国流动和输入的重要特点。

第二节 近代中日物理学交流及特征

物理学科作为自然科学的重要组成部分,在社会发展中起着十分重要的作用。晚清民国时期,中国十分重视物理学知识的学习与应用。

一、西方近代物理学的发展及在中日的传播

中国古代物理学曾取得较高成就,并对世界文化和科学的发展产生了积极影响。明清以来,我国的物理学逐渐走向衰落。而西方自15世纪欧洲文艺复兴运动以来,科学文化取得了较大发展。西方近代科学的诞生和发展,推动了航海技术的进步与发展。1543年,哥白尼出版了《天体运行论》,标志着西方自然科学开始逐渐摆脱神学的束缚进入近代社会。之后开普勒在第谷精密观测的基础上发现了行星运动的三大定律,为近代天文学的发展奠定了重要基础。16世纪,伽利略发现了自由落体运动定律、物体运动的惯性定律、抛射体运动定律和运动的相对性原理等,成为经典力学和实验物理学的先驱,创立了实验与数学相结合的崭新的科学方法。牛顿则在伽利略等人的物理学成果基础上发现了万有引力定律。1687年,牛顿的《自然哲学的数学原理》出版,标志着完整的力学理论体系的建立。热学方面,伽利略发明了温度计。18世纪,欧洲数学家创立了分析力学,推动了欧洲力学的发展。19世纪,热力学、统计学和电磁学发展迅速。物理学的研究成果被广泛应用于工业革命中,促进了欧洲工业的发展。19世纪末期,西方建立了经典力学、热力学、统计物理学和以经典电磁场理论为支柱的经典物理学。20世纪,西方物理学的发展取得了重大理论性突破。1900年,普朗克提出了量子论;1905年,爱因斯坦创立了狭义相对论;1913年,玻尔建立了原子模型;1915年,

爱因斯坦提出了广义相对论。西方物理学的发展，使人类能够从科学的角度认识自然现象，推动了人类社会的进一步发展。

明末清初，西方物理学知识由早期西方传教士传入中国。明朝时期，西方传教士汤若望、利玛窦等人来到中国，并受到明朝政府的礼遇，与中国学者徐光启、李之藻等人合作翻译了一批介绍西方物理学知识的著作，其中包括汤若望和李祖白合译的《远镜说》，邓玉函口授、王徵译绘的《奇器图说》，南怀仁的《灵台仪象志》，以及《天学初函》《天经或问》《崇祯历书》《西洋新法历书》《历象考成》《历象考成后编》《数理精蕴》《梅氏历算全书》等。除此之外，西方传教士还带来了西方的自鸣钟、望远镜、温度计和天文仪器等。然而，这一时期由于明清政府妄自尊大，将西方的物理学说和物理实践发明视为奇技淫巧而不加以重视，因此这些物理知识并未在中国大规模普及。明清以来，中国实行闭关锁国政策，导致中西方的物理交流途径中断，直到晚清时期，西方物理知识才再次传入中国。

19世纪中叶前，日本的物理学知识一方面来自中国的汉译西方科学著作，另一方面则来自荷兰商船传入日本的荷兰文书籍。这一时期，传入日本的西方物理学知识仅为物理学的基本知识。大量西方物理学知识传入日本则是在19世纪中叶明治维新之后。

二、晚清时期中日物理学交流

鸦片战争后，中国面临西方列强崛起的事实，中国有识之士提出了"师夷长技以制夷"的思想，倡导"经世致用"的学风。第二次鸦片战争后，清政府的开明官员开始有意识地向西方学习科学文化知识，并发起了洋务运动。洋务运动时期，中国开设的新式学堂大多设立了物理等学科，以引进西方物理学知识，晚清政府还设立了同文馆开始翻译西方的物理学书籍，其中包括《光论》《博物新编》《重学浅学》《重学》《谈天》《声学》《光学》《电学》《电学测算》《电学纲目》《物体遇热改易记》《金石识别》等著作。然而这一时期中国出现的西方物理学著作并未引发清朝朝野的关注。

鸦片战争后，魏源的《海国图志》传至日本，其中所倡导的"师夷长技以制夷"的思想深深地影响和震撼了日本政府。日本政府开始一改之前闭关锁国的状态，转而主动学习西方国家的科学技术。1872年，日本对教育制度进行了改革,颁布了新学制,开始重视西方物理学,并在日本掀起了物理学热潮。日本幕府后期和明治初年,由于缺乏通晓西方语言的人才,有关物理学方面的著作主要从中国获得。这一时期,日本官方和民间通过商船贸易、出国考察等方式从中国广泛收集西方物理学著作。1962 年,日本"千岁丸"号访华,在访华期间,走访了中国东南沿海地区,收集了大量西方物理学翻译著作或期刊。这些汉译书籍传播至日本后迅速被翻译成日语,或翻印传播,对推动日本物理学的发展起到了积极作用。明治天皇改革后,日本政府制定了全面学习西方文化的方针,并建立了西式学校,在学校中设立了西方物理学科。这一时期,汉译西方物理学著作仍然是日本人学习西方物理学和传播西方物理学知识的主要工具。尤其是明治初期,日本人能够较快接受和消化西方物理学,并在学校建立物理学学科等均离不开汉译西方物理学书籍。

甲午战争后,维新派在国内效仿日本进行政治变革,晚清朝野形成了"以日为师"的氛围,为中日两国物理交流奠定了基础。晚清政府和社会人士纷纷前往日本进行考察,于 1896 年开始向日本派遣留学生,并对日本物理学著作进行翻译。

(一)日本物理学书籍翻译

日本全面引进和学习西方物理学知识后,一批日本早期物理学家逐渐崛起,并在日本早期物理学教育和研究中起着积极作用。其中,日本早期物理学家饭盛挺造于 1874 年在东京外国语学校德语专业毕业后,自学物理学,并在日本多家学校从事物理教学工作。之后,饭盛挺造自费留学德国学习物理学,于 1886 年取得法兰克福大学物理学博士学位,回国后编译了《物理学》一书。此书章节分类更适宜中国人的需要,该书起初被日本学者藤田丰八翻译到中国,之后中国学者王季烈对此书进行了重新编译。除《物理学》外,王季烈还翻译出版了《最新理化示教》等中学物理教材。

(二)留日学生对中日物理学交流的贡献

1896 年第一批留日学生在日本学习时大多选择军事等专业,未有物理学生。1904 年,晚清官派留学生冯祖荀、朱炳文等人选择了物理专业,冯祖荀考入京都帝国大学工科大学，朱炳文考入东京帝国大学农科大学农艺化学专业学习。此外，清末留学日本的物理留学生回国后还积极编著或翻译理化教材。例如，林元乔自东京高等师范数理化科毕业后，曾于1911—1925年担任福建高等师范学校校长，并编著了物理教材《新体物理学讲义》；黄恭宪自日本毕业后，回国曾任北京师范大学数理部教师，以及北京师范大学图书馆馆长，著有《高中解析几何教科书》；杨立奎毕业后，回国担任国立北京高等师范学校教授，后赴美国芝加哥大学留学，回国后在北京师范大学担任教授，并著有《理化词典》等书；胡濬济毕业于东京帝国大学理科大学理论物理学科，回国后曾在浙江高等学堂、两级师范学堂、北京大学任教，并翻译了日本竹内瑞三的《函数论》；文元模在日本留学回国后，任国立北京医科大学数学讲师、东方文化事业委员会委员、中央大学理学院物理学系副教授、北平师范大学物理学系主任兼教授以及北京大学教授、辅仁大学讲师等职，翻译了西方物理学著作《相对原理及其推论》《科学之价值》和《从牛顿到爱因斯坦》等，并且率先在北京师范大学教授《相对论》课程；等等。这些留日学生均为中日物理学交流做出了一定贡献。

三、民国时期中日物理学交流

1912年中华民国建立后，受中日关系的影响，中国到日本留学的热潮逐渐退却。这一时期，以中华学艺社为代表的留日学生学术团体在中日物理文化交流中起着重要的推动作用。

中华学艺社是日本留学生组建的学术团体，也是中国20世纪上半叶最为重要的学术团体之一。1916年，中国留日学生陈启修、王兆荣、吴永权、周昌寿、傅式说、郑贞文等在日本东京组织成立了学术团体——丙辰学社，1920年该学社迁移至上海，1922年更名为中华学艺社。中华学艺社自1916年成立以来直到1958年宣布解散，存在42年，是20世纪上半叶中国存在时间较长的学术团体之一。尽管中华学艺社所存在的年代社会动荡不安，然而，中华学艺社却始终坚持在中国进行多种形式的理化科学知识传播，为推动中国近代物理科学的发展做出了较大贡献。

中华学艺社共有社员数百人，其中留日学者周昌寿、郑贞文等长期担任中华学艺社总干事、理事长和副理事长，为推动中华学艺社的发展做出了较大贡献。1917年，中华学艺社开始出版社刊《学艺》杂志，包括自然科学、应用科学、社会科学、人文学科和文学艺术等栏目。在《学艺》杂志的《发刊辞》中，吴永权对中西方社会、文化发展之间的差距进行了研究，并提出了创办《学艺》杂志的目的，即"昌明学术，灌输文明为宗旨。即言政之文，亦本学理以为言，征实情而立论。逻辑所及，不避大家；真理之前，无分你我。"[①]从中可以看出留学生的宏大理想。《学艺》杂志初创时期十分艰难，1917—1920年仅出版了三期。然而，由于该刊倡导的学风扎实，在中国学者中具有较大影响力。1920年，由于日本国内形势并不稳定，且留日学生陆续回国，中华学艺社迁回中国，并在上海设立了总事务所，在东京、北京、巴黎设立了事务所，实行干事制度。同年，《学艺》杂志改为月刊，恢复正常出版。之后，中华学艺社获得了较快发展，会员人数逐渐增多。1922年年底，中华学艺社在全国各地设立了21处事务所，社员人数成倍增加。中华学艺社规模大、人数多，会员涉及日本留学生、欧美留学生等学者，大多为当时的社会精英。他们坚持创作和发表物理学术文章、翻译物理学著作，并与国外办事处广泛开展交流活动。除在抗战期间暂停出刊与活动外，社团始终坚持进行科学知识普及与研讨，极大地推动了我国近代科学尤其是物理学的发展。

中华学艺社在促进中日两国物理文化交流方面还做出了重要贡献，具体表现在以下几个方面。

其一，与日本学术界进行交流。

中华学艺社由留日学生周昌寿、郑贞文等人初创于日本，虽然于1920年迁回中国，但仍然在日本东京设置了事务所，始终与日本学术界保持联系，并通过与日本学者的交流而获得前沿科学知识和技术。中华学艺社还多次在留日学生周昌寿的带领下组成学术视察团对日本学术界进行考察。

1925年，周昌寿率中华学艺社学术考察团东渡日本出席日本学术协会召开的第一次大会，并到当时日本具有代表性的科学机关理化学研究所、京都帝国大学、岛津仪器标本制造所等地参观，这些参观地集中了日本最新的研究成果，使中国参观团成员备受震撼。1926年，中华学艺社又组织第二次学术考察团赴日本东京，出席日本第二次学术会议，并到东京各地参观理化研

---

① 欧阳亮.中华学艺社研究[D].上海：华东师范大学，2004.

究所和各大工厂。之后，1927年、1928年，中华学艺社先后三次组织学术考察团到日本交流，并参加日本学术协会会议。此外，1926年10月，中华学艺社还派遣会员代表出席了在东京举行的第三届泛太平洋学术会议；1929年5月，中华学艺社代表出席了在爪哇举行的第四届泛太平洋学术会议。

在中华学艺社代表赴日考察之际，日本友人也不断来华访问和学习。1930年3月，日本学者诸桥辙次博士率领东京文理科大学东洋史学、汉文学、日本史学科学生来沪参观考察，中华学艺社成员陪同参观并担任翻译。同年4月，日本民国教育视察团来沪参观中华学艺社，并就改进我国留日学生教育方法提出宝贵意见。同年5月，日本出版协会代表赴华协商书籍捐助事宜，中华学艺社从中进行接洽。

1945年，中国在抗日战争中取得胜利后，中日文化交流暂时中断。然而，中华学艺社社员却认为，中日邦交必然恢复，并且日本的学术研究仍然具有一定的先进性。1947年，在留日学生周昌寿等人的发起下，中华学艺社组建了日本研究委员会，并编辑出版了一套《日本研究资料》，对日本的学术研究成果进行分析，为促进中日两国的学术交流做出了积极贡献。

其二，学术文章撰写和翻译。

中华学艺社中的留日成员，如周昌寿、郑贞文等人，作为社团的发起人和重要领袖，积极在中国普及西方科学文化知识。1920年，周昌寿翻译并在《学艺》杂志上发表了普朗克于1900年发表的关于量子假设的论文《热辐射律及其作用量元之假说》，这篇论文介绍了西方早期辐射定律的矛盾及普朗克的量子说缘起。这篇翻译论文在中国学术界引发了较大反响，一些学者写信与周昌寿就相关问题进行讨论。1920年，周昌寿在《学艺》杂志上发表了《光波诱电论》一文，对光电效应的发现、研究和应用进行了详细阐释。除此之外，周昌寿还在《学艺》《东方杂志》等期刊上发表了《量子说梗概》《相对律之由来及其概念》《相对律之文献》《无线电信电话之新利器》《物理的认识论》《旋回分子说》等论文。除周昌寿外，中华学艺社的其他留日学者郑贞文、文元模、胜常、张资平等人也在《学艺》杂志上发表了大量论文，如《加速度直接测定器之理论》《现在自然科学之革命思潮》《论现代科学革命者爱因斯坦的新宇宙观》《科学之体系》《因声定位及纠正法》《听察潜水艇法》《自然科学的真理是客观的真理吗？》《最近之自然观之科学批判》《球面投影图法》等。中华学艺社的留日学者还先后翻译并出版了《赫格尔伦理学之探究》《古算考源》《电子与量子》《胶质化学概要》《遗传与环境》《轨迹问题》《生物地理概说》《实用无线电浅说》《威格那大陆浮动论》《社会学纲要》《儿科医典》《法拉第电学实验研究》《宇宙论》《天体物理学》《飞机》《罗伦彻及蒲郎克传》《法拉第传》《最新化学工业大全》等理化科学书籍。除此之外，中华学艺社还创办了民众科学杂志，以及举行公开演讲，拍摄并放映有关科学、工业以及农业的影片，设立民众科学实验室等，向民众宣传理化科学知识。

其三，演讲宣传。

中华学艺社在1924—1937年间举行了五次年会，其中第二、三届年会由于受到时局的影响而未能召开。1924年3月15日，中华学艺社在杭州省教育会举行第一届年会，此次年会不仅有国内多个事务所会员代表出席，日本和德国、美国等地学者也出席了此次年会。在这次年会上，包括周昌寿在内的留日学者发表了演讲，周昌寿发表了《相对性原理》的学术演讲。除此之外，历次年会上，中华学艺社的成员均发表了专业学术演讲，演讲的内容涉及政治、文化、物理、化学、地理、农业、医学等多方面。这些演讲不仅实现了社团内部的相互交流，而且引发了社会各界对科学的兴趣和了解，促进了科学知识的普及，为传播近代物理学知识、推动中国近代物理学的发展做出了巨大贡献。

综上所述，中华学艺社作为留日学生创办的中国20世纪上半叶最重要的学术社团，在促进中日友好交流等方面发挥了十分重要的作用。

第三节　近代中日农业科技的交流及特征

在中日两国漫长的历史交流中，农业科技文化的交流始终是其中的重要组成部分。早在远古时期，中国原始农业文化即流传至日本，秦汉时期，随着中国大一统政权的建立，传统农业生产得到了较快发展，尤其是稻作农业生产技术获得了较快发展。历史上中日农业文化交流开始较早，日本考古发现，早在弥生文化时期，日本已采用了稻作农耕技术。考古学家从20世以来的日本考古中发现，日本稻作农业起源于原山。陶器文化时期，日本北九州平原地带已发展为具有一定生产力水平的复合农业地区。而日本北九州之所以能够成为日本列岛稻作农业文化的最早发生地，与其邻近中国大陆的优越地理条件等因素有关。中国历代封建王朝均确立了以农业为主的政策方针，促使我国农业科技不断发展和进步，中国农业科技的先进成果通过各种方式传入日本后，对推动日本农业科技的发展起到了积极的促进作用。此时，中日农业科技文化交流呈现出从中国流向日本的趋势。晚清以来，随着国际环境的变化，中日两国的农业科技文化交流呈现出新的特点。

一、晚清农学会和上海东文学社的农学翻译与传播

中国是农业大国，中国古代农业科技水平一度处于世界领先地位，并且源源不断地将先进的农业科技输送到周边国家。然而，到了晚清时期，由于中国长期实行闭关锁国政策，故步自封，无视西方农业科技的发展，中国农业科技水平逐渐落后于西方。

日本明治维新后，大力发展经济，在农业方面，系统引进了西方的农业科学技术。1872年，日本在东京设立了北海道开拓使学校。1873年，日本派遣23名留学生前往欧洲学习，其中包括多名农业专业留学生。1874年之后，随着日本留欧学生陆续回国，带回了先进的农业科技，日本逐渐建立起近代农业教育，并开展对近代农业的研究与实践。

晚清时期，中国一批有识之士看到日本实施"振兴实业"的劝农政策后对国家经济产生了积极影响，也提出了兴办农会、学堂发展实业，学习西方先进农业科技，以振兴中华农业的思想。1893年郑观应的《盛世危言》、1894年孙中山的《上李鸿章书》、1898年康有为在《请开农学堂、地质局折》与梁启超的《农学报序》中均提出了发展农业教育、推广先进农学知识的思想和倡议。在国内有识之士的呼吁下，中国一些民间学者开始参与到农学知识的传播与翻译中来。

1896年，罗振玉在上海成立了农学会，同时创办了中国较早的农业报刊——《农学报》。罗振玉是中国古文字学家，其在30岁之前主要集中于经史数据考据学问，对金石文化进行研究。19世纪末期，罗振玉受晚清社会实学风气以及中国传统的"不仕而农"思想的影响，开始谋求新的生活出路。

1896年，汪康年等人在上海创办了《时务报》，受其影响，罗振玉于同年成立了农学会，并创办了《农学报》。《农学报》创刊后，主要刊登各地有关农事的奏折章程、农事消息以及大量欧美和日本农学报刊的译文。创刊之初的日本译文大多为日本学者藤田丰八和古城贞吉所翻译。由于开风气之先，《农学报》创设不久即受到社会各界的高度重视，引发了社会有识之士的赞扬及踊跃订阅。

随着《农学报》的影响越来越大，长期聘请外来人员进行著作翻译并非长久之计，因此农学会于1898年筹办了东文学社，由日本学者藤田丰八、田冈岭云、诸井六郎、船津辰一郎等进行授课，培养日语翻译人才。其中，王国维、樊炳清、沈纮等均为东文学社培养出来的杰出人才。东文学社成立后，农学会在编辑和创办《农学报》之余，开始大量翻译日本农学类书籍，向社会普及和推广西方先进的农业技术。

《农学报》从1897年创刊至1905年停刊，累计发行315期，是中国近代创刊最早、影响最大的农业刊物，在推动中国近代农业的发展方面起着不容忽视的重要作用。《农学报》刊登了大量从日本报刊翻译而来的农业文章，大约占《农学报》文章总量的一半以上，包括《论除虫菊栽培法及效用》《论秋蚕》《蜂媒说》《论肥料》《以池泥制堆肥法》《记希腊罗马市代水产业》《论益虫》《西们利之日本茶情形》《驱除浮尘子及预防法》等，涉及农业知识的方方面面，几乎涵盖了农业生产的全部内容，具有较强的实用性。除《农学报》外，农学会还编辑出版了《农学丛书》82册。《农学丛书》的内容十分丰富，其中既包括中国古代农业科技书籍，也包括中国近代学者所编撰的农业书籍，以及翻译自日本的西方近代农业科技书籍，如《农学入门》《土壤学》《植稻改良法》《甜菜栽培法》《农产物分析表》《甘薯试验成绩》等，这里既有大量种植类书籍，也有农产品制造、畜牧水产、物产、蚕桑、昆虫、农具等方方面面，尤其侧重介绍国外先进的农作物栽培法和成功种植经验。

综上所述，罗振玉创办农学会，以及刊行《农学丛书》和《农学报》，创办东文学社，培养日语翻译人才，在晚清末年中国社会新旧交替的时代，为中国大量引进日本先进的西方农业科技书籍，推动中国近代农业的发展，为中日农业文化交流做出了重要贡献。

二、留日学生对近代农业教育的改革与推进

自1896年,中国首批留学生赴日留学后,在"以日为师"的社会风潮下,大批中国人东渡日本求学。留日学生的学习科目主要为法政、军事、师范等,除此之外,工业、商业、农业、建筑、铁路、测绘、物理、化学、医学、外语、体育、音乐、美术等均有留日学生的身影。其中,农业作为中国传统产业,得到了晚清民国政府的重视,留日农学生数量逐渐增多。从留日学生的学科专业选择来看,晚清学生在学科选择上以政法、军事、师范以及文科较多。20世纪30年代,国民政府颁布了《改进全国教育方针》,要求公费留学生选派以自然科学和应用科学为主,对学习理、工、农、医的自费留学生给予津贴或补助,因此20世纪30年代留日学生学习农科的人数大大增加。据有关数据统计,1931—1936年,学法律、文学、经济、美术的共有5746人,学医学、工业、物理化学、农业等科的共有3686人。[①] 由此可见,近代留日学生中学习农科的留学生呈现逐渐增长的趋势。

1907年,晚清政府规定,公费留学生回国后,须进入学校充当专门教员5年以尽义务。因此,大批留日农学生回国进入近代农业学校,为中国近代农业教育的改革做出了重大贡献。

辛亥革命后,中国教育体制进行了改革,农业职业教育和高等农业教育获得了较快发展。辛亥革命后,我国初等农业学堂和中等农业学堂也获得了较快发展,大量农业学堂和农业学校的建立急需掌握近代先进农科知识的教师,因此近代留日农学生回国后大多进入农业学校,为探索中国近代农业教育的发展方向、推动近代农业科研做出了较大贡献。例如,江苏籍留日学生胡昌炽留学日本时在东京帝国大学学习农科,回国后先到苏州农业学校执教,后到金陵大学执教并创建了金陵大学园艺系,为推动中国近代园艺高等教育的发展和中国近代园艺科研做出了重要贡献。除此之外,胡昌炽还撰写了《园艺植物分类学》《江浙桃种调查录》等园艺理论著作,积极进行蔬菜、水果栽培实践,在江苏和浙江培育"苏州秀圆橘""陈圃水蜜桃""陈圃蟠桃"等水果,对我国近代蔬菜和水果的科学培育进行了重大探索实践。又如,江苏籍留日学生汤惠荪于1917年赴日本留学,在日本鹿儿岛高等农业学校学

---

① 沈殿成.中国人留学日本百年史(1896—1996)[M].沈阳:辽宁教育出版社,1997:554.

习，毕业回国后进入江苏省立第一农业学校担任农科主任。在该校任教期间，汤惠荪还牵头创设了稻作实验场，试行稻作育种，是我国较早开展稻作育种试验的留日学生。再如，浙江留学生许璇曾在东京帝国大学农科学习，主攻农业经济学，回国后进入北京大学担任农科教授兼农场场长，并在浙江大学、国立北京农业专门学校、国立北京农业大学和国立北平大学农学院等校任职，为中国高等农业教育的发展做出了杰出贡献。

除以上留日农科学生外，其他留日农学生回国后也大多进入各农业学堂或农业学校任教，极大地充实了中国近代各级农业学堂的师资，成为近代中国农业教育发展的中坚力量，为近代中国农业教育的发展做出了较大贡献。

赴日留学生归国后，还为中国近代农业教科书的编撰和翻译做出了重大贡献。晚清时期，我国农业学堂所使用的农业教学用书主要为洋教习和留日学生在国外所做的日文笔记。这些教材在一定程度上存在着脱离中国实际的缺点，然而其中却包含着大量西方近代先进的农业科学技术、科学理念、科学知识等，对中国近代农业的早期发展起着不可估量的重要作用。除此之外，中国留日学生回国后，还在西方农业科技书籍的翻译等方面做出了重要贡献。

三、农业学术团体——中华农学会

晚清以来，随着中国政府和社会学者对农业的重视程度越来越高，中国国内设立了各级农业试验机构、农业教育机构以及农业行政机构，为农学者的聚合搭建了平台。尤其是20世纪前后，中国留日和留美农科学生回国，进入我国各类农业教育机构，极大地推动了中国近代农业科技的进步。此时，中国社会"科学救国"和"实业救国"的呼声日益强烈，中国实业经济的发展推动农业科学地位迅速提升，中国民间成立了许多农业协会团体组织，这些团体多为地缘或业缘团体组织。1917年前后，为了推动中国农业的发展，留日和留美农科学生分别在日本和美国成立了"中华殖产协会"和"留美中国农业会"。为了将全国近代农科人才团结起来，1917年，京师大学堂农科和留日学者王舜臣、许璇、陈嵘以及留美学者共同发起成立了中国最大的农业学术团体——中华农学会。中华农学会的宗旨为"研究学术，图农业之发挥；普及知识，求农事之改进"。自1918年始，中华农学会开始举办年会并出版会报《中华农学会报》。1919年,中国留日学生成立的"中华殖产协会"并入中华农学会,并且成为中华农学会在日本东京的事务所。从中华农学会成员构成来看,留日学者在中华农学会中占比较大,并且在推动中华农学会的发展中起着重要作用。例如,留日学者王舜臣、许璇、陈嵘等均在中华农学会中担任会长或理事。

中华农学会成立之初会员约为50人,1945年会员人数达4356人,分布于全国各农业教育和研究机构,为中国近代农业人才的培养和农业技术的发展做出了积极贡献。中华农学会成立后,通过举行年会、发行会报和专刊、开办研究所等方式进行学术交流。

中华农学会作为中国近代规模最大、最具代表性的民间学术团体之一,汇聚了中国本土以及大量具有留学背景的会员,形成了开放的学术氛围,在推动中日两国农业学术交流方面做出了积极贡献。早在20世纪20年代,中华农学会即在日本东京设立了事务所,积极关注日本农业学科的最新发展,并与日本农学会保持着密切往来。1923年,中华农学会曾派出5人代表团参加日本农学会年会,其中,中国中山大学学者曾济宽在该年会上发表了特别演讲。1926年,中华农学会在广州召开年会时,日本农学会也曾派农学博士赴会,并在年会现场发表演讲和致辞。1926年,中华农学会派遣会员和干事赴日研究植物病理学和昆虫学。此外,1926—1930年间,中华农学会多次派会员赴日考察,或进行短期研究。1931年九一八事变爆发后,中日两国关系交恶,中华农学会与日本农学学术团体之间的交流就此中断。

综上所述,中华农学会自1917年成立至1945年,在中国复杂的政治环境下始终保持着积极的农业学术交流,为推动中国农业的近代化发展做出了重要贡献。此外,中华农学会与日本农学会等学术团体之间的学术交流对推动中日两国近代民间农业文化交流增添了浓墨重彩的一笔,为推动中日两国人民的友好往来做出了重要贡献。

第四节　近代中日其他科技交流研究

在近代中日科学技术的交流中，医学、出版、铁路、工业等均与古代中日科学技术交流呈现出不同的特点。本节主要对近代中日医学文化进行详细阐释。

在古代中日医学文化交流史上，中国一直处于文化输出国地位，中国古代医药典籍和技术直接或间接传入日本，促进了日本古代医学文化的发展。明治维新后，日本走上了资本主义道路，在较短时间内建立了西方教育体系，引进西方先进的医药文化。而中国国内虽然已出现西医，却并未大规模普及。晚清民国时期的中日医学文化交流呈现出从日本输入中国的特点，留日学生成为中日民间医学文化交流的主体。

一、留日学生在推动中国近代医学教育方面的影响

晚清民国时期，大批中国学生赴日本留学，其中许多人是去学习西方医学的。鲁迅即曾在日本仙台医学专门学校学习，后弃医从文。因此有的学者指出，晚清民国时期中国赴日学习医学的实际人数远远超过这一数字。大批留学生赴日留学，为促进中日医学交流奠定了基础。

留日学生群体在日本接受了系统的西方医学教育和专业技术训练，回国后通过从事医学教育、翻译西方医学著作、创作专门的医学刊物、组织民间学术团体以及进行医学科研等工作传播和推广西方医学知识。

留日医学生中涌现出了一大批杰出医学人才，如生药学家、本草学家赵燏黄，公共卫生学家金宝善，生理学家侯宗濂，眼科专家张锡祺，病理学家杨述祖等。这些留日医学家在日本学习期间或回国后，创办了多个民间学术团体，并通过创办会刊的方式传播西方医学文化。例如，1907年，中国药学会、中国医药学会、中国国民卫生会等学术团体纷纷成立，并且创办了《医药学报》《卫生世界》等刊物，向国内介绍西方先进的医学知识。1915年，留日学者汤尔和、侯希民创办了中华民国医药学会，并发行《中华民国医药杂志》。除此之外，晚清民国时期留日学生群体创办的学术团体还包括药工

人员学会等。这些民间学术团体以及学术刊物的发行,不仅向中国医学界介绍了大量西方医学新的科研知识,而且向中国社会普及了西方医学理念。

受晚清和民国时期留学政策的影响,一批留日医学生回国后进入中国教育行业,从事西医学教育工作,并在推动中国近代西医学教育方面做出了重要贡献。晚清民国时期,中国成立了一批医学专门学校,如1912年教育部设立的国立北京医科专门学校等,这些学校吸引了大量中国留日医学生。据不完全统计,1912—1922年间,13名留日医学生曾在该校任教,为该校西医教育事业做出重要贡献。除教学工作外,留日医学生群体还翻译了大量日本医学教材,这些教材较为系统地介绍了西方医学知识,为中国早期西方医学教育的普及和发展做出了积极贡献。

二、留日学生在近代医学书籍翻译方面的作用

除组织专业的学术团体、创办期刊以及从事医学教育外,留日医学生还大量翻译了日本学者创作的医学著作,或经由日本学者转译的西方医学书籍。晚清民国时期涌现出了一大批留日医学翻译人才,如丁福保、秋瑾、万钧、孙祖烈、周颂声、程瀚章等。其中丁福保在翻译西方医学书籍方面做出的贡献最大。

1900年,丁福保翻译的西方医学常识性读物《卫生学问答》,开启了其翻译西方医学书籍的生涯。1909年,丁福保赴日本考察医学,在日本期间他搜集了日本古代的医学典籍以及日本人创作或译介自西方的医学书籍有七八百种。此时,日本西方医学的发展已较为成熟,成为日本国富民强的有力保障。丁福保考察回国后决定对中国传统医学进行改良,为此其在1910年成立了"中西医学研究会",创办了专门的医学书局,发行中西医学报,并以函授方式培养医学人才。丁福保翻译了大量西方医学书籍,如《新撰解剖学讲义》《丁译生理卫生教科书》《诊断学大成》《临床病理学》《免疫学一夕谈》《内科学纲要》《创伤疗法》《近世妇人科全书》《产科学初纂》《新纂儿科书》《急性传染病讲义》《皮肤病学》《司氏眼科学》《克氏耳科学》等,内容包括解剖、生理、卫生学、病理学、诊断学及免疫学等西医基础理论。除大量翻译西方医学书籍外,丁福保还撰写了多部医学书籍,其译书和自创书籍汇编为《丁氏医学丛书》,为西方医学在中国的普及和发展做出了积极贡献。

另外，中国留日学生群体或学者在翻译日本的医学书籍时，还大量使用了日语中的医学词汇，如卫生、保健、生理、解剖、内分泌、甲状腺等，这些医学名词在中国的普及和传播在一定程度上丰富了中国现代汉语词汇，并在推动中国医学名词的发展与传播方面做出了积极贡献。

晚清民国时期，除留日学生群体或留日学者在中日民间医学文化交流方面做出了重大贡献外，一些日本医学家通过到中国任教、翻译日本医学书籍，以及在中国开设诊所等方式也为推动中日近代医学文化交流做出了积极贡献。

第八章

晚清民国时期中日民间体育交流

第八章　晚清民国时期中日民间体育交流

第一节　古代中日体育交流史

　　劳动创造了人类，体育产生于生产劳动。中国古代体育的形成经历了较为漫长的发展时期。原始先民生活的时代，自然条件较为恶劣，人类不仅要与大自然做斗争，还要面临毒虫猛兽的威胁。为了生存，原始先民在收集和猎取食物以及加强自卫的过程中，通过快速奔跑、翻越障碍物、投掷利器以及攀爬等各种身体活动以保障生存需求。在这一过程中，原始先民的身体素质得到锻炼，身体活动技能逐渐形成。除此之外，原始先民在丰收、祭祀等活动中常通过手舞足蹈的方式进行庆祝。为体育运动的萌芽奠定了基础。

一、中国古代体育发展史

　　距今3000—5000万年前，人类进化为晚期智人，在思维、语言以及身体特征等方面达到了"现代人"的水平。这一时期的人类已开始认识到良好身体素质的重要性。为了提高身体素质，猎取更多食物，原始人已开始有意识地通过长距离的奔跑、跳远、力量性投掷以及翻越障碍等活动锻炼身体。这一时期，随着工具制作水平的提高，原始人制作了狩猎使用的飞石锁、石球和弓箭等，在猎取食物的同时也有利于提升原始人的身体素质。

　　进入新石器时代后，随着原始畜牧业和农业的出现，原始体育性质的娱乐游戏也随之出现。例如，《高士传》中即指出，"帝尧之世，天下太和，百姓无事。壤父年八十余而击壤于道中"[1]。其中的"壤"即是用木块做成的前宽后窄、形状似鞋的器物，是一种游戏器物。这一记载表明，在帝尧时期，已出现了原始的体育娱乐活动。随着原始社会的发展，氏族和部落的出现，

[1] 王海军.民族传统体育文化的传承发展与保护研究[M].长春：东北师范大学出版社，2017：82.

原始社会末期出现了战争，军事活动日益频繁。这一时期，出现了以军事体育为主、为军事战争而服务的体育运动。

奴隶制社会时期，奴隶主之间为了争夺领地和领袖权，展开了频繁的战争。战争规模的扩大以及作战形式的复杂化，在客观上促进了军事体育的发展。从现存的历史资料中可以看出奴隶社会夏商周时期的军事体育的发展。例如，《山海经》中记载："大乐之野，夏后启于此舞九伐。"① 这句话说明，夏后启曾在大乐原野上，教授人们操练"九伐"舞。这里所谓的"舞"即是一种军事活动操练。表明在奴隶社会时期，奴隶主出于军事目的，已频繁进行体育锻炼。这一时期，古代摔跤运动——角力，作为军队的训练项目已经出现。

春秋战争时期，各地诸侯频繁发动战争，诸子百家兴起，呈现出百花齐放的文化盛况。这一时期，中国涌现出许多思想家、政治家和军事家。他们的思想和实践中包含了许多体育方面的内容。例如，春秋战国时期出现的《周礼》是我国古代重要典籍，其中记载的祭祀活动中即包含着许多体育活动，如戈射、登高和竞渡等。孔子是春秋时期重要的思想家和教育家，其教育思想中即包含着体育因素。孔子倡导施行礼、乐、射、御、书、数六艺教育。其中，"礼"即周礼。"乐"是六乐，指的是古代的六名曲，即云门、大成、大韶、大夏、大濩、大武。"射"是五射，指的是古代的五种射技，即白矢、参连、剡注、襄尺、井仪。"御"是五驭，指的是驾车的五种技术，即鸣和鸾、逐水曲、过君表、舞交衢、逐禽左。"书"是六书，指的是识字的六种方法，即象形、指事、会意、形声、转注、假借。"数"是九数，指的是算数的九个细目，即方田、粟布、差分、少广、商功、均输、方程、赢朒、勾股。② "射"和"御"均包含较强的体育思想。除了孔子，春秋时期的管仲实施政治改革时，十分重视兵士训练，推动了军事体育的发展。战争时期随着诸侯战争规模的扩大以及战略战术的变化，出现了多部兵书，各诸侯国十分重视军事训练，在客观上促进了我国军事体育的发展。

秦汉时期建立了大一统的国家政治体制，人民得以休养生息。这一时期，中国的体育运动发展迅速。汉初即出现了蹴鞠游戏。汉武帝外出巡游时

---

① 广少奎.中国教育活动通史(第一卷)先秦[M].济南：山东教育出版社，2017：489.
② 王浩滢.中国设计全集(18卷文具类编 礼娱篇)[M].北京：商务印书馆，2012：248.

就进行弋猎、射驭、狗马、蹴鞠等活动。当时，蹴鞠已成为汉朝民间十分盛行的活动。这一时期，有关体育的理论著作即已出现。根据《汉书·艺文志》记载，西汉时期，对蹴鞠进行介绍的文章有 25 篇，对剑道进行介绍的文章有 38 篇，除此之外还有数十篇专门论述射法的文章。从这些理论著作的数量来看，西汉时期的蹴鞠、射箭以及剑术活动已相当盛行。魏晋南北朝时期，政权更迭频繁，社会阶级矛盾复杂而激烈，人们渴望获得安定的生活，这一理想在现实生活中无法实现，人们只好将希望寄托在信仰上。这一时期，玄学、道教、佛教等思想十分盛行，对我国体育活动的发展产生了一定的消极影响。

隋唐时期，国家统一，政治稳定，社会经济发展迅速，推动中国封建社会走向繁荣昌盛。这一时期的体育活动种类丰富，包括各种棋类、球类、狩猎、射箭、歌舞、蹴鞠、剑术活动等。隋唐时期尤其是唐朝采取对外开放的政策，与周围各个国家之间的交流十分频繁，体育活动也随之传播到国外。宋元时期，统治者实行有利于农业发展的政策，推动了宋朝经济的发展，这一时期的手工业和商业取得了迅速发展，伴随着社会经济的发展，城市中出现了形式多样的娱乐体育活动和体育表演活动，其中以蹴鞠、打球、射箭和围棋最受欢迎，此外，武术运动在这一时期开始走向独立发展的道路。明清时期，随着资本主义萌芽的出现，商业和手工业从业者数量大幅度增加，社会产业结构发生了较大变化，进一步促进了我国娱乐体育活动的发展。明清时期，滑冰、武术、棋类以及摔跤等娱乐体育活动项目十分发达。

二、古代中日体育文化交流

中日两国作为一衣带水的近邻，体育方面的交流较早。历史上关于古代中日体育之间的交流并无具体的文献资料可供参考。参考有关史料可知，中日两国的正式文化交流开始于中国的汉朝时期。日本九州北部，在考古发掘出的一些部落酋长的支石墓的陪葬品中，发现了中国的铜剑、铜锋、汉代铜镜及仿制品等；从奈良县天理市的一个古墓中，还发掘了刻有东汉灵帝年号的铁制大刀。由此可见，早在汉朝前后，中日之间已有关于武器方面的交流。

《三国志·魏志·倭人传》中记载，公元 238—248 年，日本第一个奴隶制国家邪马台国曾先后四次遣使至魏，赠送倭锦、弓矢等礼品，而曹魏也回赠日本以金、锦、刀、镜之类。从这一记载中可以看出，三国时期，中国已与日本建立了军事体育关系。中国的刀剑传播到日本后，对日本武器的制作和武艺的发展均产生了长远影响。这一时期，由于中国国内战乱频仍，而日本正处于奴隶社会时期，近代意义上的体育还远未萌芽。

  魏晋南北朝时期，宫廷贵族生活十分奢侈，许多娱乐项目应运而生，其中即包括摔跤等娱乐体育活动。魏晋南北朝时期的部分百姓由于不堪忍受战乱之苦而迁往朝鲜半岛，将相关的娱乐体育活动带到了朝鲜。朝鲜半岛陷于战乱时，大批魏晋南北朝时期百姓的后裔迁往日本。这些移民中有许多能工巧匠，他们到日本后专门从事工具制作，其中即包括武器制作，这使得日本的武器得到了极大改进，进而推动了日本武艺的发展。除此之外，中国的角力活动也传播到日本，进而发展为日本相扑。根据日本出土文物上的相扑人形图案装饰可以推断，日本的相扑运动在大和时代即已展开，此时我国大约处于魏晋南北朝时期。因此有关学者推断，日本的相扑运动与中国的角力运动具有密切关联，是随着中国移民东渡后发展起来的古代体育运动。

  隋唐时期，由于日本遣隋使和遣唐使的设立，中日两国之间的文化交流更加频繁，体育交流进入了新的发展阶段。隋唐时期，中日体育交流的种类丰富多样，包括射和射礼、投壶、百戏、蹴鞠、击鞠、围棋等体育活动。

  射和射礼是儒家传统文化的重要组成部分。射箭运动起源于原始社会晚期，中国发展到唐朝初期时，日本仍然处于奴隶社会时期，所使用的弓箭仍为木弓、竹箭和骨簇，其弓箭制造和射技远远落后于中国。为了学习中国优良的弓箭制造和射技，日本遣唐使来朝时，通常携国内射手前来。这些射手在旅途中承担着重要的安全警卫工作，到达唐朝后则与唐朝的优秀射手交流射箭技艺。据《新唐书》记载，唐高宗年间，"使者与虾蛦（今北海道）人偕朝。虾蛦人亦居海岛中，其使者须长四尺许，珥箭于首，令人戴瓠立数十步。射无不中"[①]。从该文献记载中可以看出，古代日本的射手在来唐时与唐朝射手交流射技。唐朝初期，遣唐使回国时将中国的射礼带回日本，例如，《日本纪略》《类聚国史》等文献资料中不乏对日本射礼的记载。

  投壶运动是中国春秋时期从射礼演变而来的一种士大夫阶层宴饮时的一

---

① 刘秉果.《蹴鞠谱》著作年代考 [J]. 体育文史，1986(6)：30-36.

种礼仪和娱乐活动，后逐渐演化成备受文人学士喜爱的运动型游戏。隋唐时期，投壶运动十分风行。公元607年与608年，日本遣唐使小野妹子来唐，带来了大量留学生、学问僧，这些人来唐后，接受了唐朝的投壶文化，后又将投壶文化传播到日本。根据《日本的游戏》一书记载，投壶游戏传播到日本后，种类38种以上。由此可见，当时日本投壶活动十分繁盛。

百戏，在隋唐时期属于散乐，其内容十分丰富，类似大型文娱和体育表演。唐朝宫廷中设有专门的百戏班子，每逢节日筵席以及国外使者来朝时即进行表演。百戏随后也传入日本。

蹴鞠是唐朝十分普遍的体育活动。早在中国汉朝时期即已出现并广泛流传于民间。唐朝时期，蹴鞠已十分成熟，其活动方式呈现多样化，场地设置、参与人员和打法均趋向多样化发展。其中一种蹴鞠类型为比赛踢高球技术。《日本本纪》中即记载了唐太宗贞观年间日本使臣与中大兄皇子在法兴寺进行蹴鞠的事迹。日本古代书籍《游庭秘抄》《蹴鞠九十九条》中明确指出"蹴鞠来源于唐朝"。有学者指出，蹴鞠是在唐朝初期传入日本的。唐朝传入日本的蹴鞠一般为不限人数的蹴鞠玩法，该蹴鞠类型在日本流传了上千年。

击鞠，又称"打毬""击毬"，是一种马球运动，自东汉后发展起来，到唐朝时期已成为盛行全国的体育运动。这项运动大约在8世纪初期传入日本。《日本的游戏》一书。即记载了公元727年日本诸臣在春日郊外击鞠的情景。日本古书《经国集》中也记载了公元727年在渤海靺鞨使节赴日宴会上，日本嵯峨天皇与君臣所做的击鞠诗歌。除此之外，我国诗人蔡孚所做的《打毬篇》和鱼玄机所做的《打毬作》在日本也备受欢迎，影响较大。由此可见，击鞠在古代日本十分盛行。除了蹴鞠和击鞠外，唐朝还发明了一种徒步"打毬"的球类运动，大约于公元8世纪传入日本。

围棋作为中国古代的棋类运动，备受人们喜爱。现存于日本正仓院的螺钿棋局与中国安阳地区出土的隋朝青色白瓷围棋的局面为同一制度，由此可见，早在隋唐时期，围棋即已传入日本。《隋书》《旧唐书》《太平广记》等资料显示，隋唐时期前来中国的学问僧和留学生的围棋水平普遍较高。《旧唐书》中还记载了日本王子出使中国时，日本第一国手与唐朝棋待诏顾师言进行围棋比赛的故事。此次比赛中，顾师言"一子解双征"战胜了日本第一国手，从侧面可以看出日本围棋在当时已达到了较高水平。

晚清民国时期的中日文化交流研究

晚唐时期，由于藩镇割据，战乱频繁，日本停止向唐朝派出遣唐使。不久日本藤原政府采取闭关政策，中日体育交流一度陷入低潮。宋朝时期，日本实行开国政策后，中日两国体育交流重新恢复。这一时期，中国的"手鞠"运动传入日本。此外，中国的一些运动书籍从南宋传入日本，如司马光的《投壶新格》等。宋朝时，日本的刀剑制造水平达到了一定高度，日本刀剑传入中国后，受到中国人的欢迎。宋朝欧阳修还曾创作《日本刀歌》的诗歌，在该诗歌中他将日本刀称为"宝刀"，对其进行了赞美。而日本刀传入中国，在客观上还促进了中国武艺的发展。

元明清时期，中日关系多次受到干扰，然而中日两国人民的交流却始终没有断绝。元明时期，由于日本内部的阶级斗争，日本武士势力崛起。这一时期，日本武器多为弓、马、枪、剑等，其中日本刀器最为精良，刀术精湛，某些方面已超越了中国的刀术。日本刀器在中国十分受欢迎，据中国有关史料记载，明朝中日的勘合船贸易中，日本向中国大量出口刀器。而明朝武术专著《耕余剩技》中则对日本的刀器和刀术进行了详细介绍，指出日本刀术"左右跳跃，奇诈诡秘，人莫能测，故长技每每常败于刀"[①]，对日本刀术给予了较高评价。日本刀术等武艺的进步受到了明清时期军事家和武术家的重视。明朝时期，倭寇依仗刀术频繁对我国东南沿海地区进行骚扰。明朝爱国军事家戚继光为了打败倭寇，曾专研日本刀法，并且"得悉其法，从而演之"[②]。除了戚继光外，明朝武术大师程宗猷曾学习、整理日本刀法，并且将日本刀法与中国传统武术相结合，将其编写成书。明清时期，中国武术发展成熟，各种拳术和器械有了明确的套路，产生了诸多各具特色的流派。这一时期，出现了大批总结武术成果和实践经验的著作。明末清初，中国武术成果通过各种途径传播到日本，日本武者对中国武术加以创新和变通，形成了具有日本特色的柔术。除柔术外，日本的骑射运动也受到中国骑射技艺的影响。据《中日交通史》记载，清朝前期，浙江杭州、宁波一带的武者即曾到日本传授骑射和马技，为推动中日两国的体育交流做出了一定贡献。

综上所述，古代中日体育交流持续了上千年，在此过程中，双方互有影响。从总体上来看，古代中日两国体育交流的文化流向主要为从中国流向日

---

① 刘良政.明清徽州武术研究[M].合肥：黄山书社，2017：33.
② 朱小云.中国武术发展研究[M].北京：光明日报出版社，2017：120.

本。这一趋势在晚清民国时期发生了重大变化。

第二节　晚清时期中日民间体育交流

晚清时期，日本率先全面引进西方近代体育文化，推动日本近代体育获得了较快发展。这一时期的中日体育文化交流与古代相比发生了较大变化，日本成为近代体育文化的输出国，中国则通过日本学习西方近代体育文化。

一、日本近代体育的建立和发展

1868年日本明治维新前，日本体育受中国体育文化的影响较深，以传统体育运动如骑术、剑术、箭术、游泳、柔道、相扑、马球、蹴鞠等为主。日本明治维新后，秉承"富国强兵，文明开化"的国策，发起了全面改革。在体育改革方面，日本逐渐引进了西方体育理念和体育项目，推动日本体育进入了以竞技运动项目为主的新时代。1872年，日本明治政府建立了统一的国民教育体系，其中体育成为学校的必修科目。1878年，日本正式成立了体操学校，并聘请美国顾问向日本全面介绍美式体操、游戏和竞技运动。日本学校以美国和法国教育体制为蓝本建立了近代教育体制，日本近代教育实行军国主义教育，十分重视体育教育，各个学校均开设了体操课程。1884年，日本在师范学校中推行军事训练；1885年，日本颁布的法令确立了日本教育的军国主义性质，并以兵式体操作为学校体育的主要内容；1886年，日本在普通中学增加了兵式体操科，对小学生进行"国民的武勇思想教育"，正式开始军国主义教育。1913年，日本文部省颁布了日本第一部《学校体操教授要目》，其中确立了瑞典体操在学校体育中的主要地位，并且突出了竞技运动项目的作用；这一时期，西方国家的划船和田径项目传入日本。20世纪初期，足球、棒球、网球、橄榄球等球类运动，以及田径运动和游泳竞赛等相继传入日本。日本体育教育的主要目的是锻炼学生的身心素质，培养学生的团体观念，增强国民素养，提高日本国防能力。

甲午战争失败后，以康有为、梁启超为代表的维新派主张进行国家体制改革，变法维新，从学习西方技艺到学习西方政治，扩大了向西方学习的范围。为了实现其政治主张，维新派呼吁在中国兴办西式教育，以开民智，养新民。1895 年，天津中西学堂成立，标志着中国近代高等学校已初步建立了起来。起初晚清政府聘请了大量洋教习担任教员，然而不久即发现了聘用洋教习的弊端。于是，晚清政府一面外派留学生，一面自行培养教师人才。

戊戌变法后，晚清朝野形成了"以日为师"的思想，日本明治教育改革的成功引发了晚清政府的极大关注。甲午战争后，晚清政府向日本派遣驻日公使，第一任驻日公使对日本的教育进行全面考察后，于 1896 年将 13 名中国学生带到日本留学，即中国近代第一批留日学生。这些学生到达日本后，日本外务大臣兼文部大臣西园寺公望责成东京高等师范学校校长嘉纳治五郎安排中国留学生，嘉纳治五郎在东京高等师范学校开设了特别班安置中国留学生，并开设了体育课程。这批留学生毕业后，清朝才开始正式向日本派遣官方留学生。官方派遣留日学生的行为，带动了中国民间留学日本的热潮。梁启超曾在《行人失辞》一文中指出："东京现时留学生数百人中，官费者仅强半耳，余则自备资斧，茹根尝胆而来者。"① 其时，明治教育已取得了较大成功，学校体育得以广泛开展。

二、中国留学生对日本体育文化的传播

19 世纪末 20 世纪初，中国留日学生大量涌入日本，为了安置源源不断的中国留学生，日本出现了专门为中国人开设的公立学校特别班和大量公立及私立学校。这些学校的课程基本按照日本学校的课程设置，对体育课程十分重视。一般来说，晚清留学生除学习日语和相关专业外，均需学习体操。例如，近代吸收中国留学生最多的预备学校之一——宏文学院即十分重视体育教育。宏文学院在近代共接收了 7192 名留学生入校学习，体育课程主要为体操科目。从宏文学院的三学年课程总量来看，体操科的课程总量占第一，第二学年居第二位，第三学年居第三位。由此可见，宏文学院对体育课程十分重视。同时，宏文学院还开办了多种业余体育讲习班。宏文学院的院长嘉纳治五郎在日本传统柔术的基础上进行改革，通过博采众长，创立了近代柔道。1882 年，嘉纳治五郎创建了日本"讲道馆流（派）"柔道，被日本民众尊为日本柔道始祖。此外，嘉纳治五郎在开展柔道实践活动的同时，还十

---

① 李喜所. 近代留学生与中外文化 [M]. 天津：天津教育出版社，2006：143.

重视柔道教育，在全国设立了多家柔道馆，在宏文学院也设立了分馆，面向清朝学生进行招生。中国许多留日学生曾在该柔道馆学习，如鲁迅、许寿裳等。晚清时期的一些爱国留学生，如革命党人黄兴等发现体育活动有利于革命活动，因此对日本的体操十分感兴趣，他还从革命目的出发，十分重视日本军事体育活动，为其之后创建革命队伍奠定了基础。

1904年清政府颁布《奏定学堂章程》，"体操科"被列为各级学堂的必修科，各级各类新式学堂兴建起来。晚清留学生在这所学校中学习体育学、解剖学、徒手体操和各种器械体操以及兵式体操等课程，该校为中国培养了徐一冰、徐卓呆、王金发、林修明、郭公接、王润生、段雄等一批近代体育人才。

中国留学生在日本接受了系统的体育教育，回国后通过各种途径在中国传播日本的体育文化，为推动中日两国的体育文化交流做出了较大贡献。

（一）创办体育专科学校

晚清甲午战争后，面对西方帝国主义的侵略，一些有识之士提出了尚武教育和军国民主义教育。梁启超在《新民说》中即为尚武教育大声呼吁："立国者苟无尚武之国民，铁血之主义，则虽有文明，虽有智识，虽有众民，虽有广土，必无以自立于竞争剧烈之舞台。……有健康强固之体魄，然后有坚忍不屈之精神……欧洲诸国，靡不汲汲从事于体育……务使举国之人，皆具军国民之资格。"[①] 在这一社会思潮的影响下，中国成立了许多以军国民主义为宗旨的团体，如1903年留日学生组织的军国民教育会。

1904年1月，晚清政府颁布了《奏定学堂章程》，史称"癸卯学制"。"癸卯学制"是以日本近代教育体制与学制为蓝本制定的。《奏定学堂章程》中的《学务纲要》规定，各级各类学校都须设立体操课，并且对各级学堂的体操课的课时进行了详细规定。尽管如此，晚清学校中的体操课程却并非近代意义上的体育课程，而带有较强的封建传统文化色彩。留日学生归国后，将日本的体操课程全面引进中国新式学堂中，在一定程度上推动了中国近代体育的发展。

晚清留日学生中的体育留学生回国后，大多在学校中担任体育教师，对

---

① 梁启超. 新民说[M]. 北京：商务印书馆，2016：181.

推动近代学校体育的健康发展起着十分重要的作用。此外，一批晚清留日体育学生中的佼佼者，依靠在日本学到的体育知识，并以日本大森体育学校为蓝本在中国创办专门体育学校。例如，1905年创办的大通常师范学堂、江苏两级师范学堂体操专修科、1906年创办的云南体操专修学校、1907年创办的四川体育专门学校、河南体育专科学学堂等，1908年创办的重庆体育学堂等均为留日学生归国后创办的学校。尽管这些学校创办之初免不了受封建制度的约束，然而，随着这些专业体育学校的设立，中国初步建立起了近代体育教学制度，这些学校为近代中国培养了一批体育人才，为中国体育事业的进一步发展奠定了重要基础。

1907年创办的中国体操学校，是由留日学生徐一冰、徐傅霖创建的学校。徐一冰1905年东渡日本进入大森体育学校专攻体育，在日本求学期间，徐一冰深感国人体质远不如日本人，为此他不仅刻苦学习体育技艺和理论知识，还对日本的体育运动会备感兴趣。徐一冰在日留学期间，日本举行体育运动会，却禁止中国人入场观看，徐一冰携带纸笔在墙头窥视，对日本的运动场地和比赛方法进行了记载。1907年，徐一冰回国后，与其他六位同仁共同创办了中国体操学校。该学校以"提倡正当体育，发挥全国尚武精神，养成完全体操教师，以备教育界专门人才"为宗旨，设立了完整而全面的办校章程，在1907—1927年间共培养了36届1500余体育学生。

(二) 创办体育刊物

创办体育刊物是留日学生为推动中国近代体育发展所做出的重要贡献之一。1909年，留日学生徐一冰创办了专业的体育期刊——《体育界》，这是一本学术性期刊，内容以倡导体育运动，介绍现代体育知识为主，这本期刊设置有论说、研究资料、教授资料、问答、评、杂录、小说、专件等多个专栏，并对国内的体育运动进行报道。《体育界》在创刊号上发表了题为《敬告教育界》的文章，对晚清教育界强调智育和德育、忽视体育的行为进行了批判，指出："吾尝见夫世之注重智识者矣，穷年兀兀，一心以冀得智识而归，无何而智识富矣，而精神则疲敝也，疾病则纷臻也。是故精神不振，而疾病相继者有之，疾病靡已，而死亡相继者有之。试进而考其缘由，无非废弃体育之害……人之精神附于肉体，肉体不完，则精神因之而失，而道德心亦无自而生矣……康健之心寓于康健之身。"① 文章对德育和体育的关系进行了阐述，强调了体育对国家建设的重要作用。《体育界》成为我国近代体育刊物的先声，为民国时期近代体育刊物的进一步完善和发展奠定了重要基础。

综上所述，晚清留日学生在推动中日两国体育文化交流中起着不可忽视的重要作用，他们通过创办体育专科学校和创办专业体育期刊，将日本的西式体育文化传播到中国，为推动中国体育的近代化发展做出了重要贡献。

第三节 民国时期中日民间体育交流

民国时期，随着中国近代体育的发展，中日民间体育交流更加频繁和多样化，留日学生仍然在其中扮演着关键角色。

一、留日学生推动中日民间体育交流

辛亥革命后，中华民国成立，民国政府开始重视体育教育。这一时期，中国官派留日学生和民间赴日留学的学生数量仍然呈现持续增加趋势。20世纪20年代新文化运动后，中日两国之间的矛盾和摩擦不断，一度影响留日学生在日本的学业。1928年日军出兵济南，在日留学生针对这一事件进行了反抗活动。1929年，日本以防止威胁为由对中国留日学生进行大肆搜捕。此外，1931年日军出兵中国东北以及1932年的一·二八事变等，均激发了中国留学生的多次大规模抗议活动。为了表达对日本帝国主义的反对，中国在日留学生还爆发了多次集体返国事件。1933年，中国对出国留学生的资格审核更加严格，强化了出国审批制度。然而，赴日留学却不需护照和证书，这使得中国一些留学资格欠缺的青年纷纷转向日本留学。20世纪30年代，世界国际市场金价下跌，银价上涨，中日两国间的汇率发生了改变，到日本留学所花费的总体费用较在中国本地求学更加实惠，这也导致了中国大批青年选择留学日本。

20世纪早期，赴日留学生陆续学成回国，将日本最新的体育文化传播到中国。例如，20世纪20年代，曾绍舆、陆佩首、庞醒跃、顾水如、谢似颜

---

① 转引自赵蕴,许淳熙.中国第一份体育期刊《体育界》创刊号赏析[J].体育成人教育学刊，2009,25(5)：5-6.

等一批中国留日学生回国,为中国带来了新的体育教育思想。

庞醒跃早年师从徐一冰,后赴日留学,回国后于1918年创办了上海东亚体育专科学校,为中日民间体育文化交流做出了较大贡献。这所学校得到了北京大学校长蔡元培、环球中国学生会总干事朱少屏、上海南市体育场场长王壮飞、暨南大学校务委员会委员陈梦渔等社会知名人士的赞助。该校建校伊始即确立了学、术并重的教育理念,培养学生的体育实践能力的同时,鼓励学生对体育理论进行研究。这一教育理念一反当时国内体育学校过于重视运动技艺的培养而忽视对学生进行理论培养做法。为了培养学生的技艺水平,庞醒跃在日常体育训练之余,还通过每学期举办各类竞赛的方式提升学生的技术水平,举办的竞赛项目包括足球、篮球、排球、垒球和田径、国术六种类别。此外,在教学上,上海东亚体育专科学校不仅聘请全国杰出的体育教师为学生上课,还创新教学方法,通过让学生为教师提建议的方式促进教学改进。而在培养学生的学术研究方面,庞醒跃以身作则,撰写了《体育哲理》和《体育管理》两本著作供学生学习。在庞醒跃的带动下,上海东亚体育专科学校的学生纷纷在体育刊物上发表理论文章。1919年12月,庞醒跃带领上海东亚体育专科学校创办了《上海东亚体育专科学校校刊》,该刊物为综合性体育刊物,供在校学生在课堂学习之外作为参考学习资料,同时对外发行。1923年,该刊物因经费短缺而停办。该刊物存在期间共出版了多期刊物,成为中国近代较有影响力的体育刊物。上海东亚体育专科学校培养了一批品德高尚,学、术兼优的体育人才,为推动中国近代体育的发展做出了重要贡献。该校还设有体育师范科学校,为社会培养了一批杰出的体育教师,同时也为中日体育文化的进一步交流奠定了基础。

谢似颜,早年曾参加1917年举办的浙江省第一届运动会,并获得了较好成绩。1918年,谢似颜中学毕业后,赴日留学,在东京高等师范学校学习语言和体育。东京高等师范学校体育系分竞技部、柔道部、剑道部,其中以竞技部为首,谢似颜进入了竞技部学习。1925年,谢似颜回国后,先后在宁波第四中学、春晖中学、北平师范大学等校担任体育教师,并先后担任浙江省立体育场场长、北平私立民国大学体育主任、北平大学体育主任等职。谢似颜十分重视竞技体育教育,在各个学校任教期间大力发展竞技体育教育。除此之外,谢似颜还对体育理论进行了较为深入的研究,创作了多篇体育理论文章。

第八章 晚清民国时期中日民间体育交流

除了以上留日学生之外，民国时期，顾如水等一批中国留学生赴日学习日本围棋，回国后，为推动中日两国围棋的交流做出了一定贡献。

向志均于1921年进入日本东京高等师范学校体育系学习。回国后，先后在国立成都大学体育系、四川大学体育系等任教。在任教期间将日本先进的人体运动学、运动解剖学、运动医学等知识介绍到中国。向志均还曾担任四川省运动会的总裁判，为推动四川游泳和水球运动的发展做出了重要贡献。20世纪30年代，向志均先后担任了四川省第一任体育督学、重庆特别市体育督学，为推动四川省近代体育的发展做出了重要贡献。

这一时期，留日学生创办的体育期刊朝着丰富多样化的方向发展。留日学生徐一冰于1909年创办的《体育界》在1914年停刊。同年，徐一冰创办了《体育杂志》。《体育杂志》是一本以学术为主的综合性体育期刊，该杂志设置了设论说、体育史、体操资料、技资料、教授法、生理、校外纪事、本校纪事、时评、问答、文苑、译林、短篇小说等栏目，较之《体育界》，内容更加丰富，不仅涉及专业的体育学术知识，还有体育科普知识以及体育新闻报道等。1915年《体育杂志》停刊，共出版了2期刊物。1915年，徐一冰再次创办了《体育界》，到1918年停刊前出版了8期刊物。1918年，北京京师体育研究社创办了《体育季刊》，该刊仅出版了1期即停刊。同年，《体育》《体育周报》创刊；1919年，《上海东亚体育学校校刊》创刊。然而这些刊物的出版时间均较短，大多于1920年之前即由于各种原因而停刊。纵观这一时期，中国留日学生所创办的体育刊物，大多以体操为主要内容，受日本西式体操教育的影响较深。

日本留学生在促进中日两国体育文化交流方面的贡献还表现在书籍著作和出版方面。1938年，韩国儒自日本体育大学毕业，回国后投身体育教育，为制定和推广中国广播体操，制定大中小学、幼儿园体育教材做出了突出贡献。吴文忠早年留学日本，为日本国立体育研究所硕士，回国后撰写了《中国近百年体育史》《日本体育发展趋势》等书籍，为中国体育事业的发展以及中日两国体育文化研究做出了重要贡献。白春育1938年毕业于日本体育大学，同年参与了《体育教材教法》的编设工作，并先后发表了《篮球正左掩护打法的简介》《冬季体育锻炼对人体的影响》以及《冬季的冰上运动》等文章，向普通民众宣传体育知识。除此之外，白春育还曾任《中国大百科全书·体育卷》特约编辑、美国《简明大不列颠百科全书》中文版编审,1985年他又参加了《中国近代体育史》的编写工作。这些著作的出版极大地丰富了中国体育理论。

综上所述,留日学生陆续回国,将日本体育学校的先进教学方式带回中国,并对晚清时期成立的体育专科学校进行改革,进一步推动了我国近代体育的发展。

二、近代中日体育运动会交流

民国时期,在中国留学生的推动下,中国近代体育逐渐发展起来。中日两国的民间体育交流更加频繁,出现了多种形式的中日民间竞赛交流。据《申报》报道,1924 年,中国公共体育场第一乒乓球队与日本俱乐部第一乒乓球队在上海举行比赛。这一比赛是民国时期有记载的较早的中日民间乒乓球交流盛事。当时,由于乒乓球运动在中国兴起的时间较短,群众基础薄弱,因此获得的关注程度较低。1927 年春,日本乒乓球联合会致函邀请中华乒乓球队赴日比赛。《申报》对此进行了专题报道:"四月三日晨乘长崎丸由沪起程。上海华人乒乓联合会应日本桌球协会之请,约中华选手赴日本大阪、神户、东京各地比赛。联合会特于前日下午二时在四川路青年会,开职员及团体联集会议,讨论进行办法及选手问题。结果选手五人,预备员二人,干事一人。今定于四月三日晨乘长崎丸由沪启程赴日,闻往返旅费悉由日本方面供给。"[①] 同年 4 月 4 日,中华乒乓球队到达日本大阪,引发了日媒的报道。此次比赛,中华乒乓球队获得了胜利,归国后受到上海乒乓球界的热烈欢迎,并引发了媒体报道。1911 年,菲律宾业余体育联合会联合中国、日本、菲律宾三国,共同建立了远东体育协会,并从 1913 年开始举办远东运动会。1917 年第一次世界大战前,远东运动会共举办了三届。第一次世界大战后,远东运动会又举办了 7 届。其中,1930 年东京举办远东运动会时,中华乒乓球队没能参会。为了弥补这一遗憾,日本桌球协会邀请中华乒乓球队东渡日本进行中日乒乓球友谊赛。在这次比赛中,双方先后举行了 9 场比赛,互有胜负。1935 年,日本立教大学乒乓队来华与中国各大学乒乓球队进行比赛,互相切磋技艺。

---

① 王峰. 近代中日体育关系研究 [D]. 苏州:苏州大学,2017.

1892—1909年间，篮球传入中国，并在中国得到了一定发展。1924年，日本立教大学篮球队来华与中国篮球队进行比赛交流，同时向中国学习篮球文化。1926年，中国上海圣约翰大学篮球队赴日与日本立教大学、早稻田大学、日本商科大学等多所大学的篮球队进行比赛，相互交流经验。

除乒乓球与篮球外，民国时期，中日足球球队还进行了多次比赛交流。1925年，日本关西大学足球队访问上海，与上海各大学的足球队进行比赛交流。1927年，日本关西大学足球队再次访问上海，与上海各大学的足球队进行比赛。与1925年相比，此时日本足球队的水平已有较大提升。除在上海进行比赛外，关西大学足球队还邀请中国上海交通大学足球队赴日交流足球运动。交通大学足球队赴日后，与日本神户、东京地区的大学足球队进行了竞赛交流。1931年，上海两江女子体育专科学校在校长陆礼华的带领下，远征日本和朝鲜，与这两国的篮球队进行比赛交流。在到达日本后，两江女子体育专科学校篮球队先后在日本长崎、东京与长崎县立女子师范学校、东京锦标队进行比赛。在这次比赛中，两江女子体育专科学校篮球队表现出较高的比赛水平。此次比赛被中日双方媒体报道。在此次比赛中，中国球队看到了日本球队的身体素质和技艺优势。两江女子体育专科学校篮球队回国后，在两江学校积极开展篮球运动，还将篮球运动推向社会，极大地推动了我国近代篮球运动的发展。

民国时期，上海中国体育棒球会曾与日本多个棒球队进行比赛交流。这一时期中日两国之间的球类竞赛交流虽然规模较小，却对促进中日两国体育运动技术水平的提高起着十分重要的作用。

除球类运动交流外，民国时期，中日双方还进行了武术交流。清末民初，中国创办了精武体育会，并与日本在武术方面进行了交流活动。这一时期，我国武术对外交流获得了新的发展。1927年6月，张之江中央国术馆成立，推动了中国武术的国际传播与交流。中央国术馆成立之前即派人到日本进行考察，学习日本的柔道和剑道。1929年，张之江在杭州筹办了中国第一届全国武术擂台赛，这是中国近代第一次全国性的武术盛会。1930年，张之江到日本考察，并与日本柔道高手较技切磋，在客观上推动了中日武术文化的交流。1933年，张之江率领中国武术代表团再次赴日本进行武术交流。

综上所述，民国时期中日体育文化交流的主要群体为留日体育学生，以及中日两国民间体育社团组织,在这一时期的中日体育交流中,双方呈现出互相影响的态势,在推动中日民间体育交流的同时,客观上也推动了中日两国近代体育教育的发展。

参考文献

[1] 木宫泰彦.日中文化交流史[M].胡锡年译.北京：商务印书馆,1980.

[2] 大仓精神文化研究所.综合研究飞鸟文化[M].东京：国书刊行会,1989.

[3] 林开明.福建航运史(古近代部分)[M].北京：人民交通出版社,1994.

[4] 谷应泰.明史纪事本末(附补遗补编)[M].上海：上海古籍出版社,1994.

[5] 王奇生.留学与救国 抗战时期海外学人群像[M].桂林：广西师范大学出版社,1995.

[6] 钟少华.早年留日者谈日本[M].济南：山东画报出版社,1996.

[7] 郑广南.中国海盗史[M].上海：华东理工大学出版社,1998.

[8] 吴晗.朝鲜李朝实录中的中国史料[M].北京：中华书局,1980.

[9] 郑海麟.知识分子与中国现代化运动[M].长沙：湖南人民出版社,1990.

[10] 徐逸樵.先史时代的日本[M].北京：生活·读书·新知三联书店,1991.

[11] 欧阳修,宋祁.新唐书[M].北京：中华书局,1975.

[12] 周一良.中日文化关系史论[M].南昌：江西人民出版社,1990.

[13] 列宁.俄国资本主义的发展[M].北京：人民出版社,1959.

[14] 《世界历史》编辑部.明治维新的再探讨[M].北京：中国社会科学出版社,1981.

[15] 万峰.日本近代史[M].北京：中国社会科学出版社,1984.

[16] 中国人民政治协商会议全国委员会,文史资料研究委员会.文史资料选辑(第9辑)[M].北京：中国文史出版社,1989.

[17] 谭汝谦.中国译日本书综合目录[M].香港:香港中文大学出版社,1980.

[18] 汪亚尘.汪亚尘艺术文集[M].上海:上海书画出版社,1990.

[19] 刘德有,马兴国.中日文化交流事典[M].沈阳:辽宁教育出版社,1992.

[20] 沈殿成.中国人留学日本百年史(1896—1996)[M].沈阳:辽宁教育出版社,1997.

[21] 丁晓禾,中国百年留学全纪录[M].珠海:珠海出版社,1998.

[22] 刘雨珍.清代首届驻日公使馆员笔谈资料汇编 上[M].天津:天津人民出版社,2010.

[23] 舒新城.近代中国留学史 近代中国教育思想史[M].北京:商务印书馆,2017.

[24] (日)安藤彦太郎.早稻田大学与中国:架起通向未来之桥[M].李国胜,徐水生译.武汉:武汉大学出版社,2010.

[25] 谢贵安.清实录研究[M].上海:上海古籍出版社,2013.

[26] 吴阳,刘慧超,丁妍.景观设计原理[M].石家庄:河北美术出版社,2017.

[27] (日)中川忠英.清俗纪闻[M].方克,孙玄龄译.北京:中华书局,2006.

[28] 廖大珂.福建海外交通史[M].福州:福建人民出版社,2002.

[29] 赵莹波.唐宋元东亚关系研究[M].上海:上海社会科学院出版社,2016.

[30] 陈振.宋史[M].上海:上海人民出版社,2016.

[31] 郑若曾.筹海图编[M].北京:中华书局,2007.

[32] 冯佐哲.中日文化交流史话[M].北京:社会科学文献出版社,2011.

[33] 孙承. 近现代中日文化交流概说 (1840—1990)[M]. 北京：中国政法大学出版社, 2017.

[34] 王宝平. 中日文化交流史研究 [M]. 上海：上海辞书出版社, 2008.

[35] 郑匡民. 西学的中介：清末民初的中日文化交流 [M]. 成都：四川人民出版社, 2008.

[36] 赵霞. 中日教育交流的变迁 [M]. 济南：山东教育出版社, 2010.

[37] （日）舍人亲王. 日本书纪 [M]. 成都：四川人民出版社, 2019.

[38] （日）吉田孝. 日本的诞生 [M]. 周萍萍译. 北京：新星出版社, 2019.

[39] 薛瑞泽. 河洛文化的对外传播与交流 [M]. 郑州：河南人民出版社, 2018.

[40] 王嵬, 叶南客. 南京对外文化交流简史 [M]. 北京：五洲传播出版社, 2011.

[41] 王勇. 历代正史日本传考注（隋唐卷）[M]. 上海：上海交通大学出版社, 2016.

[42] （日）藤家礼之助. 中日交流两千年 [M]. 章林译. 北京联合出版公司, 2019.

[43] 韦祖辉. 海外遗民竟不归——明遗民东渡研究 [M]. 北京：商务印书馆, 2017.

[44] 袁伟时. 晚清大变局 [M]. 北京：线装书局, 2014.

[45] 李新宇. 中国共和那一天：晚清民国变局真相 [M]. 北京：金城出版社, 2014.

[46] 王开玺. 晚清变局 [M]. 北京：东方出版社, 2019.

[47] 左芙蓉. 北京对外文化交流史 [M]. 成都：巴蜀书社, 2008.

[48] 李一,赵权利,王红媛.《美术观察》学术文丛——外国美术研究卷[M].北京:中国长安出版社,2012.

[49] 沈福伟.中西文化交流史[M].上海:上海人民出版社,2018.

[50] 杨晓.中日近代教育关系史[M].北京:人民教育出版社,2004.

[51] 余子侠.民族危机下的教育应对[M].武汉:华中师范大学出版社,2001.

[52] 《中华大典》工作委员会,《中华大典》编纂委员会.中华大典·理化典·中西会通分典(二)[M].济南:山东教育出版社,2018.

[53] 吴小鸥.启蒙之光——浙江知识分子与中国近现代教科书发展[M].杭州:浙江工商大学出版社,2016.

[54] 孙德玉.中国教育思想简史[M].合肥:安徽教育出版社,2011.

[55] 王拱璧.王拱璧文集[M].郑州:河南大学出版社,2014.

[56] 王介南.近代中外文化交流史[M].上海:书海出版社,2009.

[57] 于丽萍.中日翻译文化交流史[M].沈阳:辽宁大学出版社,2016.

[58] 严绍璗,(日)中西进.中日文化交流史大系(文学卷)[M].杭州:浙江人民出版社,1996.

[59] 刘雨珍.中日文学与文化交流史研究[M].南京:江苏人民出版社,2019.

[60] 鲁迅.阿Q正传[M].井上红梅,译.日本:風呂で読める文庫100選.2006.

[61] 汤重南.日本史籍善本合刊两种:大日本史 日本野史[M].北京:线装书局,2015.

[62] 大村西崖.西崖中国旅行日记[M].日本:ゆまに書房,2016.

[63] 王勇,(日)上原昭一.中日文化交流史大系(艺术卷)[M].杭州:浙江人民出版社,1996.

[64] 祁海文.中国美育思想通史 秦汉卷 精装本[M].济南:山东人民出版社,2017.

[65] 梁启超.饮冰室合集[M].北京:中华书局,2015.

[66] 李廷举,(日)吉田忠.中日文化交流史大系(科技卷)[M].杭州:浙江人民出版社,1996.

[67] 严中平.中国近代经济史参考资料丛刊[M].北京:科学出版社,2016.

[68] 杨瑞.中华农学会研究[M].北京:生活·读书·新知三联书店,2018.

[69] 曾小燕.复杂动态系统理论下的现代汉语外来词研究[M].北京/西安:世界图书出版公司,2017.

[70] 李群.近代中国文学史观的发生与日本影响[M].长沙:湖南大学出版社,2016.

[71] 赵苗.日本明治时期刊行的中国文学史研究[M].郑州:大象出版社,2018.

[72]《戏曲研究》编辑部.戏曲研究(第100辑)[M].北京:文化艺术出版社,2017.

[73] 璩鑫圭,唐良炎.中国近代教育史资料汇编 学制演变[M].上海:上海教育出版社.2007.

[74] 萨日娜.东西方数学文明的碰撞与交融[M].上海:上海交通大学出版社,2016.

[75] 王海军.民族传统体育文化的传承发展与保护研究[M].长春:东北师范大学出版社,2017.

[76] 咏梅.中日近代物理学交流史研究(1850—1922)[M].北京:中央民族大学出版社,2013.

[77] 白寿彝,王毓铨.中国通史 第9卷 中古时代·明时期(上)[M].上海:上海人民出版社,2013.

[78] 万明.中国融入世界的步履:明与清前期海外政策比较研究[M].北京:故宫出版社,2014.

[79] 王少普.东方文化圈内的不同趋向:中日近代化道路的比较研究[M].上海:上海社会科学院出版社,2018.

[80] 林木.中外美术史[M].北京:人民美术出版社,2018.

[81] 西陵下.别后芳草碧红尘:弘一大师李叔同的诗词人生[M].长春:吉林出版集团有限责任公司,2011.

[82] 陈学恂.中国近代教育史教学参考资料(上册)[M].北京:人民教育出版社,1986.

[83] 赤松纪彦,蔡毅.中国音乐在日本[J].文史知识,1997(1):45-52.

[84] 王勇.从遣隋使到遣唐使[J].郑州大学学报(哲学社会科学版),2008(5):95-98.

[85] 李金明.隋唐时期的中日贸易与文化交流[J].南洋问题研究,1994(2):7-13.

[86] 孙玉巧.遣唐使制度废止原因试析[J].咸宁学院学报,2003(2):52-54.

[87] 陈国灿.宋朝海商与中日关系[J].江西社会科学,2013,33(11):98-104.

[88] 魏志江.朝贡之外:论北宋与日本的佛教文化外交[J].社会科学辑刊,2021(1):139-145+209.

[89] 王晓东,朱琳琳.宋代中日文化交流中僧侣的角色及其贡献[J].宋史研究论丛,2019(2):310-321.

[90] 王金林. 北宋时期中日民间交流新探[J]. 日本研究, 2010(1):8-13.

[91] 渡边索. 元朝时期中国日本的划时代交流[J]. 世界宗教文化, 2013(1):76-79.

[92] 王新梅. 宋元时期中日文化交流的主要载体及其影响[J]. 中州学刊, 2020(6):134-139.

[93] 梁芹. 论蒙元时期中日关系[J]. 三明学院学报, 2010,27(5):441-443.

[94] 方安发. 元代中日贸易简论[J]. 南昌大学学报(人文社会科学版), 1984(1):60-64.

[95] 王磊, 黄博琛. 明代中日朝贡贸易探析[J]. 吉首大学学报(社会科学版), 2014,35(2):125-128.

[96] 王艳艳. 浅析江户前期的中日文化交流[J]. 辽东学院学报(社会科学版), 2013,15(4):12-15.

[97] 付启元, 赵德兴. 对外交流与文化张力——南京对外文化交流史析说[J]. 南京社会科学, 2010(5):130-136.

[98] 张明杰. 明治汉学家的中国游记[J]. 读书, 2009(8):82-89.

[99] 田正平. 论民国时期的中外人士教育考察——以1912年至1937年为中心[J]. 社会科学战线, 2004(3):170-179.

[100] 汤重南. 中日教育交流史上的三次留学热潮[J]. 南开日本研究, 1998(1):420-429.

[101] 柴文斌. 陈德仁对中日文化交流的贡献[J]. 闽商文化研究, 2014(1):30-33.

[102] 李琼. 试论五四时期的民间教育社团[J]. 大理学院学报, 2012,11(8):22-25.

[103] 冉秀.鲁迅小说《呐喊》的日译研究——论"鲁迅化"与"本土化"翻译跨时空对话[J].重庆理工大学学报(社会科学),2019,33(2):140-149.

[104] 刘伟.中国现代文学对日本的影响问题研究[J].山东社会科学,2014(3):86-92.

[105] 李菁.鲁迅的《阿Q正传》和它在日本的影响[J].吉林师大学报,1977(Z1):117-120.

[106] 王伯敏,大村西崖故居的访问[J].美术观察,2008(3):99-103.

[107] 吉田登志子,细井尚子.梅兰芳1919、1924年来日公演的报告(再续)——纪念梅先生诞辰九十周年[J].戏曲艺术,1987,(3):78-82+39.

[108] 何洪禄.清末留日学生在日本的音乐实践活动[J].南开日本研究,2003(1):172-189.

[109] 苏迟.《白阳》诞生号[J].美育学刊,2011,2(1):130.

[110] 陈星.《白阳》:近代中国学校美育的先声[J].美育学刊,2011,2(3):16-23.

[111] 胡振宇.农科留学生与近代中国农业的发展——以中华农学会为中心[J].新乡学院学报,2020,37(8):64-71.

[112] 吴觉农.中华农学会——我国第一个农业学术团体[J].中国科技史料,1980(2):78-82.

[113] 刘秉果.《蹴鞠谱》著作年代考[J].体育文史,1986(6):30-36.

[114] 郑志林,赵善性.我国近代体育教育家——徐一冰[J].杭州大学学报(哲学社会科学版),1981(4):104-108.

[115] 赵蕴,许淳熙.中国第一份体育期刊《体育界》创刊号赏析[J].体育成人教育学刊,2009,25(5):5-6.

[116] 朱姝, 朱恺, 姚远. 晚清至五四时期中国体育期刊的肇始与初兴[J]. 西安体育学院学报, 2009,26(6):652-655+664.

[117] 董艳国. 我国近代学校体育的兴起(1901—1911年)[J]. 北京体育大学学报, 2005(6):801-803.

[118] 佚名. 体坛教育家谢似颜传略[J]. 体育文化导刊, 1998(3):51-54.

[119] 黄亮. 庞醒跃与上海东亚体育专科学校[J]. 兰台世界, 2014(1):24-25.

[120] 张培富, 易安. 留学生与民国时期物理学高等教育的发展[J]. 科学技术与辩证法, 2008,25(6):80-85+110.

[121] 姚蜀平. 近代物理在中国的传播[J]. 物理教学, 2011,33(6):2-4.

[122] 周棉. 留学生与中国科技的发展[J]. 教育评论, 2003(6):88-90.

[123] 齐振英. 留日学生与中华学艺社的科学文化传播实践[J]. 韶关学院学报, 2014,35(5):69-73.

[124] 白欣, 丁玉琴. 周昌寿与中华学艺社[J]. 科学, 2015,67(6):48-51+4.

[125] 赵凯华. 中国物理教育从无到有并达到国际水平的历程[J]. 物理与工程, 2017,27(1):3-22.

[126] 姚蜀平. 近代物理在中国的兴起[J]. 物理, 1982,11(8):473-479.

[127] 洪再新. 自立于国际艺术市场上的"遗老"——试论罗振玉流亡京都期间的学术建树与艺术交易[J]. 新美术, 2010,31(1):14-25.

[128] 王明前. 鸦片战争前后中国外贸体制演变研究(1820—1850年)[J]. 福建论坛(人文社会科学版), 2013(10):106-112.

[129] 李莉薇. 1920年代梅兰芳访日公演后京剧与日本戏剧的交流[J]. 戏曲艺术, 2015,36(3):77-83+96.

[130] 姜斯轶. 中日传统戏剧交流的关键一环——20世纪20年代歌舞伎演

员访华活动的多重意义 [J]. 艺术学界 , 2019(1):198-207.

[131] 黄爱华 . 京剧与歌舞伎的特殊因缘——以梅兰芳、李光与市川猿之助家族的交谊为中心 [J]. 戏剧艺术 , 2014(1):42-50.

[132] 钱逸琼 . 明洪武至嘉靖中日使臣派遣制度研究 (1368—1549 年)[D]. 上海 : 华东政法大学 , 2014.

[133] 张小梅 . 唐代中日音乐文化交流史专题研究——唐代中日音乐文化交流特征论 [D]. 福州 : 福建师范大学 , 2004.

[134] 王金旋 . 尺八 : 中日文化语境中的历史与变迁 [D]. 上海 : 上海音乐学院 , 2014.

[135] 张世响 . 日本对中国文化的接受——从绳文时代后期到平安时代前期 .[D] 济南 : 山东大学 , 2006.

[136] 付婷 . 隋唐饮食文化研究 [D]. 西安 : 陕西师范大学 , 2015.

[137] 赵喜惠 . 唐代中外艺术交流研究——以乐舞、百戏、书法、绘画、雕塑为中心进行考察 .[D]. 西安 : 陕西师范大学 ,2012.

[138] 郭艾敏 . 唐代中日汉籍交流研究 [D]. 开封 : 河南大学 , 2013.

[139] 高媛媛 . 试论遣唐使与日本科技文化的发展 [D]. 武汉 : 华中师范大学 , 2016.

[140] 孔庆辉 . 唐代中国文献流传日本研究 [D]. 沈阳 : 辽宁大学 , 2012.

[141] 王琨 . 唐朝时期中日音乐文化因缘研究 [D]. 济南 : 山东大学 ,2019.

[142] 赵莹波 . 宋日贸易研究——以在日宋商为中心 [D]. 南京 : 南京大学 , 2012.

[143] 周立志 . 宋朝外交运作研究 [D]. 保定 : 河北大学 , 2013.

[144] 王子怡 . 中日陶瓷茶器文化研究 [D]. 北京 : 清华大学 , 2004.

[145] 郝祥满. 奝然与宋初的中日佛法交流 [D]. 杭州：浙江大学，2006.

[146] 李夏璐. 佛书东传：宋朝与日本的文化交流 [D]. 厦门：厦门大学，2019.

[147] 付新菊. 交融与互补——中日漆艺交流综述 [D]. 南京：南京师范大学，2012.

[148] 江静. 赴日宋僧无学祖元研究 [D]. 杭州：浙江大学，2009.

[149] 只诚. 元朝东征日本研究 [D]. 保定：河北大学，2014.

[150] 张晴晴. 明代前期宫廷外交研究 [D]. 济南：山东师范大学，2018.

[151] 卫江涵. 元朝时期中国文化东渐路径研究——以一山派为中心 [D]. 合肥：安徽大学，2020.

[152] 荆晓燕. 明清之际中日贸易研究 [D]. 济南：山东大学，2008.

[153] 时培磊. 明清日本研究史籍探研 [D]. 天津：南开大学，2010.

[154] 盛雪雁. 十七、十八世纪中日关系研究 [D]. 济南：山东师范大学，2006.

[155] 乔毅. 16世纪中日关系史述论 [D]. 昆明：云南师范大学，2006.

[156] 马崇坤. 试论明清时期的中日茶文化交流 [D]. 延吉：延边大学，2010.

[157] 王华春. 晚清中西文化冲突与对外贸易 [D]. 杭州：浙江财经大学，2019.

[158] 刘毅. 中英贸易与中国经济发展的关系研究 [D]. 北京：中国地质大学（北京），2016.

[159] 胡公启. 晚清关税制度与对外贸易关系研究 [D]. 北京：中央财经大学，2018.

[160] 李佳欣. 晚清上海中英贸易冲突研究 (1860—1890)[D]. 信阳：信阳师范学院，2020.

[161] 汪太贤. 晚清地方自治思想的萌生与演变 [D]. 武汉：武汉大学，2004.

[162] 何新华. 夷夏之间：对1842—1856年清政府西方外交的研究 [D]. 广州：暨南大学，2004.

[163] 石红芳.道、咸之际的清政府外交:以"亚罗"号事件为中心[D].长春:吉林大学,2005.

[164] 孙攀河.福泽谕吉的中国观——近代日本(1853—1895)对华外交思想背景的一个探讨[D].上海:华东师范大学,2013.

[165] 杨柳.中国现代化进程中的日本因素(1895—1945)[D].北京:中共中央党校,2010.

[166] 朱寒.日本汉学家冈千仞的中国之旅(1884—1885)[D].上海:华东师范大学,2008.

[167] 徐春毅.中国武术跨文化交流之研究[D].上海:上海体育学院,2011.

[168] 孟磊.杨守敬对日本近代书风影响[D].杭州:中国美术学院,2014.

[169] 邵宝.清末留日学生与日本社会[D].苏州:苏州大学,2013.

[170] 浅野泰之.民国时期中日书法交流[D].杭州:中国美术学院,2019.

[171] 张金萍.民国时期大学的日本史教育[D].上海:华东师范大学,2017.

[172] 熊爱文.汪荣宝与近代中日交流(1901—1931)[D].武汉:湖北大学,2017.

[173] 马学东.民国时期中国美术的海外传播[D].北京:中央美术学院,2017.

[174] 姚媛.民国时期浙籍留日学生之研究[D].杭州:浙江工商大学,2012.

[175] 郭子杰.浅论民国时期的艺术品外交[D].南京:南京大学,2013.

[176] 丁毅.民国时期学生赴日考察研究——以1918年到1937年为重心[D].武汉:华中师范大学,2014.

[177] 栗振宇.明治后期教育对清末师范教育的影响[D].长春:吉林大学,2020.

[178] 孙广勇.社会变迁中的中国近代教育会研究[D].武汉:华中师范大学,2006.

[179] 刘红. 近代中国留学生教育翻译研究 (1895—1937)[D]. 武汉：华中师范大学, 2014.

[180] 李红云. 近代中国东北与日本教育交流研究 (1905—1931)[D]. 长春：东北师范大学, 2005.

[181] 王章峰. 民国前期教育团体研究 (1912—1927)[D]. 石家庄：河北师范大学, 2006.

[182] 田玉立. 民国时期民间教育团体促进乡村教育发展研究——基于对三大教育团体的考察 [D]. 长春：东北师范大学, 2018.

[183] 卜春鹤. 民初教育团体与 1922 年学制改革 [D]. 上海：华东师范大学, 2011.

[184] 汪楚雄. 中国新教育运动研究 (1912—1930)[D]. 武汉：华中师范大学, 2009.

[185] 郭景川. 互动与共进：民国时期教育家交往活动研究 (1912—1937)[D]. 武汉：华中师范大学, 2018.

[186] 孙立春. 中国的日本近现代小说翻译研究 [D]. 天津：天津师范大学, 2008.

[187] 张静. 二十世纪初期中国的日本文学翻译研究 [D]. 沈阳：沈阳师范大学, 2013.

[188] 丁合林. 近代小说传播研究 [D]. 保定：河北大学, 2012.

[189] 吴昊. 现代性的因缘——《红楼梦》在日编译本接受研究 [D]. 上海：华东师范大学, 2018.

[190] 刘青青. 近代翻译文学中的女译者研究 [D]. 济南：济南大学, 2012.

[191] 张云舒. 晚清时期日文小说汉译研究 [D]. 上海：上海师范大学, 2014.

[192] 宋丹.《红楼梦》日译本研究 (1892—2015)[D]. 天津：南开大学, 2015.

[193] 张建青.晚清儿童文学翻译与中国儿童文学之诞生——译介学视野下的晚清儿童文学研究[D].上海：复旦大学,2008.

[194] 杨凤鸣.近代中国文学翻译中的日本影响[D].太原：山西大学,2014.

[195] 木村淳哉.中国明代四大小说在日本的传播研究[D].上海：复旦大学,2009.

[196] 冯雅.《水浒传》在日本的传播研究[D].长春：东北师范大学,2017.

[197] 陈红.日语源语视域下的鲁迅翻译研究[D].上海：华东师范大学,2015.

[198] 王传峰.中日近现代书法交流比较研究[D].杭州：中国美术学院,2012.

[199] 李阳洪.民国书法社团研究(1912—1949)[D].北京：中国艺术研究院,2014.

[200] 文嘉琳.中国近现代美术展览会研究[D].广州：华南师范大学,2007.

[201] 王佳荞.中国近代美术教育的开端——论二十世纪初期日本美术教育对中国的影响[D].长沙：湖南师范大学,2014.

[202] 彭卿.中国现代"美术"观念的形成及其演变——1895—1924年的"美术"观念[D].杭州：中国美术学院,2016.

[203] 蔡晓妮.清末民初留日画人学人对中国近代美术的影响[D].南京：南京艺术学院,2004.

[204] 杨俣旻.二十世纪中日绘画革新比较与批判[D].南京：南京艺术学院,2011.

[205] 孙乙.梅兰芳与京剧在日本的影响和接受[D].北京：北京外国语大学,2014.

[206] 周莹.学堂乐歌研究[D].石家庄：河北师范大学,2010.

[207] 白丽莎. 李叔同的学堂乐歌课程改革思路与实践研究[D]. 上海：华东师范大学, 2015.

[208] 高源. 李叔同的音乐教育及音乐创作研究[D]. 兰州：西北民族大学, 2019.

[209] 朱宏斌. 战国秦汉时期中外农业科技文化交流研究[D]. 杨凌：西北农林科技大学, 2001.

[210] 包平. 近代中国农业教育研究(1897—1937)[D]. 南京：南京农业大学, 2001.

[211] 张君君. 宋元时期中外农业科技文化交流研究[D]. 杨凌：西北农林科技大学, 2017.

[212] 刘玉静. 明清时期中外农业科技文化交流研究[D]. 杨凌：西北农林科技大学, 2010.

[213] 朱宏斌. 秦汉时期区域农业开发研究[D]. 杨凌：西北农林科技大学, 2006.

[214] 徐春霞. 民国时期国立中央大学的农业教育[D]. 扬州：扬州大学, 2008.

[215] 程跃刚. 秦汉时期中国稻作文化东传日本及其影响[D]. 南京：南京农业大学, 2008.

[216] 张艳芹. 晚清传入中国的蚕业科技(1840—1911)[D]. 广州：华南农业大学, 2018.

[217] 张丽阳. 民国时期的中华农学会研究[D]. 沈阳：东北大学, 2012.

[218] 张宝强. 体育专业留学生与中国体育发展研究(1903—1963)[D]. 福州：福建师范大学, 2011.

[219] 王妍. 远东运动会与近代东亚社会的发展 [D]. 苏州：苏州大学, 2014.

[220] 王峰. 近代中日体育关系研究 [D]. 苏州：苏州大学, 2017.

[221] 吴翠苹. 中国物理学会研究 (1932—1936)[D]. 武汉：华中师范大学, 2015.

[222] 孙洪庆. 现代磁学在中国的建立与发展 (1900—1985)[D]. 合肥：中国科学技术大学, 2010.

[223] 侯晓灿. 科学救国梦的开端——清末 (1900—1911) 中学物理教科书的分析与研究 [D]. 上海：华东师范大学, 2014.

[224] 欧阳亮. 中华学艺社研究 [D]. 上海：华东师范大学, 2004.

[225] 丁玉琴. 近代物理学家、教育家周昌寿 [D]. 北京：首都师范大学, 2014.

[226] 郭晓波. 中华学艺社与中国科学的近代化 [D]. 保定：河北大学, 2008.